GRACE ABOUNDING TO THE CHIEF OF SINNERS

죄인의 괴수에게
넘치는 은혜

● **독자 여러분들께 알립니다!**
'CH북스'는 기존 '크리스천다이제스트'의 영문명 앞 2글자와
도서를 의미하는 '북스'를 결합한 출판사의 새로운 이름입니다.

세계기독교고전 12

죄인의 괴수에게 넘치는 은혜

1판 1쇄 발행 2016년 1월 2일
1판 5쇄 발행 2025년 2월 26일

지은이 존 번연
옮긴이 고성대
발행인 박명곤 **CEO** 박지성 **CFO** 김영은
기획편집1팀 채대광, 이승미, 이정미, 김윤아, 백환희, 이상지
기획편집2팀 박일귀, 이은빈, 강민형, 이지은, 박고은
디자인팀 구경표, 유채민, 윤신혜, 임지선
마케팅팀 임우열, 김은지, 전상미, 이호, 최고은

펴낸곳 CH북스
출판등록 제406-1999-000038호
전화 070-4917-2074 **팩스** 0303-3444-2136
주소 서울시 강서구 마곡중앙6로 40, 장흥빌딩 10층
홈페이지 www.hdjisung.com **이메일** support@hdjisung.com
제작처 영신사

세계
기독교
고전

◀ 12 ▶

GRACE ABOUNDING TO THE CHIEF OF SINNERS

죄인의 괴수에게 넘치는 은혜

존 번연 | 고성대 옮김

CH북스
크리스천
다이제스트

존 번연의 초상, Kenneth Macleay 그림

차 례

일러두기
————
본문에서 원주는 존 번연 전집 편집자의 주이다.

❁ 편집자의 해설

번연이 1655년에 출석한 베드포드 회중 공동체(Bedford congregation)에서는, 새신자로 출석하다가 온전한 회원으로 이 공동체에 공식적으로 입회하기 위해서는, 하나님의 은혜가 자기 영혼에 어떻게 역사하였는지를 공개적으로 발표해야 하는 절차가 있었다. 그로 인해 이 17세기에는 회심과 영적 경험을 언급한 많은 문서들이 기록되었다. 그 중 소수의 문서들만이 인쇄가 되었는데, 그렇게 인쇄된 문서들 가운데 존 번연의 『죄인의 괴수에게 넘치는 은혜』(Grace Abounding to the Chief of Sinners)가 가장 널리 알려져 있다. 이 책은 번연이 자신의 원칙을 고수하기 위해 6년간의 수감생활을 겪은 후인 1666년에 기록된 것이다.

번연이 『넘치는 은혜』(Grace Abounding)에서 말한 내용 외에도, 그의 젊은 시절에 관한 몇몇 세세한 일들이 다른 기록들을 통해서 전해지고 있다. 그는 1628년 11월 28일에 베드포드 인근 마을인 엘스토우(Elstow)에 있는 교회 교구에서 세례를 받았으며, 그의 아버지는 땜장이인 토머스 번연(Thomas Bunyan)이었다. 존 번연은 그의 아버지가 재혼하여 얻은 첫째 아들이었다. 1644년 11월 그는 의회파 군대의 병사로 징집되어 1647년 7월까지 복무하였다. 1655년이 되어서야 그는 5년 전에 존 기퍼드(John Gifford)가 세운 베드포드 회중 공동체에 출석하게 되었다.

존 기퍼드는 영국 내전 동안 왕당파 군대의 소령으로서, 1648년 메이드스

톤(Maidstone)에서 있었던 필사적인 전투에서 두드러진 역할을 감당하였다. 그러다가 그는 적군에게 사로잡혀 사형선고를 받았다. 하지만 그는 누이의 도움으로 사형이 집행되기 전날 밤에 가까스로 도망칠 수 있었다. 그러고는 베드포드로 발걸음을 옮기더니 거기서 의사로 진로를 준비하였다. 처음에 기퍼드는 방탕한 생활로 소문이 자자했다. 하지만 그로부터 몇 달 후 그는 회심을 하게 되었다. 그런 다음 그는 신자들로 구성된 작은 회중 공동체들을 통합하였고, 베드포드에 있는 공동체들 가운데 일부는 그와 생각을 공유하기도 하였다. 기퍼드가 가르친 내용의 문서들 중에서 단 하나의 문서만이 전해져 오고 있는데, 그것은 아주 아름다운 편지로서, 그 사본이 번연 기념교회의 교회 문서집(Church Book of Bunyan Meeting)에 들어 있다. 그 문서에 따르면, 기퍼드는 고귀한 영적 자질을 갖춘 사람으로서, 번연이 일생 중 가장 비판적이었던 시기에 번연에게 아주 상당한 영향을 끼쳤다는 사실이 그리 놀랄 일이 아닐 정도로 기퍼드는 탁월한 인물이었다고 기록되어 있다(넘치는 은혜, 77절[§. 77] 참조-원주[原註]).

기퍼드의 사망 이후 그 회중 공동체는 그들의 행적을 교회 문서집(Church Book)에 기록하여 보관하기 시작하였다. 이 문서집은 베드포드에 있는 번연 기념교회에 지금까지 보관되어 있다. 그 문서집 안에 있는 공동체 회원 명부에는 번연이라는 이름이 26번째로 기록되어있다. 그의 이름은 1657년 6월 28일에 맨 처음으로 언급되는데, 그 후로 그는 공동체 일에서 두드러진 역할을 감당하고 있다.

베드포드 회중 공동체에 입회한 후로 번연은 자신의 사명을 일찌감치 깨달았고, 이내 지방 설교자로서 널리 명성을 떨치기 시작하였다. 그 이듬해(1656)에 그는 퀘이커 교도들과 열띤 논쟁을 벌였으며, 그 결과 그는 자신의 첫 번째 책인『공개된 몇몇 복음 진리들』(Some Gospel Truths Opened)을 펴내게 되었다. 이 시기에 행한 그의 설교들을 중심으로 다른 두 권의 책들도 연이어

출판되었다.『지옥에서 들리는 약간의 탄식』(*A Few Sighs from Hell*, 1658)과『펼쳐진 율법과 복음의 교리』(*The Doctrine of the Law and Grace Unfolded*, 1659)라는 책들이 바로 그것이었다.

1658년 9월에 올리버 크롬웰(Oliver Cromwell)이 사망하고 그의 조직마저 와해되자, 군주를 중심으로 한 정부의 재수립이 현재의 극심한 혼란을 종식시킬 수 있는 유일한 해법으로 비쳐졌다. 그리하여 1660년 5월에 찰스 2세(King Charles the Second)가 왕위에 오르는 왕정복고가 이루어졌으며, 그 이듬해에 비국교도들(Nonconformists)에 대한 탄압이 시작되었다. 지난 20년간의 격변기를 되돌아보면, 왕당파들(Royalists)이 비국교도들에게 상대적으로 관용을 베푼 것처럼 보였다. 예를 들어, 번연의 경우도 그러했다. 번연도 분명하게 말하지만, 왕당파들은 비국교도인 자신을 무조건 탄압하기보다는 여러 번 국교로 마음을 돌이키라는 권유를 많이 했다고 한다. 그러나 자신과 같은 매우 독실한 신자가 조금이라도 원칙을 깨고 타협하게 된다면, 자신의 설교를 듣고 회심했던 자들의 믿음을 약화시킬 수 있다는 우려 때문에 그는 일언지하에 거절하였다. 그가 보여준 이런 거부는 전혀 놀랄 만한 일이 아니었다. 그가 처음으로 치안 판사(magistrate) 앞에 자신의 모습을 드러낸 다음 몇 달 동안은 "교회 문서집"에 그의 이름이 나타나지만, 1661년 10월 이후로 7년 동안은 그의 이름이 나타나지 않는다. 박해가 가장 심할 때인 1664년 3월과 1668년 10월 사이에는 이 회중 공동체가 모였다는 기록이 전혀 없다.

이렇게 설교를 하지 못하는 상황이 되자 번연은 저술활동에 전념하였다. 1666년 그는 몇 달 동안 석방되기도 했지만, 여전히 설교하기를 고수하자 다시 붙잡혀 수감되었다. 이 때가 바로 그가『죄인의 괴수에게 넘치는 은혜』를 저술하게 된 시기였다.

이 정도가 번연의 저술이 아닌 외부 자료를 통해서 살펴본 1666년까지의 번연 생애에 대한 간략한 설명이다.『넘치는 은혜』에는 번연의 생애를 통해서 어느 정도 채워질 수 있는 간극(gaps)들이 많이 있다. 하지만 『넘치는 은혜』는 처음에도 번연의 자서전으로 의도된 것이 아니었고, 최종적인 형태도 자서전의 형식을 띠고 있지 않다. 번연은 이 책을 자신의 영적 경험을 기록하기 위해 저술하였다. 즉, 박해로 인해 신앙이 약화된 동료 성도들을 권면하고, 자신 또한 그들보다 더 심하면 심했지 결코 덜하지 않은 시험들을 견뎌 냈다는 사실을 그들에게 보여주기 위해서 이 책을 썼던 것이다. 그런 이유로 그는 자신의 일생 동안 일어난 외적인 사실들에 관심을 두기보다는, 오히려 베드포드에 있는 성도들에게 자신을 영적 아버지가 되도록 이끄신 하나님의 섭리의 발자국들을 추적하는 일에 더 관심을 가졌다. 따라서 이 책에는 대부분의 독자들이 알고 싶어 하는 번연의 생애에 관한 내용들이 많이 빠져 있다.

예를 들어 번연은 어머니에 대해서 단 한마디도 언급하지 않으며, 아버지에 대해서는 매우 간략하게 언급하고 지나간다. 부모 중 한 명, 혹은 부모 모두를 이렇게 무관심한 듯 스쳐 지나가는 식으로 대하는 것은 아마도 종교적인 영향 때문이지 않을까 추측해 볼 수 있다. 즉, 부모에 대한 이런 마음은 번연이 어린 시절에 꾼 끔찍한 꿈 속에서 재연된 부모의 모습 때문일 수도 있으며, 의심과 불신앙이라는 모든 도전에 저항할 힘을 준 근본적인 직관 때문일 수도 있다. 번연은 자신이 결혼한 첫 번째 부인의 이름에 대해서도 기록하지 않고 있으며, 그녀의 죽음뿐 아니라 재혼 등에 대해서도 전혀 언급하지 않는다. 그럼에도 불구하고 그의 부인들은 모두 상당한 인격을 갖춘 여인들로 나타나고 있다. 그 누구보다도 번연은 회심에 있어서 우선적으로 이 두 사람에게 빚을 지고 있다.

반복되는 말이지만, 2년 반이나 지속된 번연의 군복무 기간 동안 있었던 일들도 『넘치는 은혜』에는 초판부터 모조리 빠져 있다. 13절(§. 13)에 기록된 일화들은 나중에 회고의 방식으로 추가된 것이다.

이런 누락들과 나중에 추가된 내용들이 많이 생기게 된 것은 이 책을 저술하기로 한 번연의 의도 때문이다. 그는 자신에 관한 책을 쓰려고 한 것이 아니라, 하나님께서 자신에게 어떻게 행하셨는지에 관해 책을 쓰려고 했던 것이다. 그리하여 전기 작가들은 번연의 침묵에 대해 아주 많은 아쉬움을 표하기도 한다. 하지만 이것은 번연이 의도한 상황에 적합한 처신이었던 것만큼은 분명하다. 자신의 일생에서 일어난 수많은 일화들을 기록했더라면, 분명히 자신의 영적 갈등들은 덜 중요하게 다루어졌을 것이다. 이런 사정은 자신의 재판과 수감 생활 등에 대해 말하고 있는 후대의 판(版)들과, 자신의 회심에 대해 말하고 있는 초기 판들을 비교해보면 분명히 드러난다. 사람들 사이에서 빚어지는 갈등은 그에게는 저급한 문제였다. 다시 말해, 윈게이트 씨(Mr. Wingate, 번연의 재판을 담당한 치안 판사인 프랜시스 윈게이트[Sir Francis Wingate]—역주)와 킬린 재판장(Judge Keelin)이 협박한 최악의 위협이나, 콥 씨(Mr. Cobb)가 선의로 말한 결의법(決疑法, 보편적인 도덕 법칙을 개개의 행위와 양심의 문제에 적용하는 법—역주) 등은 — 번연이 엘스톤과 베드포드 사이의 길들을 홀로 거닐 때 그의 귀에 들릴 정도로 고통스럽게 직접 공격해대는 사탄의 비난과 유인 등과 비교해 볼 때 — 사소한 것이었다.

『넘치는 은혜』는 1666년에 처음 출판되었고, 그 뒤를 이어 번연이 많은 내용들을 추가한 증보판들이 나왔다. 추가된 내용들 중에 가장 중요하게 여겨지는 것들이 위험한 사고를 모면한 것에 대해 말하는 대목(12-14절)과 종을 친 사건(32-36절), 랜터파(Ranters, 43-45절, 영국 공화국[Commonwealth of England, 1649-1660] 시기에 발흥했던 이단으로, 교회와 성경의 권위를 부인할 뿐만 아니라 영혼의 불멸과 인격적인 하나님까지 부인하여, 결국 범신론까지 주장하였다—역주), 루터의 『갈라디아서 주석』(129-131절), 도덕적이지 않다는 비난에 대해 분개하며 반박하는 부분(301-317절) 등인데, 아마도 이 301절에서 317절 부분은 1674년에 번연을 못마땅하게 여기는 원수들이 유포한 악성 소문 때문에 추가되었을 것이다.

존 번연의 생애 속편(A Continuation of Mr. Bunyan)은 1692년에 추가되었으며, 존 번연의 투옥 이야기(A Relation of the imprisonment of Mr. Bunyan)는 보통 『넘치는 은혜』와 함께 인쇄되었지만, 1765년까지는 출판되지 않았다.

번연은 『넘치는 은혜』를 출판하고 나서, 그 후 5년간 어떤 책도 출판하지 못했다. 사실 그는 1666년부터 1672년까지 명목상 수형자였다. 그럼에도 불구하고 교회 문서집(Church Book)안에 있는 내용들을 살펴보면, 분명히 그에게는 상당한 정도의 자유가 허용되었던 것으로 보인다. 그런 이유로 그는 박해 기간에 흩어졌던 회중 공동체를 재조직하는 등의 지도적 역할을 감당하는 능력을 발휘하기도 하였다.

번연이 베드포드에 있는 회중교회의 목회자로 선정된 후에, 특히 『천로역정』이 출간된 후, 설교자이자 저술가로서의 그의 명성은 널리 퍼져나갔다. 번연 저작의 첫 번째 편집자인 찰스 도우(Charles Doe)는 그 때의 상황을 다음과 같이 말하고 있다. "번연이 런던에서 설교할 때면, 단지 하루만 공지가 나갔음에도 불구하고, 엄청나게 많은 사람들이 그의 설교를 듣기 위해 몰려들었습니다. 너무나 많은 사람들이 와서 예정된 예배처소가 감당할 수 없을 정도였습니다. 저 또한 지금까지 그분의 설교를 들었지만, 제가 계산하기로 거의 1,200명 정도의 성도들이, 주중 어두운 동절기에는 7시에 시작하던 그분의 아침 설교를 들었던 것 같습니다. 어떤 주일에는 제 계산으로 대략 3,000명 정도 되는 성도들이 그분의 설교를 듣기 위해 런던의 마을 끝에 있던 예배처소로 몰려들었습니다. 너무나 많은 수가 모여들어 공간이 부족해서 거의 절반 정도가 되돌아갈 수밖에 없게 되자, 번연은 몸소 뒷문에 서서 성도들을 설교단이 있는 2층으로 끌어당기기도 하였습니다."

번연은 생애의 남은 시간들을 계속해서 저술과 설교를 하며 보냈다. 『거룩한 전쟁』이 1682년에 출판되었고, 크리스티아나와 크리스천을 따르던 자녀들의 사정을 말해주는 『천로역정』의 첫 부분이 출판된 지 7년 후인 1685년에 출판되었다. 번연은 1688년 8월 31일 런던에서 죽어 번힐 필즈(Bunhill Fields)에 묻혔다.

번연은 60권이 넘는 책들을 남겼으며, 그 가운데 일부는 유고로 출판되기도 하였다. 이들 가운데 많은 책들이 일반적으로 생각하는 것보다 훨씬 더 읽을 만한 가치가 있는 데도 불구하고, 오늘날 많은 책들은 관심을 받지 못하고 있다. 『천로역정』은 영어권에서 가장 위대한 책들 12권 가운데 들기도 한다. 그럼에도 불구하고 최고 전성기 때의 영국 청교도주의를 이해하고자 하는 사람이라면 『넘치는 은혜』와 『악인 씨의 삶과 죽음』 또한 소홀히 할 수 없을 것이다. 위대한 영국 작가들 가운데 청교도들이 비록 소수라 하여도, 청교도주의는 영국 문화에 있어서 가장 강력하고 가장 근본적인 특성들 가운데 하나라는 사실도 절대로 잊어서는 안 될 것이다. 존 번연은 청교도이자 예술가였으며, 이 두 분야에서 가장 위대한 사람이었다.

해리슨(G. B. Harrison)

엘스토우의 존 번연 생가

베드포드의 감옥

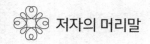# 저자의 머리말

하나님께서 그분의 말씀 사역 가운데 존귀하게 여기시어 믿음으로 낳은 이들에게 이 책을 헌정하면서, 이 책을 쓴 저자가 드리는 말씀

하나님의 자녀들이여, 여러분에게 하나님의 은혜가 함께 하기를 기원합니다. 하나님께서는 제게 여러분을 위한 사명, 즉 여러분이 더욱더 덕을 세우게 하고 믿음과 거룩함으로 함께 모이게 하라는 사명 외에도 여러 가지 사명들을 주셨지만, 저는 현재 여러분과 단절된 채로 매인 몸이 되었습니다. 그럼에도 불구하고 여러분이 알고 있는 바와 같이, 제 영혼은 아버지 같은 마음으로 여러분을 돌보고 있으며, 여러분이 영적인 복과 영원한 복을 받아 누리게 되기를 갈망하고 있습니다. 옛날에는 시날 산과 헤르몬 꼭대기에서 그랬던 것처럼, '지금은' 사자 굴과 표범 산(아 4:8)에서 저는 다시 한 번 여러분 모두를 내려다보면서, 여러분이 바라던 항구에 무사히 이르는 모습을 보게 되기를 간절히 바라고 있습니다.

저는 여러분을 기억할 때마다 매번 하나님께 감사를 드립니다. 그리고 제가 심지어 광야에서 사자들의 이빨 사이에 끼었을 때에도, 풍성한 믿음과 사랑과 더불어 하나님이 여러분에게 주신 바 된 우리 주 그리스도를 아는 지식과 자비와 은혜를 생각하며 기뻐하고 있습니다. 아버지와 그의 아들인 예수님과 좀 더 친밀해지고자 여러분이 주리고 목말라 하는 모습, 죄악을 짓지 않기 위해 두려워 떠는 여러분의 모습, 여러분이 하나님과 사람들 앞에

서 근신하고 거룩하게 행하는 것들이 제 마음을 아주 상쾌하게 합니다. "너희는 우리의 영광이요 기쁨이니라"(살전 2:20).

저는 사자의 주검에서 취한 밀봉한 꿀을 이곳에서 여러분에게 보내드렸습니다(삿 14:5-9). 저 또한 그 꿀을 먹고서 기운을 많이 회복하게 되었습니다.(우리가 처음에 시험을 당할 때, 그 시험은 마치 삼손을 보고서 울부짖은 사자처럼 우리를 보고도 으르렁댑니다. 하지만 우리가 사자 같은 이 시험을 이긴다면, 그 다음 단계로 우리는 이 시험 속에 있는 꿀 송이를 발견하게 됩니다.) 블레셋 사람들은 제가 하는 이 말들을 전혀 이해하지 못합니다. 이 이야기는 아주 처음부터 바로 지금까지 하나님께서 제 영혼에 행하신 역사에 관한 이야기입니다. 여기에서 여러분은 저의 몰락과 부흥을 볼 수 있을 것입니다. 하나님께서는 상하게 하시고 친히 그 손으로 온전케 하시기 때문입니다. "주의 신실을 아버지가 그의 자녀에게 알게 하리이다"(사 38:19)라고 성경 말씀에 기록된 바와 같이 말입니다. 그렇습니다. 하나님께서 이토록 오랫동안 저를 시내 산에 두신(신 4:10-11) 이유는 이 산 위에서 불과 구름과 흑암이 덮여 있는 것을 보고, 제가 이 땅 위에서 살아가는 동안 일평생 주님을 경외하며, 그분이 행하신 기이한 사적을 우리 자손들에게 전하도록 하기 위해서입니다(시 78:3-5).

모세는(민 33:1-2) 이스라엘 자손들이 애굽에서 나와 가나안 땅으로 들어가는 여정을 기록하면서, 그들이 이 광야에서 보낸 40년을 반드시 기억할 것을 그들에게 명령하였습니다. "네 하나님 여호와께서 이 사십 년 동안에 네게 광야 길을 걷게 하신 것을 기억하라 이는 너를 낮추시며 너를 시험하사 네 마음이 어떠한지 그 명령을 지키는지 지키지 않는지 알려 하심이라"(신 8:2). 그래서 저는 하나님께서 제게 베풀어 주신 은혜를 기억하고 자녀들에게 알리기 위해 지금까지 노력하였으며, 그 뿐만 아니라 그 받은 은혜에 대한 내용들을 이렇게 책으로 출판하게 되었습니다. 하나님께서 기뻐하신다면, 하나님께서 제게 행하신 이 역사를 읽음으로써, 하나님께서 자기 영혼에 행하신 것들을 기억하게 되는 다른 이들도 있었으면 좋겠습니다.

그리스도인들은 자기 영혼에 은혜의 역사가 시작되던 바로 그 때를 자주 마음에 새기는 것이 유익합니다. "이 밤은 그들을 애굽 땅에서 인도하여 내심으로 말미암아 여호와 앞에 지킬 것이니, 이는 여호와의 밤이라. 이스라엘 자손이 다 대대로 지킬 것이니라"(출 12:42). 다윗은 "내 하나님이여, 내 영혼이 내 속에서 낙심이 되므로 내가 요단 땅과 헤르몬과 미살 산에서 주를 기억하나이다"(시 42:6)라고 말했습니다. 그는 또한 거인 골리앗을 대적해 싸울 때에도 자신이 예전에 무찔렀던 사자와 곰을 생각하였습니다(삼상 17:36-37).

이것은 사도 바울에게도 익숙한 태도였습니다(행 22). 자신의 목숨이 걸린 재판을 받으면서도(행 24), 그는 자신을 심판하는 재판장 앞에서 입을 열어 자신이 어떻게 회심하게 되었는지를 설명했습니다. 그는 처음으로 은혜를 입은 그 날과 그 시각을 자주 생각하곤 하였습니다. 이런 기억이 자신을 지탱하게 한다는 사실을 그가 깨달았기 때문입니다. 하나님께서 이스라엘 자손들을 홍해를 거쳐 광야 끝까지 인도하실 때에도, 이스라엘 자손들이 홍해에서 빠져 죽은 그들의 원수들을 기억하게 하려고, 하나님께서 그들을 다시 홍해 길을 따라 매우 둘러가게 하신다는 생각을 해야만 했습니다(민 14:25). 그들은 조금 전까지만 해도 하나님을 찬양하였지만, "그들은 그가 행하신 일을 곧 잊어버리며"(시 106:11-13)라고 기록된 말씀을 우리는 기억해야 합니다.

제 경우에 대해 말씀드리는 이 책에서 여러분이 많은 것을 보게 되었으면 좋겠습니다. 감히 말하건대, 하나님께서 제게 베풀어 주신 은혜를 많이 볼 수 있기를 원합니다. 제가 이 은혜를 귀하게 여길 수 있게 된 것에 대해 저는 하나님께 감사드립니다. 왜냐하면 하나님의 이 은혜는 저의 죄악을 넘어서 있는 것일 뿐 아니라, 사탄의 시험들까지도 넘어서 있는 것이기 때문입니다. 제가 겪은 두려움, 제 마음에 든 의심, 몇 달 동안 보낸 슬픈 시간들까지도 이제는 제 마음에 위안으로 삼으면서 이 모든 것을 회상할 수 있습니다. 과거의 이 모든 것들은 제 손에 들린 골리앗의 머리와도 같습니다. 다윗에게는 골리앗의 칼과 같은 그런 것이 전혀 없었습니다. 하지만 골리앗이 가지고 있던 바로 그 칼에 골리앗 자신의 머리가 베어졌던 것입니다. 다윗의 경우에는 바로 이 장면을 생생히 보고 기억하는 것이 바로 하나님이 자신을 건져주셨다는 사실을 선포하는 것이었습니다. 오, 제가 범한 큰 죄악들에 대한 기억, 제가 겪은 큰 시험에 대한 기억, 제가 경험한 영원히 멸망할 것만 같은 큰 두려움에 대한 기억! 이 기억들이 제 마음에 생생합니다. 하지만 이 모든 좋지 않았던 기억들로 인해 제가 받았던 큰 도움에 대한 기억, 제가 하늘로부터 받은 큰 후원에 대한 기억, 저처럼 곤고한 사람에게도 부어주신 그 큰 은혜에 대한 기억들이 제 마음에는 더욱더 새롭습니다.

내가 사랑하는 하나님의 자녀인 여러분, 여러분은 옛날을 마음에 회상하십시오. "내가 옛날 곧 지나간 세월을 생각하였사오며, 밤에 부른 노래를 내가 기억하여 내 심령으로, 내가 내 마음으로 간구하기를"(시 77:5-6). 그렇습니다. 부지런히 살피십시오. 한쪽 구석도 찾지 않은 채 남겨진 곳이 없도록 하십시오. 왜냐하면 보물은 감추어져 있기 때문입니다. 여러분을 향한 하나님의 은혜에 대한 경험들, 다시 말해 여러분이 경험한 첫 번째 경험, 두 번째 경험 등도 보물이 되어 감추어져 있습니다. 제가 감히 말씀드립니다. 여러분을 처음으로 붙들어 주었던 말씀을 기억하십시오. 여러분이 경험했던 양심의 두려운 가책과, 죽음과 지옥에 대한 두려움도 기억하십시오. 하나님께 기도로 간구하며 흘렸던 눈물 또한 기억하십시오. 맞습니다. 은혜가 필요한 모든 어려운 고비마다 여러분이 어떻게 탄식했는지도 여러분은 기억하십시오.

여러분은 지금까지 기억할 만한 미살 산을 가져본 적이 없습니까?("내 하나님이여 내 영혼이 내 속에서 낙심이 되므로, 내가 요단 땅과 헤르몬과 미살 산에서 주를 기억하나이다"[시 42:6]—역주). 하나님께서 여러분을 만나주셨던 은밀한 장소나 우유 저장소나 마구간이나 헛간 등 어떤 다른 곳들을 여러분이 혹시 잊고 있지는 않습니까? 제가 말씀드립니다. 여러분은 하나님의 말씀도 기억하십시오. 여기서 말씀이란 여러분으로 하여금 소망을 가지도록 주님께서 하신 말씀입니다. 만약 여러분이 빚을 대적해 죄를 범했다면, 만약 여러분이 하나님께 불경한 말이나 행동을 하고 싶다면, 만약 여러분이 절망 가운데 낙담했다면, 만약 여러분이 하나님께서 여러분을 대적하여 싸우고 있다는 생각이 든다면, 또는 하늘이 여러분의 두 눈에 감춰져 있다면, 그렇다면 이 모든 것들이 여러분의 아버지와 관련된 일인 줄로 알고 이 모든 상황에서 나를 건져주실 주님을 기억하십시오.

저는 여기에 기록된 저의 이야기 안에서 제가 시험 당한 것과 죄로 인해 고민했던 것들을 많이 부풀려서 이야기할 수도 있었습니다. 마찬가지로 하나님께서 제 영혼에 베풀어 주신 은혜로운 인애와 하나님의 역사하심도 과장하여 말할 수도 있었습니다. 저는 이 책에서 사용된 문체보다 한층 더 고상한 어조로 한 단계 격상하여 표현할 수도 있었습니다. 또한 저는 이 책에서 말하려고 하는 모든 것을 좀 더 매끄럽게 윤색(潤色)해서 말할 수도 있었습니다.

하지만, 저는 감히 그렇게 할 수 없었습니다. 하나님께서는 장난으로 저에게 확신을 주신 것이 아니고, 마귀도 장난으로 저를 시험한 것이 아니며, 저 또한 장난으로 밑 없는 무저갱(無底坑)의 나락으로 떨어져 저를 사로잡는 지옥의 고통에 시달렸던 것이 아닙니다. 그러므로 저는 이런 것들을 말하면서 장난으로 할 수 없었습니다. 오히려 저는 이 일들을 사실 그대로 분명하고 단순하게 기록하였습니다. 이를 원하는 자는 이를 받아들이고, 그렇지 않은 자는 자신이 더 나은 것을 만들지니. 여러분의 평안을 기원합니다.

내가 사랑하는 하나님의 자녀인 여러분, 젖과 꿀은 이 광야 저편에 있습니다. 하나님께서 여러분에게 은혜를 베푸시어, 여러분이 그 땅을 차지하기 위해 게으르지 말고 계속해서 나아가게 하시기를 기원합니다.

존 번연

제1장

회심하기 이전의 자신에 대한 번연의 설명
(제1절~제36절)

1. 하나님께서 제 영혼에 베풀어 주신 은혜로운 일들을 말씀드리면서, 제가 간략하게나마 저희 집안의 내력과 저의 성장 과정 등에 대해 먼저 이야기하는 것이 그리 나쁘지는 않을 것이라고 생각합니다. 이로 인해 저를 향한 하나님의 선하심과 긍휼하심이 여러 사람들 앞에서 더욱더 크게 드러나기를 원합니다.

2. 먼저 저희 집안에 대해 말씀드리겠습니다. 많은 이들이 알고 있는 바와 같이 저희 집안은 비천하고 보잘것없는 집안이었습니다. 제 아버지 가계(家系)는 이 나라에 있는 모든 가문 중에서도 가장 하잘것없는 집안으로서 매우 멸시를 받았습니다. 따라서 저는 육신으로 보자면 다른 사람들처럼 고상한 혈통이나 고귀한 가문에서 태어났다고 이 자리에서 자랑할 수 없는 사람입니다. 하지만 이 모든 것들을 생각해 볼 때, 저는 하늘에 계신 존귀하신 그분을 찬양할 수밖에 없습니다. 왜냐하면 그분께서는 이런 가문을 통해 저를 이 땅에 태어나게 하시어, 복음으로 말미암아 그리스도 안에 있는 은혜와 생

명에 참여하게 하셨기 때문입니다.

3. 저의 부모는 비록 비천하고 보잘것없는 집안의 출신이었지만, 그럼에도 하나님께서는 기쁘신 뜻대로 그들의 마음에 저를 학교에 보내어 읽고 쓰는 법을 배우도록 해야겠다는 생각을 넣어 주셨습니다. 그래서 저는 가난한 집안의 다른 어린 아이들이 다니듯 그렇게 학교에 다녔습니다. 제가 생각해도 좀 부끄러운 일이기는 하지만 솔직히 말해서, 저는 배운지 얼마 되지 않는 내용도 곧잘 잊어버리곤 하였습니다. 어떤 때는 아주 새까맣게 잊어버린 적도 있었습니다. 하지만 이것은 주님께서 제 영혼에 회심이라는 은혜로운 일을 행하시기 아주 오래 전의 모습이었습니다.

4. 저의 본성적인 삶에 대해 말씀드리겠습니다. 제가 세상에서 하나님 없이 살아갈 때는 진정 이 세상의 풍조를 따르면서, "지금 불순종의 아들들 가운데서 역사하는 영"(엡 2:2-3)으로 살았으며, "마귀의 올무"(딤후 2:26)에 사로잡혀서 그 뜻을 따르는 것을 저의 기쁨으로 알고 살았습니다. 어린 아이일 때부터 제 속에는 온갖 불의가 가득했고, 그것들은 제 마음과 삶에 아주 강하게 역사하여 불쑥불쑥 튀어나왔습니다. 특별히 제가 살아온 날들을 돌이켜 볼 때, 저처럼 쉽게 저주하고, 욕하고, 거짓말하고, 하나님의 거룩한 이름을 모독한 사람은 아무도 없었던 것 같습니다. 이런 일에 저를 당할 사람은 거의 없었습니다.

5. 그렇습니다. 이러한 것들이 제 속에 깊이 뿌리박힌 탓인지, 이런 불의들은 저의 두 번째 본성이 되어 버렸습니다. 세월이 흐른 지금 정신을 차리고 그 때의 일을 생각해 보면, 제가 어린 시절부터 주님을 욕하고 다녔던 일들로 인해, 주님께서는 제가 무서운 꿈을 꾸게 하셔서 저를 공포 가운데 놀라

게 하시고, 끔찍한 환상으로 저를 겁주신 것이 아닌가 합니다. 그 때는 정말 하루하루를 죄악 가운데 보내었으며, 밤이 되어 잠자리에 들어 잠을 잘 때면, 마귀들과 사악한 영들이 저를 사로잡아서 크게 고통을 당하는 날들이 많았습니다. 그 때를 생각해 보면, 저는 이들에게서 도망치려고 무던히도 애썼지만, 저는 이들에게서 전혀 헤어나올 수 없었습니다.

6. 또한 그 시절에는 심판 날에 대한 생각들로 크게 고민하고 고통을 받았습니다. 지옥 불이 붙는 끔찍한 고통에 관한 생각으로 그 당시 저는 밤이나 낮이나 할 것 없이 두려워 떨었습니다. 지옥에서 "큰 날의 심판까지"(유 1:6) 영원한 결박으로 흑암에 가두어진 마귀들과 지옥 원수들 가운데 나도 들어 있는 것이 나의 궁극적인 운명이라는 생각을 하면서 두려워하기도 하였습니다.

7. 제가 말씀드리지만, 그 당시 저는 한갓 아홉 살이나 열 살 밖에 되지 않은 어린 아이였으며, 이런 어린 아이가 감당해야 했던 그런 생각들로 인해 제 영혼은 극심한 고통 가운데 있었습니다. 부질없는 친구들 사이에서 오락이나 유치한 헛된 일들도 많이 해 보았지만, 그럴 때에도 제 마음은 저의 궁극적인 운명에 대한 생각으로 의기소침해져 고통을 받았습니다. 그럼에도 불구하고 저는 제가 행하던 죄악들을 포기할 수 없었습니다. 그렇습니다. 그 때는 또한 영생이나 천국 등에 대해서는 생각조차 하지 못하고 완전히 절망감에 압도되어 있었기 때문에, 종종 지옥이 없었으면, 또는 차라리 내가 마귀가 되었으면 하고 바라기도 하였습니다. 왜냐하면 마귀들은 고통을 주는 존재들이기 때문에 제가 지옥에 가더라도, 저는 고통을 받는 피해자가 아니라 고통을 주는 가해자가 될 수 있겠다는 망상 때문이었습니다.

8. 그 이후로 이런 악몽들은 더 이상 꾸지 않게 되었고, 저는 그 악몽에 대한 기억마저 곧 잊게 되었습니다. 당시 나를 즐겁게 하던 쾌락이 이 악몽에 대한 기억들을 즉시 사라지게 했던 것입니다. 마치 그런 악몽을 전혀 꾸지 않았던 것처럼 말입니다. 본성의 강한 능력을 따라서 저는 더 큰 탐욕과 함께 저의 정욕을 옥죄고 있던 고삐를 풀어헤쳤으며, 하나님의 법을 대적하는 온갖 죄악들을 행하는 것을 낙으로 삼았습니다. 결혼할 나이가 될 때까지 이런 생활이 계속되자, 저를 친구로 삼아 온갖 종류의 악과 경건하지 않은 일들을 하던 모든 젊은이들이 저를 그들의 최고 우두머리로 삼았습니다.

9. 진실로, 불길처럼 번진 이 정욕은 가련한 제 영혼에 육신의 열매가 되어 버렸습니다. 귀중한 은혜의 기적이 이 불길을 막지 않았더라면, 저는 영원한 공의에 맞아 멸망했을 뿐만 아니라, 이런 제 모습이 공개되어 세상 사람들이 보는 앞에서 수치와 망신을 주는 법의 철퇴 또한 맞았을 것입니다.

10. 그 당시 저는 신앙에 대해서 생각만 해도 마음이 너무 슬펐습니다. 저는 스스로 신앙을 용납할 수 없었으며, 다른 사람들이 그러는 것도 이해할 수 없었습니다. 어떤 사람이 그리스도인의 경건에 관한 책들을 읽는 것을 볼 때마다, 제게는 그 책의 내용들이 마치 감옥 같다는 생각만 들었습니다. 그 때 저는 하나님에게 "우리를 떠나소서, 우리가 주의 도리 알기를 바라지 아니하나이다"(욥 21:14)라고 말한 셈이었습니다. 그 당시 제게는 선한 모든 것들에 대해 한 번이라도 생각해 보겠다는 마음조차 없었고, 천국과 지옥 이 두 가지에 대해서는 안중에도 없었습니다. 구원이나 저주 등도 마찬가지여서 이런 것들에 대해서 전혀 생각조차 해 보지 않았습니다. 오, 하나님이여, 주께서 저의 인생을 아시오니 저의 길들이 주님 앞에서 숨김이 없나이다.

11. 이 와중에도 제가 똑똑히 기억하고 있는 한 사건이 있습니다. 비록 그때 제가 죄악을 짓는 제 자신을 보면서 큰 기쁨과 위로를 느끼고, 동료들의 간악함을 보면서 즐거워하기는 했지만, 그래도 신앙 고백까지 한 선한 사람들이 가끔 사악한 일들을 행하는 것을 볼 때면, 제 마음은 두려워 떨곤 하였습니다. 여러 가지 일들 중에서 다음과 같은 일은 잘 잊히지가 않습니다. 그때도 저는 허영에 찌들어 기고만장하게 살아가던 때였는데, 신앙인으로 알고 있던 한 사람이 욕하는 것을 듣게 되었습니다. 그 일로 저는 큰 충격을 받았고 제 마음은 심히 아팠습니다.

12. 나의 이런 죄악된 상태에도 불구하고, 하나님께서는 저를 완전히 내팽개치지 않으시고, 묵묵히 저를 따라 오셨습니다. 그러던 중 하나님에 대한 확신까지 나아간 것은 아니었지만, 하나님께서 저를 심판하셨고 그 속에 하나님의 긍휼하심이 함께 했던 사건들이 일어났습니다. 한 번은 바닷물이 드나드는 어느 샛강에 빠져서 거의 죽을 뻔도 했고, 또 한 번은 배를 타고 가다가 베드포드 강가에 빠졌는데, 하나님의 긍휼로 목숨을 건진 적도 있었습니다. 또 한 번은 언젠가 친구들과 함께 들판을 돌아다니다가 살무사가 길을 가로질러 가는 것을 우연히 발견하게 되었는데, 그 때 제가 손에 들고 있던 막대기로 살무사의 등을 내리쳐서 기절시킨 후에, 막대기를 뱀의 입에 대고 그 입을 억지로 열어젖히고는 제 손가락으로 뱀의 독을 뽑아낸 적이 있었습니다. 하나님께서 은혜를 베풀어 주시지 않았더라면, 저의 그런 극단적인 행동으로 인해 아마도 제 인생은 벌써 끝이 났을 것입니다.

13. 하나님께 감사할 것은 이 뿐만이 아닙니다. 제가 군대에서 병사로 복무하고 있을 때, 어떤 특정 지역을 포위하기 위해 다른 병사들과 함께 차출되어 나갈 채비를 막 끝낸 상태에서, 동료 병사 하나가 저를 대신해 나가기

를 희망했고, 이에 대해 제가 동의하자 그 병사가 제 임무를 맡고 떠났습니다. 그런데 적군을 포위하며 보초를 서고 있던 그가 머스킷(musket, 과거 병사들이 쓰던 장총—역주) 총의 탄환에 머리를 맞아 즉사하였던 것입니다.

14. 지금까지 말한 바와 같이, 그 때까지 제 인생에는 심판과 은혜가 서로 공존하였지만, 심판과 은혜 그 어떤 것도 제 영혼이 의를 향해 나갈 수 있도록 깨우지는 못하였습니다. 그래서 저는 계속해서 죄를 지었으며, 하나님을 대적해 더욱더 반항하였고, 나 자신의 구원에 대해서 전혀 신경 쓰지 않았습니다.

15. 이런 일들이 있은 후 오래 지나지 않아, 저는 결혼을 하게 되었고, 제 상황은 많이 바뀌게 되었습니다. 하나님의 은혜의 빛이 제게 비춰져서, 저는 경건하기로 소문난 분을 아버지로 둔 여인을 아내로 맞게 되었습니다. 아내와 저, 우리 두 사람이 가진 살림살이로는 접시와 숟가락이 전부일 정도로 우리는 매우 가난하였습니다. 그래도 그녀는 결혼 지참 품목으로 자기 아버지가 돌아가시면서 남긴 『보통 사람이 천국에 이르는 길』(The Plain Man's Pathway to Heaven)이라는 책과 『경건 훈련』(The Practice of Piety)이라는 책을 가지고 왔습니다. 저는 아내와 함께 틈틈이 이 두 권을 읽었습니다. 이 책들 속에는 제 마음을 기쁘게 하는 내용들이 있기는 했습니다. 하지만 이 책들을 다 읽어보아도 제 마음에는 확신이 서지 않았습니다. 아내는 제게 자기 아버지가 얼마나 경건한 분이었는지, 가족이나 이웃 사람이 저지른 악덕을 어떻게 훈계하고 바로잡았는지, 평생을 말과 행동으로 얼마나 엄격하고 거룩하게 살아갔는지에 대해 자주 이야기해 주었습니다.

16. 이 책들과 관련해서는 다음과 같이 말하고 싶습니다. 비록 이 책들이 제 마음 깊은 곳까지 감동을 주어 저의 비참하고 죄악된 상태를 깨우쳐 주지

는 못했다 해도, 기독교를 향한 어떤 열망만은 제 마음속에 심어 주었다고 말입니다. 그 당시 저는 종교에 대해 아는 것이 전혀 없었기 때문에, 기독교를 알고자 하는 아주 강한 열정에 사로잡히게 되었습니다. 간단히 말해서, 하루에 두 번 교회에 가는 것이 그때 저의 최고 목표였습니다. 저는 교회에서 남들이 하는 것처럼 아주 경건하게 말하기도 하고 찬양하기도 했습니다. 그런 신앙생활에도 불구하고 저는 여전히 사악한 삶을 유지하고 있었습니다. 게다가 제 마음은 여전히 미신적인 것들에 너무나 사로잡혀 있었기 때문에, 예배당, 성직자(priest), 교회 서기(clerk), 예복, 예배는 물론 교회에 속해 있는 다른 것들까지도 모두 마음속 깊이 흠모(欽慕)하거나 크게 숭상(崇尙)하였습니다. 교회 안에 있는 모든 것들을 전적으로 거룩한 것으로 여겼습니다. 특히 성직자와 교회 서기는 의심의 여지 없이 세상에서 가장 행복한 자들이며, 가장 큰 복을 받은 이들로 생각하였습니다. 왜냐하면 그 당시 제 생각에 그들은 하나님의 종이었고, 거룩한 성전 안에서 하나님의 일을 하는 중요한 사람들이었기 때문입니다.

17. 짧은 기간이었지만 이런 생각이 제 마음에 너무나 강하게 각인된 나머지, 저는 성직자를 볼 때마다 그의 삶이 아무리 방탕하고 추하다 해도, 그 앞에서 마음을 다해 존경하고 그에게 무릎을 꿇었습니다. 진실로 저는 그들에게서 사랑을 받기 위해 그들을 특별한 사람들로 여겼던 것 같습니다. 그들이 진정 하나님의 사역자들이라면, 저는 그들의 발 아래 엎드려 그들이 제 등을 밟고 지나가도 괜찮았을 정도였습니다. 그때는 그들의 이름이나 의복, 그들이 하는 일 등, 이 모든 것들이 저를 매혹했기 때문에 아마도 제가 제정신을 잃었던 것 같습니다.

18. 이런 상태로 상당한 시간이 지난 후, 또 다른 생각이 제 머리에 떠올랐

습니다. 그 생각은 우리가 과연 이스라엘 백성인가 그렇지 않은가 하는 물음이었습니다. 왜 이런 질문을 하게 되었는가 하면, 그 당시 저는 성경을 읽다가 이스라엘 백성들은 특별한 백성들이라는 것을 알게 되었는데, 만약 내가 이 민족 가운데 한 사람이라면, 내 영혼도 반드시 행복해질 것이라는 생각을 했기 때문입니다. 당시 제 마음속에는 이 질문에 대한 답을 찾아보려는 간절한 마음이 있었지만, 어떻게 해야 그 답을 얻을 수 있는지 전혀 알 수가 없었습니다. 그러다가 마침내 아버지에게 이 질문을 했더니, 아버지는 제게 "아니다. 우리는 이스라엘 백성이 아니다"라고 말씀하셨습니다. 그 대답을 듣자 제 마음에 가졌던 일말의 희망이 사라지면서 저는 의기소침해지고 말았습니다. 그런 상태로 또 시간이 흘렀습니다.

19. 그런데 항상 이런 식으로 신앙에 대해 궁금해하면서도, 정작 죄의 위험이나 죄를 짓는 것이 얼마나 악한 일인지에 대해서는 제가 깨닫지 못하고 있었습니다. 내가 어떤 신앙을 따르든, 내가 그리스도 안에서 발견되지 않는다면, 내가 지은 죄가 나를 저주한다는 생각을 전혀 하지 못했던 것입니다. 아니, 저는 지금까지 그리스도에 대해 한 번도 생각해 본 적이 없었고, 그분이 정말 존재하는 분인가 하는 문제도 전혀 생각해 보지 않았습니다. 눈 먼 자들의 방황은 자신을 피곤하게 할 뿐이라, 그들은 하나님의 성읍에 들어갈 줄도 알지 못한다(전 10:15, KJV)는 말씀대로 말입니다.

20. 그러던 어느 날, 우리 교구의 목사님이 안식일을 지키는 법, 즉 노동이나 오락이나 다른 일들을 행함으로써 이 날을 범하는 죄악을 주제로 설교를 하셨습니다. 그 당시 저는 신앙을 가지고 있긴 하였지만 온갖 악한 일들을 행하면서 큰 기쁨을 만끽하고 있었으며, 특히 안식일에 그런 악행들을 하면서 스스로 삶에 위안을 찾고 있었습니다. 그런 제가 그 목사님의 설교를 들으면

서 양심의 가책을 받았습니다. 왜냐하면 제가 범한 악행들을 제게 보여줄 목적으로 이 목사님이 그런 설교를 한다고 저는 생각했고 그렇게 믿었기 때문입니다. 제가 기억하기로 그전까지는 한 번도 이런 적이 없었는데, 어쨌든 그때 저는 심한 죄책감을 느꼈습니다. 설교 시간 내내 저는 이 일로 마음이 심히 괴로웠습니다. 설교가 끝나자 저는 제 영혼에 큰 부담감을 가지고 집으로 돌아갔습니다.

21. 양심의 가책과 죄책감을 느낀 그 순간, 정말 제가 가진 신경세포 중 '최고의' 쾌락을 느끼는 세포들은 모두 '마비'되어 버린 것 같았습니다. 따라서 지금까지 제게 즐거움을 주는 것들이 이제는 오히려 괴로움을 주는 것들로 다가왔습니다. 하지만, 잘 보십시오. 이런 상태는 그리 오래 지속되지 않았습니다. 제가 집에 돌아와 채 저녁을 먹기도 전에, 그 고통스러운 것들이 마음에서 사라지기 시작하더니, 결국은 예전 상태로 다시 돌아가 버렸습니다. 아! 그 고통이 마음에서 사라지고, 제 마음에 잠시 지펴졌던 그 불길이 꺼지자, 이제는 '아무런 제한 없이 다시 내가 죄를 지을 수 있게 되었구나!' 하는 생각과 함께, 제가 얼마나 기뻐했는지 모릅니다. 음식으로 제 본성적 욕구가 채워지자, 그 설교는 제 마음에서 사라졌고, 저는 크게 기뻐하면서 오락하고 놀던 옛 습관으로 되돌아갔습니다.

22. 그런데 바로 그 날, 제가 자치기(tip-cat game, 옛날 영국에서 하던 것으로 양 끝이 뾰족한 나뭇조각을 막대기로 공중에 쳐 올려 멀리 보내는 놀이—역주)를 하던 중, 자를 구멍에 넣고 한 번 치고 나서 다시 두 번째로 치려는 순간, 갑자기 한 음성이 마치 단도(短刀)처럼 하늘에서 떨어져 제 영혼을 찔렀습니다. "너는 네 죄를 버리고서 천국으로 갈 것이냐, 아니면 네 죄와 함께 지옥으로 갈 것이냐?" 이 음성을 듣고 저는 극도로 당황하였습니다. 그래서 제가 들고 있던 자를 땅

에 내려놓고, 하늘을 우러러 보았습니다. 그러자 제 이성(understanding)의 눈에는 주 예수님께서 저를 내려 보시면서 저에 대해 아주 불쾌한 표정을 지으시며, 제가 행한 이런저런 불경한 행동들에 대해 가혹한 처벌을 하시겠다고 엄중하게 경고하시는 것처럼 보였습니다.

23. 이런 생각이 마음에 떠오르자, 앞서 언급한 이 암시적인 사건으로 인해 제가 지은 죄들이 제 얼굴 앞에 펼쳐지면서, 다음과 같은 결론이 제 영혼을 확고히 붙잡았습니다. "나는 지금까지 너무나 극악한 중죄인으로 살아왔기 때문에, 천국에 관심을 갖기는 이미 늦었다. 그리스도께서 나를 용서해 주지도 않을 것이며, 내 죄 또한 사함을 받지 못할 것이다." 저는 이런 생각에 잠겨 있었습니다. 이런 생각을 하면서도, 한편으로는 정말 이런 일이 나에게 일어나면 어떡하나 하면서 두려워하였습니다. 이렇게 두려워하면서도, 저는 스스로 돌이키기엔 너무 늦었다고 결론을 내리고 절망 가운데 낙담하였습니다. 그래서 저는 지금까지 해오던 대로 계속해서 죄를 지어야겠다고 결심하였습니다. 왜냐하면 어쨌든 간에 비참해지기는 마찬가지라고 생각했기 때문입니다. 나는 너무나 극악한 죄인이기 때문에, 죄 짓기를 그만둔다고 해도 비참해질 것이고, 내가 계속해서 죄를 짓는다고 해도 비참해질 것이기 때문에, 나는 이러든 저러든 저주를 받아 지옥에 떨어질 수밖에 없는 운명이라고 생각했던 것입니다. 따라서 어차피 이런 일이 내게 일어난다면, 적은 죄를 짓고서 지옥에 떨어지느니 차라리 많은 죄를 짓고서 지옥에 떨어지는 것이 더 나을 것이라고 생각하였습니다.

24. 그때 저는 오락을 하던 중이었고 함께 오락을 하던 사람들 앞에 서 있었습니다. 하지만 저는 그들에게 한 마디 말도 하지 않았습니다. 감히 말하건대, 저는 앞서 말한 대로 그런 결론을 내리고는, '필사적으로' 제가 즐기던

오락에 다시 빠졌습니다. 지금도 그때의 기억이 생생합니다. 당시 제가 느꼈던 절망감은 너무 강하게 제 영혼을 사로잡고 있었기 때문에, 제가 죄악에 탐닉하는 것 외에는 그 어떤 것도 저를 위로해 줄 수 없었습니다. 이것은 분명한 사실이었습니다. 천국은 이미 제게서 사라졌기 때문에, 천국에 대해서는 더 이상 생각할 필요가 없었던 것입니다. 죄악을 원 없이 지어보고자 하는 강한 욕구가 제 속에 있는 것을 발견하고는, 아직까지 해보지 못한 죄악들을 연구하고서, 그 미지의 죄악이 줄 달콤함을 맛보고 싶어 했을 뿐 아니라, 가능하면 빨리 그 맛있는 죄악으로 내 배를 가득 채워야겠다는 생각만 했습니다. 내게 있는 이 욕구가 다 채워지기 전에 혹시라도 내가 죽으면 어떡하나 하는 것이 그 당시 제게는 가장 큰 두려움이었습니다. 그때 제게 일어난 이 모든 일들에 대해서는 하나님 앞에서도 말씀드릴 수 있습니다. 이 이야기들은 결코 거짓말이 아니며, 여기에 제가 덧붙여 꾸며낸 것도 없습니다. 이 이야기들은 모두 제 마음과 제 바람 가운데서 실제로 일어난 확실한 일들이었습니다. "측량할 수 없을 정도로 자비롭고 선한 주님이시여, 나의 죄악들을 용서해 주옵소서."

25. 제가 매우 확신하며 말할 수 있는 것은, 마귀들이 행하는 이런 시험은 많은 사람들이 알고 있듯이 불쌍한 피조물들을 그 대상으로 하고 있다는 것이며, 사실은 더 자주 이런 자들을 시험하고 있다는 것입니다. 마귀들은 사람들의 영혼을 상스러움으로 황폐하게 할 뿐만 아니라, 그 마음에 화인(火印)을 쳐서 피폐하게 하고 양심을 마비시키기도 합니다. 여기서 화인 맞은 마음이란 마귀로부터 조용하고 교활하게 절망감을 제공받은 것으로, 그 영혼에 그리 큰 죄악이 없는 데도 불구하고, 그 속에서 "나 자신에게는 소망이 없다. 왜냐하면 나는 스스로 지금까지 죄악을 사랑하였기에 그 죄악들을 따라갈 수밖에 없다"(렘 2:25; 18:12)는 결론을 은밀하게 지속적으로 내리는 마음

입니다.

26. 어쨌든 저는 마음에 큰 탐욕을 가지고 계속해서 죄를 지었습니다. 제가 하고 싶은 대로 다 해보아도 제 마음에는 만족함이 없었고, 여전히 성이 차지 않았습니다. 이런 생활이 대략 한 달 정도 더 지속되었습니다. 그러던 어느 날, 이웃집 가게 앞에 서 있던 저는 어떤 미친 여자에게 제가 하고 싶은 대로 마음껏 저주하고 욕하고 희롱하였습니다. 그랬더니 그 가게 안에 앉아 있던 주인 아주머니가 제가 한 말들을 들었는지, 제게 다음과 같이 따져 물었습니다. "비록 그 여자가 아주 허랑방탕하고 경건하지 못한 덜떨어진 사람이라 해도 그렇지, 어떻게 옆에서 듣는 사람조차 무서울 정도로 끔찍하게 저주하고 욕할 수 있지요?" 그 아주머니의 말은 계속되었습니다. "내 평생 보아온 욕쟁이 가운데 당신처럼 욕을 최고로 잘하는 사악한 젊은이는 처음이네요. 당신과 친구만 되면, 당신은 온 동네 젊은이들을 모조리 망쳐놓을 만큼 능력 있는 사람처럼 보입니다."

27. 이런 책망을 묵묵히 들은 저는 속으로 부끄러움을 느꼈습니다. 하늘에 있는 하나님 앞에서도 마찬가지로 제 자신이 수치스럽게 여겨졌습니다. 얼굴을 숙이고 거기 서 있는 동안, 진심으로 저는 내가 다시 어린 시절로 돌아가 아버지로부터 이런 사악한 욕을 하지 않고 말하는 법을 배웠더라면 얼마나 좋았을까 하는 생각을 했습니다. 왜냐하면 저는 이미 욕이 입에 배어 있어서 개선해 보려고 해봤자 헛일이고 고쳐지지도 않을 것이라고 생각했기 때문입니다.

28. 그런데 어떻게 된 일인지는 모르겠으나, 어쨌든 저는 그 때 이후로 욕하는 습관을 완전히 끊게 되었습니다. 아무리 생각해 봐도 정말 이상한 일이

긴 합니다. 왜냐하면 예전에는 말을 할 때 어떤 때는 앞에 또 어떤 때는 뒤에 꼭 욕을 붙이지 않으면, 제 말에 권위가 없는 것처럼 여겨져서 도통 어떻게 말을 해야 할지 몰랐는데, 이제는 "욕을 하지 않고서도" 예전보다 더 재미있게 잘 말할 수 있게 되었기 때문입니다. 이 모든 일들은 제가 예수 그리스도를 알지 못했을 뿐 아니라, 오락과 놀이를 끊지 못했을 때 일어났던 것들입니다.

29. 이 일이 일어난 직후, 저는 신앙 고백까지 한 어떤 가난한 사람을 알게 되었습니다. 그때를 떠올려보면, 그는 성경에 대해서, 신앙 문제에 대해서 재미있게 말하는 사람이었던 것 같습니다. 그래서 저는 그에게 푹 빠졌고 그가 말하는 것을 좋아하고 사랑하게 되었습니다. 그로 인해 저는 성경책을 가지고 아주 재미있게 읽기 시작하였습니다. 특히 저는 성경의 역사적인 부분을 즐겨 읽었습니다. 인간 본성에 관한 성경 전체의 내용과 바울 서신서는 도통 그 뜻을 알 수가 없었습니다. 왜냐하면 그때는 본성의 타락이나 내가 구원받기 위해서는 예수 그리스도가 필요하다는 것과 그분의 가치 등에 대해서 전혀 모르고 있었기 때문입니다.

30. 이렇게 성경책을 읽으면서 제 말과 생활에 어느 정도 외형적인 개선이 이루어졌으며, 제 앞에는 저를 천국으로 인도해 줄 계명들이 놓이게 되었습니다. 저는 이 계명들도 잘 지키려고 노력했습니다. 제 기억으로 이 계명들을 이따금 어느 정도 잘 지켰다는 생각이 들 때면 저는 위로를 받았지만, 이따금씩 한 계명을 범했을 때는 제 양심에 심한 가책을 받았습니다. 그럴 때면 저는 회개를 하고 이에 대해 죄송하다는 말씀을 하나님께 드리고, 다음에는 더 잘 할 것을 하나님께 약속하였습니다. 거기서 저는 다시 새 힘을 얻곤 하였습니다. '왜냐하면 그 때는 제가 영국에 있는 다른 사람들만큼 하나님을

기쁘시게 하고 있다고 생각하였기 때문입니다.'

31. 이런 생활이 한 1년 정도 지속되자, 이 모든 세월을 지켜본 우리 이웃 사람들은 저를 아주 경건한 사람으로, 다시 말해 새롭게 변화된 신앙인으로 여겨 주었고, 제 삶과 모습에 일어난 크고 엄청난 변화를 보면서 놀라움을 금하지 못하였습니다. 사실, 사람들이 보기에 제가 그렇게 바뀐 것은 놀랄 만한 일이었을 것입니다. 하지만 그때도 저는 여전히 그리스도도 몰랐고, 은혜도 몰랐고, 믿음도 몰랐고, 소망도 몰랐습니다. 그 이후에야 비로소 제가 자세히 알게 되었지만, 솔직히 말해서 만약 그때 제가 죽었더라면, 저는 아주 끔찍한 상태가 되었을 것입니다. 감히 말하건대, 어쨌든 이런 상태는 거의 열두 달 이상 지속되었습니다.

32. 제가 신앙에 관한 무지했음에도 불구하고, 이웃 사람들은 저의 이런 엄청난 회심, 다시 말해 불경한 방탕자가 도덕적으로 새 생명을 얻은 것 같은 회심에 놀라워하였습니다. 사실 그들이 그렇게 생각하는 것은 당연한 일이었습니다. 왜냐하면 저의 이런 회심은 베들렘에 있는 톰(Tom of Bedlam, 과거 런던에 있던 정신병원인 '세인트 메리 오브 베들레헴'[St. Mary of Bethlehem]에 있는 불특정 정신병자를 가리키는 상투어—역주)이 정상인이 된 것과 같은 아주 대단한 일이었기 때문입니다. 그래서 사람들은 제 앞에서는 물론이고, 저의 뒷모습을 보면서도 저를 마음에 들어 하며 칭찬하고 저에 대해 좋은 말들을 해주었습니다. 그들이 말한 대로, 이제 저는 경건한 사람이 되었으며, 이제 저는 올바르고 정직한 사람이 되었습니다. 오! 사람들이 저에 대해 이렇게 말하고 평가한다는 것을 알았을 때, 저는 굉장히 마음이 기뻤습니다. 그 당시 저는 여전히 회칠한 일개 위선자에 지나지 않는 존재였음에도 불구하고, 제가 진실로 경건한 사람인 것처럼 이야기되는 것이 정말로 좋았습니다. 저는 저의 경건한 모

습에 자부심을 가졌으며, 실제로 저는 사람들로부터 경건한 사람인 것처럼 보이거나 저에 대해 좋은 말들이 나오도록 제가 할 수 있는 모든 일들을 하였습니다. 저의 이런 생활도 거의 열두 달 이상 지속되었습니다.

33. 여러분이 반드시 알아야 할 사실이 하나 있습니다. 그것은 사람들이 저에 대해 이렇게 좋은 말들을 하기 이전부터, 저는 종치는 것에 너무 큰 재미를 느끼고 있었다는 사실입니다. 하지만 저의 양심이 예민해지면서, 이러한 습관은 헛된 것이라는 생각이 들었습니다. 그래서 저는 억지로 이 일을 그만두어야 했습니다. 그래도 제 마음은 못내 아쉬워하였습니다. 그리하여 저는 감히 종을 치지도 못하면서 종종 뾰족집(steeple-house, 성도들의 모임인 교회보다 건물을 더 중시하는 교회의 모습을 빗대어 말하던 번연 당시의 관용어—역주)에 가서는 그 종을 바라보기만 하였습니다. 종을 치는 것이 신앙이 아니라는 생각을 하면서도, 저는 여전히 고집을 부리며 그 종을 바라보곤 하였던 것입니다. 그러다 문득 저 종들 가운데 하나가 떨어지면 어떻게 될까 하는 생각을 하기 시작했습니다. 이런 생각이 들자 저는 첨탑의 대들보 아래를 골라 섰습니다. 이쪽 끝에서 저쪽 끝까지 가로로 놓인 이 대들보 밑이 안전할 것이라고 생각했기 때문입니다. 그런데 다시 다른 생각이 났습니다. 혹시라도 종이 흔들리다가 떨어진다면, 종이 먼저 벽에 부딪치고 나서 제가 있는 대들보 쪽으로 반동되어 이 대들보가 부서지면서 떨어지게 되는 경우, 그때는 내가 종에 깔려 죽을 수도 있겠다는 생각 말입니다. 이런 생각까지 하게 되자 저는 이번에는 첨탑 문이 있는 아래에 자리를 잡고 섰습니다. 드디어 저는 완벽하게 안전한 자리에 서 있다고 생각하였습니다. 왜냐하면 종이 떨어진다 해도, 이 두꺼운 첨탑 건물의 벽 뒤로 재빨리 도망쳐서 아무런 해도 입지 않으리라고 생각했기 때문입니다.

34. 이 일이 있은 후에도 저는 여전히 사람들이 종 치는 것을 구경하곤 하였습니다. 하지만 첨탑의 문이 있는 곳에서 더 이상은 들어가지 않았습니다. 그런데 이번에 또다시 다음과 같은 생각이 제 머리에 떠올랐습니다. "이 첨탑 자체가 무너지면 어떻게 될까? 내가 지금 서서 쳐다보고 있는 이 첨탑도 내가 알고 있는 한에는 언제든지 무너질 수 있을 텐데." 이런 생각들이 계속해서 제 마음을 뒤흔들어놓자, 저는 지금까지 생각해 낸 장소 가운데 제일 안전하다고 생각한 첨탑 문이 있는 그곳에도 더 이상 서 있을 수 없었습니다. 저는 부득불 도망칠 수밖에 없었습니다. 왜냐하면 그 첨탑이 제 머리 위에 무너져내리지는 않을까 두려웠기 때문입니다.

35. 제가 재미를 느낀 또 다른 것은 춤추는 일이었습니다. 제가 춤추는 것을 완전히 끊기까지는 꼬박 1년이 걸렸습니다. 그런데 저는 춤추는 것을 즐기는 동안에도, 말이나 행동으로 이런저런 계명들을 잘 지키고 있다고 생각하면서, 내가 생각하는 것은 어떤 것이든 선하며, 내 양심도 큰 평안을 누리고 있다고 생각하였습니다. 이제는 하나님께서 나를 기뻐하실 수밖에 없을 것이라는 생각까지 하게 되었습니다. 솔직히 말하면, 영국에서 나보다 더 하나님을 기쁘시게 할 수 있는 사람은 아무도 없을 것이라고 속으로 혼잣말을 하기도 하였습니다.

36. 하지만 그 당시 저는 불쌍하고 곤고한 사람이었습니다. 이 모든 걱정을 하는 내내 저는 예수 그리스도에 대해 무지했으며, 내 자신의 의(義)만 세우는 일로 분주하였기 때문입니다. 하나님께서 은혜를 베푸시어 저의 본성이 어떠한지를 속속들이 보여주지 않으셨다면, 저는 이런 분주하게 애쓴 헛된 일들로 인해 멸망하고 말았을 것입니다.

제2장

번연의 회심과 베드포드 교회에 출석하기 이전에
자신이 겪은 고통스러운 마음고생들

(제37절~제116절)

37. 그러던 어느 날, 저를 향한 하나님의 선한 섭리로 저는 제가 하던 땜장이 일 때문에 마을의 거리에 나가게 되었습니다. 거기서 저는 햇볕이 내리쬐는 어느 집 문 앞에 앉아서 하나님에 관한 이야기들을 하고 있는 가난한 여인 서너 명을 볼 수 있었습니다. 저는 그들이 대화하는 내용을 들어볼 마음으로 그들에게 가까이 다가갔습니다. 이제 저도 신앙과 관련된 얘기라면 어느 정도 할 수 있을 것이라고 생각했기 때문입니다. 지금에서야 말하지만, 사실 저는 그 여인들이 하는 이야기들을 다 들었습니다. 하지만 저는 그들이 하는 말들을 도통 이해할 수 없었습니다. 왜냐하면 그들은 제가 감히 범접할 수 없는 높은 수준의 신앙인들이었기 때문입니다. 그들이 하는 이야기들은 새롭게 거듭남과 그들의 마음에 역사하신 하나님의 행하심, 그리고 자신들의 비참한 본성을 자신이 어떻게 깨닫게 되었는지 등에 관한 것이었습니다. 또한 그들은 하나님께서 예수 그리스도 안에 있는 그분의 사랑으로 자기 영혼을 어떻게 찾아오셨는지, 어떤 말씀과 약속으로 그들이 새 힘을 얻고 위로를 받았으며, 그 말씀과 약속이 마귀의 시험을 대적할 수 있도록 어떻게 자신들을 붙들어 주었는지 등에

여인들이 하는 이야기를 듣는 존 번연

관해서도 서로 대화를 나누었습니다. 더 나아가, 그들은 사탄이 제안하는 것과 사탄의 시험에 대해서도 구체적으로 말했을 뿐만 아니라, 그들이 사탄에게서 어떤 고통을 받았고 그런 사탄의 공격에도 어떻게 신앙을 꿋꿋이 지켜냈는지에 관해 말하였습니다. 그들은 또한 자기 마음속에 있는 비참함과 불신앙에 대해 이야기하면서, 그들에게 전혀 도움이 되지도 않으며 설령 도움이 된다 해도 충분하지도 않아서 마치 더러운 오물 같은 자신의 의를 경멸하고 경시하며 혐오하고 있었습니다.

38. 제 눈에 그들은 자신들 속에 있는 기쁨을 주체할 수 없어서 이렇게 말할 수밖에 없는 것처럼 보였습니다. 성경에서 말하고 있는 기쁨에 겨워 말하는 내내 은혜를 입은 표정으로 말하고 있었던 것입니다. 제게는 그들이 마치 새로운 세상을 찾은 것처럼, 그들의 이웃들 가운데 한 사람으로 여김을 받지

않고 홀로 거하는 백성들처럼(민 23:9) 보였습니다.

39. 이 여인들의 대화를 들으면서 제 마음은 흔들리기 시작하였습니다. 지금 저의 신앙상태는 아무것도 아니라는 의심이 들었던 것입니다. 신앙과 구원에 관해 제가 지금까지 해온 모든 생각들을 살펴보았지만, 새로운 거듭남은 제 마음에 아직 한 번도 없었고, 아예 시작조차 되지 않았으며, 저는 말씀과 약속의 위로도 모르고 있었고, 나 자신의 사악한 마음에서 나오는 기만과 반역 또한 알지 못하고 있었습니다. 은밀한 생각들에 대해서도 저는 전혀 알아차리지 못하고 있었으며, 사탄의 시험이 어떤 것인지, 이 시험을 어떻게 견뎌내고 대적하는지 등, 이런 것들에 대해 저는 전혀 이해하지 못하고 있었습니다.

40. 저는 이 여인들이 말한 것들을 듣고 그것에 대해 곰곰이 생각하면서 그들을 떠나 다시 제 일터로 떠났습니다. 저는 비록 그들을 떠났지만, 이 여인들의 대화는 제 머릿속을 떠나지 않았습니다. 제 마음은 그들과 함께 하기를 원하는 것 같았습니다. 왜냐하면 제가 그들의 말에 크게 감동을 받았기 때문입니다. 다시 말해, 그들의 대화를 통해서 나에게는 진정 경건한 사람이라는 참된 표징이 없다는 것을 깨닫게 되었을 뿐 아니라, 진정 경건한 사람이라는 참된 표징을 가진 사람이 갖게 되는 행복하고 복된 상태가 어떤 것인지도 깨닫게 되었기 때문입니다.

41. 그래서 저는 이 가난한 여인들과 더불어 신앙의 교제를 나누는 것을 제일로 삼고서 거듭거듭 그들을 찾아갔습니다. 저는 그들을 떠날 수 없었습니다. 제가 그들과 함께 하면 할수록, 제 영적 상태에 대한 의문도 더욱더 많아졌기 때문입니다. 지금도 제 기억 속에 남아 있는 것은 그때 제가 제 속에 있

는 두 가지를 발견했다는 사실입니다. 즉, 조금 전까지만 해도 나 자신이 얼마나 맹목적이며 무지하고 야비하며 경건하지 못한 사람인지를 깨닫게 되면서 놀랍게도 제 마음과 관련해 발견하게 된 두 가지 사실이 있었습니다. 그 중 하나는 제 마음이 매우 많이 여리고 약해서 성경 말씀이 강하게 주장하는 바에 큰 영향을 받는다는 사실이었으며, 또 다른 하나는 제가 어느 때든지 듣거나 읽은 것 가운데 유익한 것들이 있으면, 제 마음이 계속해서 거기에만 집착하는 경향이 아주 강하다는 사실이었습니다.

42. 이 외골수와도 같은 '두 가지 사실로 인해', 제 마음은 마치 핏줄에 들러붙은 거머리의 두 딸처럼 "다오 다오"(잠 30:15) 하는 형국이 되고 말았습니다. 진실로 그 당시 제 마음은 영원에 고정되어 있었습니다. 다시 말해서, 그때 저는 하늘나라에 관한 일들에 마음이 집중되어 있었습니다. 그때 제 마음에 대해서는 저보다 하나님께서 훨씬 더 잘 아시겠지만, 즐거움이나 돈벌이나 설득이나 위협 등 그 어떤 것도 한번 정해진 제 마음을 누그러뜨릴 수 없었으며, 한번 붙잡은 것을 내려놓을 수도 없었습니다. 이런 말을 하는 게 부끄럽지만, 그 당시 하늘에 있던 제 마음을 땅으로 끌어내리는 것도 어려웠지만, 그 이후에 제 마음을 다시 땅에서 하늘로 끌어 올리는 것도 매우 힘들었습니다. 이것은 너무나 분명하고 확실했던 사실입니다.

43. 그 당시와 관련해서 제게는 빠뜨릴 수 없는 한 가지 일화가 있습니다. 우리 마을에는 어느 누구보다도 저와 마음이 잘 통하는 한 청년이 있었습니다. 하지만 저주와 욕설과 음탕한 생활을 하는 아주 사악한 청년이었습니다. 저는 당시 그 친구를 멀리하고 그와 친분을 끊은 상태였습니다. 서너 달 정도 그를 만나지 않다가, 어떤 골목길에서 우연히 그를 다시 만나게 되었습니다. 요즘 어떻게 지내냐고 묻자 그는 오래된 습관대로 욕설과 함께 자기는 잘

지내고 있다고 대답하였습니다. 그러자 저는 그에게 "그런데 해리(Harry), 자네는 왜 이렇게 욕설과 저주를 입에 달고 살지? 혹시라도 지금 그 상태로 죽으면 어떻게 되려고 그래?"라고 말했습니다. 이 말에 그는 크게 약올라하며, "나 같은 사람이 없으면, 마귀가 친구로 삼을 사람이 없지 않겠어?"라고 대답하였습니다.

44. 이 무렵 저는 저와 동향(同鄕)인 몇몇 사람이 제게 건넨 랜터파(Ranters, 영국 공화국[Commonwealth of England, 1649-1660] 시기에 발흥했던 이단으로, 교회와 성경의 권위를 부인할 뿐만 아니라, 영혼의 불멸과 인격적인 하나님까지 부인하여 결국 범신론을 주장하기에 이르렀다—역주)의 책들을 몇 권 접하게 되었습니다. 그 책들은 오랫동안 신앙생활을 하며 신앙 고백까지 한 사람들로부터 대단한 평판을 받기도 했습니다. 저는 이 책들 가운데 몇 권을 읽어보았습니다. 하지만 저는 이 책들에 대해 제대로 판단할 수가 없었습니다. 이처럼 제가 책들을 읽으면서도 도저히 나 자신의 능력으로는 이 책들에 대해 판단할 수 없음을 깨닫게 되자, 저는 마음을 모아 다음과 같이 하나님께 기도하였습니다. "오, 주님, 저는 어떤 것이 진리인지, 어떤 것이 거짓인지 모르는 어리석은 사람입니다. 주님, 저 자신의 우매함으로 이 가르침을 받아들이거나 또는 반대로 이 가르침을 정죄하지 않도록, 저를 내버려 두지 마옵소서. 이 가르침이 하나님에게서 나온 것이라면 제가 이를 무시하지 말게 하시고, 혹시라도 이 가르침이 마귀에게서 나온 것이라면, 제가 이를 받아들이지 않게 하옵소서. 주님, 이 문제와 관련하여 제 영혼은 오직 당신 발 앞에 엎드리오니, 제가 속지 않게 하옵소서. 겸손한 마음으로 당신께 간절히 간구하옵니다."

제게는 이 시기에 항상 친하게 지내던 신앙적인 친구가 있었습니다. 제가 앞서 말한 가난한 친구였는데, 그 친구는 이 즈음에 가장 악마 같은 랜터파로 돌아서서, 자신을 온갖 더러운 것들, 특히 부정한 것들에 넘겨주었습니다.

그는 하나님의 존재뿐만 아니라 천사나 영의 존재까지 부인하면서, 절제하며 살아가도록 권면하는 것을 비웃었습니다. 저는 그의 사악함을 책망하는 수고까지 해보았지만, 그러면 그럴수록 그는 더욱더 저를 비웃었습니다. 자신은 모든 종교들을 두루 섭렵해보았지만, 지금까지 올바른 종교를 한 번도 찾을 수 없었다는 식으로 말하였습니다. 또한 그는 세월이 조금 더 지나면 신앙 고백까지 한 모든 기독교 신자들이 랜터파 신앙으로 돌아서게 되는 것을 보게 될 것이라고 말했습니다. 그가 주장하는 저주받은 원칙들이 제게는 가증스럽게 여겨졌고, 그 이후로 저는 그와의 교제를 단절해 버렸습니다. 그 전까지는 그렇게 친하게 지냈던 친구였지만, 이제는 완전히 서로 남남이 되어 버렸던 것입니다.

45. 이 친구는 오직 저 한 사람에게만 다가온 유혹이 아니었습니다. 제가 직업으로 하는 일 때문에 시골 전역을 돌아다니던 중, 공식적으로 엄격한 신앙을 가지고 있는 것으로 예전부터 알고 있던 몇몇 친구들이 지금은 이 랜터파로 완전히 넘어가 버렸다는 사실을 우연히 알게 되었습니다. 이 랜터파 사람들은 제게 자신들의 생각들을 주장하면서, 저를 무지한 율법주의자로 비난하였습니다. 또한 오직 자신들만이 완전해졌기 때문에, 그들은 자신들이 하고 싶은 것을 마음대로 해도 죄가 되지 않는다고 주장하였습니다. 오! 사실 이런 주장은 나의 육신에 어울릴 만한 유혹이었습니다. 그 당시 저는 젊은 청년이었고, 제 본성도 그 절정기에 있었기 때문입니다. 하지만 하나님께서는 제 소망대로, 저를 더 좋은 일에 쓰시려는 계획을 가지고 계셨기에, 제게 하나님의 이름을 두려워하는 마음을 주셨고, 그리하여 제가 이 저주받은 원칙들을 받아들이지 않게 하셨습니다. 나 자신의 지혜를 신뢰하지 않고, 저를 지켜 주시고 인도해 주시도록 하나님께 부르짖고 싶은 마음을 주신 하나님을 찬송합니다. 그 이후에도 하나님께서는 저를 랜터파의 거짓뿐만 아니라 새롭게 발흥하는 모든 거짓세력들로

부터 지켜 주셨습니다. 저는 기도의 능력을 보았던 것입니다. 그 당시는 성경 말씀이 제게 정확한 기준이 되었습니다.

46. 제 생각에 그때부터 저는 성경을 새로운 눈으로 바라보고, 지금까지 한 번도 읽지 않았던 방식으로 성경을 읽기 시작했던 것 같습니다. 특별히 사도 바울의 서신서들은 제게 감미로웠으며 기쁨을 주었습니다. 진실로 그때는 제가 성경을 읽을 때나 묵상할 때나 절대로 성경의 범위를 벗어나지 않았습니다. 그러면서도 저는 제가 진리를 알고, 천국과 영광에 이르는 길을 알게 해 달라고 하나님께 여전히 부르짖었습니다.

47. 계속해서 성경을 읽던 중, 저는 우연히 다음과 같은 말씀을 보게 되었습니다. "어떤 사람에게는 성령으로 말미암아 지혜의 말씀을, 어떤 사람에게는 같은 성령을 따라 지식의 말씀을, 다른 사람에게는 같은 성령으로 믿음을"(고전 12:8-9). 이 성경 말씀을 통해 성령님께서 하시려는 말씀, 다시 말해 특별히 비범한 어떤 것에 대해 제게 하실 말씀이 있다는 것은 제가 예전부터 알고 있었지만, 어쨌든 그때 제 마음을 사로잡은 것은 확신의 문제였습니다. 바로 다른 그리스도인들도 가지고 있는 지혜와 지식 같은 평범한 것들이 제게는 없다는 것이었습니다. 믿음이라는 단어에 대해서도 곰곰이 생각해 보았지만, 이 믿음이 무슨 말인지 도통 알 수가 없었습니다. 특별히 이 믿음이라는 말은 저를 더욱 곤혹스럽게 하였습니다. 왜냐하면 제가 어찌할 수 있는 문제가 아니었기 때문입니다. 그래도 저는 가끔씩 내가 과연 어떤 믿음이라도 가지고 있는지 없는지를 제 자신에게 질문할 수밖에 없었습니다. 왜냐하면 혹시라도 내게 믿음이 없어서 다른 선한 사람들이 가진 모든 축복들에서 내가 제외되지는 않았는지, 또한 내가 받아야 할 축복이 하나님에게 속한 다른 사람에게 주어진 것은 아닌지 하고 걱정이 되었기 때문입니다. 그렇다고 내

영혼에 믿음이 전혀 없다고 결론을 내리기는 싫었습니다. 정말 내가 그렇게 결론을 내린다면, 나는 완전히 버림받은 사람처럼 여겨질 것이라 생각했기 때문입니다.

48. 그래서 저는 제 자신에게 다음과 같이 말하였습니다. "아니야. 내가 무식한 술주정뱅이에다가 다른 선한 사람들은 가지고 있는 지식과 이해의 복된 은사들이 내게 없는 것은 확실하지만, 그렇다고 해서 내게 믿음이 전혀 없는 것은 절대로 아니야. 위험을 무릅쓰고 모험을 하는 심정으로 말하지만, 내게 믿음이 없다고 그렇게 결론 내릴 수는 없어." 제가 그때 이후로 많은 경우들을 보고서 알게 된 사실이기도 하지만, 자신이 믿음이 없는 상태라고 결론을 내린 사람들은 대부분 사탄의 꼬임에 빠져 그렇게 생각하는 것이며, 그런 자들은 자기 영혼에 안식과 안정을 찾지 못하는 것 같았습니다. 이런 사실들을 생각해 볼 때, 그 당시 저는 절망으로 완전히 떨어지고 싶지 않아서 믿음이 있다고 생각했던 것 같습니다.

49. 막연하게나마 내 속에 믿음이 있다는 그런 생각으로 인해, 내게는 믿음이 필요하다는 생각을 하지 않는 무서운 상황이 한동안 지속되었습니다. 그래도 하나님께서는 제 영혼을 타락하여 멸망하지 않도록 하셨습니다. 하나님께서는 오히려 이런 무지하고 서글픈 저의 결론, 즉 제 속에 믿음이 있다는 이 결론에 대해 계속해서 다음과 같은 추측들을 지속적으로 하게 하셨습니다. 저 또한 사탄의 꼬임에 속을 수 있다는 '바로 그 이유 때문에' 내가 믿음을 가졌는지 가지지 못하였는지에 대한 확실한 지식을 얻기 전까지는, 저도 만족하게 안식할 수 없었습니다. 이런 유의 질문들이 계속해서 제 마음에 떠올랐습니다. 진정으로 내게 믿음이 없다면 어떻게 될 것인가? 내게 믿음이 없다는 것을 내가 어떻게 알 수 있는가? '이런 질문들 외에 제가 확실히 아

는 한 가지 사실이 있었습니다. 그것은 내게 믿음이 없다면 나는 틀림없이 영원히 멸망하게 될 것이라는 사실이었습니다.'

50. 처음에는 이 믿음의 문제를 대강 살펴보려고 애썼지만, 시간이 지나면서 이 문제를 진지하게 고려해 보는 것이 좋겠다는 생각이 들었습니다. 다시 말해, 내가 과연 믿음을 가지고 있는지 그렇지 않은지, 나 자신을 한 번 시험해 보자는 마음이 들었습니다. 그러나 애석하게도 저는 너무나 불쌍하고 무지하고 야만적이어서, 지금 이 날까지도 어떻게 믿음을 시험해 볼 것인지 그 방법을 모르고 있습니다. 이것은 제가 지금까지 한 번도 보지 못했을 뿐만 아니라 생각조차 해보지 못한 희귀하고도 진기한 예술작품이 언제 시작되고 언제 완성되는지 모르는 것과 마찬가지입니다.

51. 이렇게 이 문제를 앞에 두고서 곰곰이 생각하다가 급기야 저는 이 문제에 빠져들게 되었습니다. 먼저 여러분이 필히 알아야 할 것은 그때까지 저는 이 문제에 관한 제 마음을 아무에게도 털어 놓지 않았으며, 단지 듣고 생각만 했다는 사실입니다. 그러자 유혹자인 마귀가 다음과 같은 자신의 망상(妄想)을 가지고 제 속에 들어왔습니다. "당신이 믿음을 가졌는지 확인해 볼 수 있는 유일한 방법은 어떤 기적을 시도해 보는 것뿐이다." 그러면서 사탄은 그 방법처럼 보이는 성경 구절들을 사용해 보라면서, 자신의 유혹을 더욱더 강하게 밀어붙였습니다. 이런 사탄의 유혹 때문인지 몰라도, 하루는 제가 엘스토우(Elstow)에서 베드포드(Bedford)로 가는 도중에, 어떤 기적을 행해서 내가 과연 믿음이 있는지 한번 시험해 보고 싶다는 강한 유혹을 느꼈습니다. 그 당시 제가 생각한 기적은 말의 안장 받침에 자주 물을 튀기곤 하던 길에 있는 물웅덩이를 향해서 "말라져 버려라"라고 말하고, 또 마른 땅을 향해서는 "너는 물웅덩이가 되어라"라고 말하는 것이었습니다. 실제로 제가 생각한 대로 한번 해

볼 마음으로 이제 막 웅덩이를 향해 말하려는 순간, 문득 '먼저 저기 보이는 울타리 아래로 가서 기도해야 이를 행할 능력을 하나님께서 주실 것이다'라는 생각이 들었습니다. 그래서 기도를 마친 후 웅덩이를 향해 막 말을 하려는 순간 또다시 다음과 같은 생각이 불현듯 떠올랐습니다. '내가 울타리까지 가서 기도하고 또다시 여기까지 와서 기적을 시험해 보는데, 혹시 아무 일도 일어나지 않는다면, 그렇다면 내게는 믿음이 없는 것이고 나는 단지 버림받은 자이며 잃어버림을 받은 자이지 않을까. 어차피 그렇게 될 바에야 차라리 시도 자체를 단념하고 조금 더 기다려보는 것이 낫겠다.' 이것이 그 당시 제게 든 생각이었습니다.

52. 이런 큰 혼란의 시기가 어느 정도 지속되었습니다. 그렇게 기이한 일들을 행할 수 있는 사람들만이 믿음을 가진 자라는 생각을 하고서, 저는 현재 믿음도 가지지 못하였고, 앞으로도 믿음을 가지지 못할 것이라고 마음에 결론을 내렸습니다. 그러자 혼란은 더 커졌습니다. 이렇게 마귀의 속삭임과 나 자신의 무지 사이를 왔다 갔다 하면서 제 마음은 심히 복잡하였습니다. 특별히 어떤 때는 내가 어찌해야 할 바를 몰라서 더더욱 그러하였습니다.

53. 그 무렵, 베드포드에 있는 가난한 성도들이 누리는 행복한 장면이 제 눈 앞에 펼쳐졌습니다. 제가 보니, 그들은 어느 높은 산의 양지바른 기슭에 앉아서 상쾌한 햇살을 즐기고 있었는데, 반면에 저는 추운 곳에 쪼그려 앉아 서리와 눈을 맞으며 먹구름 아래에서 몸을 떨고 있었던 것입니다. 제가 보기에 그들과 나 사이에는 이 산을 에워싸고 있는 벽이라도 있는 것 같았습니다. 따라서 제 영혼은 이 벽을 뚫고서라도 할 수만 있다면 무슨 수를 써서라도 그들 사이로 들어가 그들이 받고 있는 태양의 열기로 위로를 받고자 하는 마음이 간절했습니다.

54. 그들이 있는 곳으로 내가 들어갈 수 있는 어떤 길이나 통로가 있는지 알아볼 생각에, 저는 벽 주위를 거듭해서 둘러보았습니다. 제가 갈 수 있는 길이 있는지 자세히 살펴보면서 말입니다. 그렇게 한참을 찾아보았지만, 저는 아무것도 찾을 수 없었습니다. 그러다 마침내 저는 말하자면 개구멍처럼 작은 출입문이 벽에 나 있는 것을 보았고, 그리로 들어가 보려고 시도했습니다. 그러나 그 통로는 너무 좁고 답답해서, 거기로 들어가려고 한 모든 노력들이 헛수고가 되고 말았습니다. 들어가겠다고 너무 용을 쓴 나머지, 저는 거의 기진맥진한 상태가 되었습니다. 그렇게 끝까지 안간힘을 쓰던 중, 드디어 무언가가 들어가기 시작했습니다. 제 생각에 처음에는 손이 들어가는 것 같았고, 그 다음 제가 몸을 비스듬히 비틀자 어깨가 들어가더니, 마지막으로 온 몸이 들어갔습니다. 그때 제 마음은 정말 기뻤습니다. 드디어 제가 그 무리들의 틈에 앉을 수 있었던 것입니다. 거기서 저는 그들에게 내리쬐는 햇빛과 열기로 그들과 마찬가지로 위로를 받았습니다.

55. 그러자 이 산과 벽, 그리고 다른 모든 것들의 의미가 제게 다가오기 시작했습니다. 산은 살아 계신 하나님의 교회를 의미했으며, 그 산을 비추는 태양은 산에 있는 모든 자들을 위로해 주시는 하나님의 은혜로운 얼굴빛이었고, 벽은 제 생각에 그리스도인들과 세상을 구분하는 말씀이었으며, 이 벽 안에 있던 틈은 성부 하나님에게 이르는 길인 예수 그리스도를 뜻하는 것 같았습니다(요 14:6;마 7:14). 그런데 그 안으로 들어가는 통로가 이상하리만큼 좁아도 너무 심하게 좁아서, 그리로 들어가는데 큰 어려움을 겪었습니다. 이 좁은 통로는 그 안으로 필사적으로 들어가려는 자와, 사악한 이 세상을 등진 자들 외에는, 생명 안으로 들어갈 수 없음을 제게 보여주었습니다. 이 통로에는 오로지 몸과 영혼만 들어갈 공간이 있을 뿐, 몸과 영혼 외에 죄가 함께 들어갈 공간은 없었기 때문입니다.

56. 이 비유의 깨달음은 많은 날 동안 제 영혼에 잊히지 않았습니다. 그 모든 시간동안 저는 제 안에 있는 외롭고 서글픈 사정을 보게 되었습니다. 저의 비참한 상황에도 불구하고, 제 속에는, 햇빛이 비치는 그 곳에 앉아 있는 수많은 자들 가운데 저도 함께 있었으면 하는 간절한 열망이 불처럼 타올랐습니다. 그래서 집에서든 집 밖에서든 들에서든 저는 어디에서든 기도하였고, 가끔씩 마음을 드높여 시편 51편의 말씀을 가지고 "오, 주님이시여, 제 고통을 통촉하옵소서(O Lord, consider my distress, 시편 51편을 배경으로 재의 수요일[Ash Wednesday]에 불리던 전통적인 시편—역주)"라고 찬송하였습니다. 그때까지 저는 제가 어디에 서 있는지 알지 못하였습니다.

57. 그래도 여전히 저는 '내게 그리스도를 믿는 믿음이 있는지'에 대해서 어떤 위로의 확신도 할 수 없었습니다. 이 문제에 대한 만족스러운 대답 대신, 제 영혼은 저의 장래의 행복에 대한 새로운 의심으로 다시 공격을 받았습니다. 여기서 새로운 의심이란, "내가 과연 택함을 받았는가? 은혜의 날이 이미 지나가 버렸다면, 나는 어떻게 되는가?"라는 질문이었습니다.

58. 이런 두 가지 유혹으로 인해 저는 아주 큰 고통을 받았을 뿐 아니라 불안하기까지 했습니다. 이 두 문제 가운데 때로는 앞의 택함 문제로 고민하기도 했고, 때로는 뒤의 은혜의 날에 대한 문제로 고민하기도 하였습니다. 먼저, 제가 택함을 받았는지에 대한 문제에 관해서 말씀드리겠습니다. 저는 그 당시 천국과 영광에 이르는 길을 찾기 위해 열정을 불태웠고, 그 어떤 것도 이 문제에서 저를 벗어나게 해주지 못하였습니다. 이 질문은 저를 너무 고통스럽게 했고 절망하게 만들었습니다. 아주 드물기는 했지만, 때로는 이 질문이 휘두르는 힘과 능력에 눌려서 제 몸에 있는 힘이 모두 빠져나가 버린 것 같은 적도 있었습니다. 그럼에도 제가 보기에는, 다음의 성경 말씀처럼 제가 가진 모든 바

람들을 송두리째 짓밟아 버린 말씀은 아마도 없었을 것입니다. "그런즉, 원하는 자로 말미암음도 아니요, 달음박질하는 자로 말미암음도 아니요, 오직 긍휼히 여기시는 하나님으로 말미암음이니라"(롬 9:16).

59. 저는 이 말씀 앞에서, 도대체 어떻게 해야 할지 아무것도 알 수 없었습니다. 위대한 하나님께서 그분의 무한한 은혜와 자비로 그분의 기뻐하신 뜻대로 저를 긍휼의 그릇으로 택하지 않으신다면, 제가 아무리 그분으로부터 택함을 받고자 갈망하고, 아무리 상한 마음이 되어 오랫동안 수고한다 해도, 이런 것들은 제가 택함을 받는 것과 아무 상관이 없다는 것을 분명히 알게 되었기 때문입니다. 그래서 다음과 같은 질문이 제 주위를 항상 맴돌았습니다. "네가 택함 받았다는 것을 너는 어떻게 알 수 있는가? 네가 택함을 받지 못했다면, 너는 어떻게 되는 거지? 그때는 어떻게 할 것인가?"

60. 저는 생각했습니다. "오, 주님, 진실로 제가 택함을 받지 못했다면, 어떻게 됩니까?" 그러자 유혹자가 "아마 너는 택함을 받지 못했을 거야"라고 말하는 것 같았습니다. 저도 제가 진정 택함을 받지 못했을 거라는 생각이 들었습니다. 그때 유혹자가 또다시 말하였습니다. "정말 그렇다면, 너는 더 이상 애쓰는 것을 그만두는 것이 좋지 않겠어? 진정 너는 하나님으로부터 택함을 받을 수도 없고, 하나님의 선택을 받지도 못했어. 네가 구원받았다는 얘기는 어디에도 없어. '그런즉, 원하는 자로 말미암음도 아니요, 달음박질하는 자로 말미암음도 아니요, 오직 긍휼히 여기시는 하나님으로 말미암음이니라'고 하나님께서 말씀하지 않으셨어?"

61. 이런 질문들 앞에서 저는 어쩔 줄 몰랐고, 어떤 말을 해야 할지도 몰랐습니다. 다시 말해서 이 유혹들에 대해 어떻게 답해야 할지 몰랐던 것입니다.

사실, 사탄이 실제로 저를 이렇게 공격한 것 같지는 않고, 제가 너무 심각하게 받아들이다 보니, 이런 질문들을 제기했던 것으로 생각이 됩니다. 이 문제를 간단히 요약하면 다음과 같습니다. 즉, 택함을 받은 자들만이 영생을 얻는다는 이 사실을 저는 조금의 망설임도 없이 확실히 인정했지만, 나 자신이 그 택함 받은 무리들 가운데 드는가 하는 문제에서는 여전히 의심의 여지가 많았다는 것입니다.

62. 여러 날 이런 생각을 하면서, 제 마음은 누군가로부터 크게 공격을 받은 듯 당혹스러웠습니다. 그래서 길을 걷다가 도중에 기절해서 주저앉을 뻔했던 적도 여러 번 있었습니다. 이 문제로 심한 압박감을 느끼며 의기소침하게 몇 주를 보내면서, 어떻게라도 영생을 얻고자 했던 제 마음의 모든 소망들은 거의 끊어져 갔습니다. 그러던 어느 날, 다음과 같은 한 문장이 제 마음에 강력한 충격으로 다가왔습니다. "지난 세대를 살펴보아라. 누가 주님을 믿고서 부끄러운 일을 당한 적이 있느냐?"

63. 이 말씀으로 인해 제 영혼에는 한 줄기 밝은 빛이 비치면서 새 힘이 솟아났습니다. 바로 그 순간 제게는 "창세기로 시작해서 요한계시록 끝까지 읽으면서, 과연 주님을 믿고 부끄러움을 당한 사람이 있는지 한번 살펴보아야겠다"라는 마음이 생겼습니다. 그래서 저는 집에 도착하자마자 성경을 펼쳐서 이 말씀이 혹시라도 성경에 없는 말씀일 수도 있다는 의심은 전혀 하지 못한 채, 이 말씀을 찾아보기 시작하였습니다. 이 말씀은 매우 신선했고, 제 마음에 큰 능력과 위로를 주었습니다. 마치 누가 저와 대화를 나누다가 한 말씀처럼 제게는 그렇게 여겨졌습니다.

64. 저는 열심히 성경을 찾아보았습니다. 하지만 이 말씀을 찾을 수 없었습

니다. 이 말씀은 제 마음속에서만 맴돌고 있었습니다. 그래서 저는 이런 저런 선한 사람들을 찾아다니면서 이 말씀이 어디에 있는지 물어보았습니다. 하지만 그들도 이 말씀이 어디에 있는지 몰랐습니다. 그들도 모른다기에 저는 놀랐습니다. "느닷없이 내 마음에 다가와 이처럼 큰 능력과 위로를 주어 내 마음을 사로잡았을 뿐 아니라, 지금도 내 마음속에서 맴돌고 있는 이 말씀을 아무도 찾을 수 없다니" 하는 생각을 하면서, 저는 이 말씀이 거룩한 성경 안에 없는 말씀일 것이라고는 조금도 의심하지 않았습니다.

65. 그 후로 1년이 넘도록 이 말씀을 찾아보았지만, 성경 어디에 이 말씀이 있는지 찾을 수 없었습니다. 그러다 마지막으로 제 눈길을 끈 것이 외경에 있는 책들(Apocrypha books)이었습니다. 저는 이 말씀을 외경의 집회서 2장 10절에서 찾았습니다. 처음에는 이 사실로 인해 약간 움찔했습니다. 하지만 그 때는 이미 하나님의 사랑과 인자하심을 많이 체험한 후라서 그런지, 이 말씀이 외경 안에 들어 있다는 사실이 제게는 그리 큰 문제로 다가오지 않았습니다. 비록 이 말씀이 소위 거룩한 정경이라는 책들 속에는 들어 있지 않았지만, 그럼에도 불구하고 이 말씀은 많은 약속들의 정수이자 본질이며, 이 말씀을 통해 위로를 받는 것이 나의 임무라는 것을 깨달았기 때문에, 그것은 더더욱 큰 문제가 아니었습니다. 저는 이 말씀을 주신 하나님을 찬양합니다. 왜냐하면 이 말씀은 하나님께서 제게 주신 말씀이며, 지금도 제 얼굴을 여전히 비추고 있고, 시마다 때마다 제 앞에서 빛나고 있기 때문입니다.

66. 이 일이 있은 후에 또 다른 설득력 있는 의심이 제 마음에 생겼습니다. "그런데 은혜의 날이 이미 지나가 버렸으면 어떡하지? 내가 긍휼을 입을 때를 놓쳤으면 어떻게 하지?"라는 문제였습니다. "이미 은혜의 날이 지나가버렸으면 나는 어떻게 할까?"라는 생각에 온통 사로잡힌 채 시골 길을 걸어가

고 있던 어느 날, 그 유혹자는 저의 고통을 가중시키기 위해 베드포드의 선한 성도들이 제 머릿속에 떠오르게 했습니다. 그러면서 그는 저에게 다음과 같은 생각이 들도록 만들었습니다. "바로 그 사람들이야말로 일찍이 오래 전에 회심한 자들이고, 하나님께서 그 지역에서 구원하시기로 작정한 자들이로구나." 이런 생각을 하게 되자, "나는 너무 늦었구나. 내가 그 곳에 이르기 전에 그들이 이미 축복을 다 받아 버렸네" 하는 생각까지 들었습니다.

67. 이런 의심과 함께 내 운명이 실제로 그럴 수도 있겠다는 생각이 들면서, 저는 극심한 고통에 휩싸이게 되었습니다. 이렇게 오랫동안 신앙과 동떨어져 그 많은 해들을 지금까지 죄악 가운데 살면서 허비하였다는 자책과 함께, 제 자신이 무수한 바보들보다 훨씬 더 어리석은 것처럼 여겨져 저의 서글픈 처지를 한탄하면서, 저는 오락가락 제정신이 아니었습니다. 저는 "오, 내가 조금만 더 빨리 돌이켰더라면, 오, 내가 7년만 더 일찍 돌아섰더라면!" 하는 생각으로 울부짖었습니다. 내 영혼과 천국을 잃을 때까지 내 인생을 허송세월하기만 했다니, 이 정도로 내가 지혜가 없었던가 하는 생각이 들자, 제 자신에게 화가 치밀어 올랐습니다.

68. 이런 두려움으로 오랫동안 초조한 상황에 시달리면서, 저는 거의 한 발자국도 더 내디딜 수 없는 처지가 되었습니다. 바로 그때 저는 또 다른 격려의 말씀을 받게 되었는데, 다음의 말씀이 제 마음을 뚫고 들어왔습니다. "종이 이르되, 주인이여 명하신 대로 하였으되, 아직도 자리가 있나이다. 주인이 종에게 이르되, 길과 산울타리 가로 나가서 사람을 강권하여 데려다가 내 집을 채우라"(눅 14:22-23). 이 말씀 전체가 좋았지만, 그 중에서도 "아직도 자리가 있나이다"라는 부분이 제게는 더 특별히 달콤했습니다. 지금 생각해 보면, 이 말씀으로 인해 천국에는 나를 위한 자리는 물론이고, 충분히 더 많

은 자리가 있다는 것을 알게 되었습니다. 게다가 주 예수님께서 이 말씀을 하셨을 때는 나 같은 사람을 염두에 두고서 말씀하셨을 것입니다. 다시 말해서, 주님께서는 이 말씀을 하시기 전, 저처럼 그분의 품안에 안길 자리는 없을 것이라는 생각으로 두려워하고 고통 받는 사람이 있다는 것을 미리 아시고, 이 말씀을 기록으로 남기셔서, 제가 이 말씀을 보고 사악한 유혹자를 대적할 수 있도록 도와주셨던 것입니다. 그래서 저는 이 말씀을 진심으로 믿게 되었습니다.

69. 이 말씀에서 얻은 빛과 격려에 힘입어 저는 한동안 그럭저럭 잘 지냈습니다. 주 예수님께서 그렇게 오래 전부터 저를 생각하셔서 저를 위해 이 말씀을 하셨다는 생각을 하게 되자, 제가 받은 위로는 더욱 커졌습니다. 진실로 그분은 이 말씀으로 저를 격려해 주시기 위해서, 바로 그 목적 때문에 이 말씀을 하셨다는 생각까지 하게 되었습니다.

70. 이런 격려와 위로에도 불구하고, 저에게 예전처럼 다시 돌아가고 싶은 유혹이 없었던 것은 아니었습니다. 말하자면 이 유혹은 이중적인 것이었는데, 한편으로는 사탄에게서 온 유혹이기도 했고, 또 다른 한편으로는 제 마음과 육체의 친숙함에서 오는 유혹이기도 하였습니다. 그래도 제가 하나님께 감사하는 것은, 제게는 이런 유혹들보다 죽음과 심판 날에 대한 확고한 의식이 더 중요하게 여겨졌고, 이런 의식이 제 시야에서 사라지지 않고 여전히 지속되었다는 사실입니다. 그 당시 저는 가끔 느부갓네살 왕에 대해 생각해 보기도 하였습니다. 그에게는 이 땅에 있는 모든 나라들이 주어졌다고 기록되어 있습니다(단 5:19). 그런데 세상에 있는 모든 것을 자기 것으로 삼은 이 대단한 사람도, 단 한 시간만 지옥 불에 들어가 있으면 자기가 가진 모든 것을 까마득히 잊게 될 것이라는 생각을 했던 것입니다. 이런 생각이 그 당시 제

게는 큰 도움이 되었습니다.

71. 그 무렵, 저는 모세가 언급한 정결한 짐승 혹은 부정한 짐승으로 여겼던 동물들에 관한 말씀에서 어떤 깨달음을 얻게 되었습니다. 이 짐승들은 여러 사람들에 대한 일종의 모형들(types)이라고 저는 생각했습니다. 다시 말해, 정결한 동물은 하나님의 백성들에 대한 상징이며, 부정한 동물은 사악한 자인 사탄의 자녀들에 대한 상징으로 생각했던 것입니다. 또한 저는 정결한 동물들이 되새김질을 한다는 말씀도 읽었는데, 이 말씀은 우리가 하나님의 말씀을 반드시 먹어야 한다는 사실을 보여주는 것이라고 저는 받아들였습니다. 이 정결한 동물들은 또한 굽이 갈라져 있었는데, 이것은 만약 우리가 구원받은 자라면, 경건하지 않은 자들이 가는 길에서 반드시 갈라서야 한다는 사실을 의미한다고 저는 생각하였습니다. 이 부분을 조금 더 읽다가 저는 다음과 같은 생각을 하게 되었습니다. 즉, 설령 우리가 토끼처럼 되새김질을 한다 해도 우리가 개처럼 발톱을 가지고 걷는다면, 또는 돼지처럼 굽이 갈라져 있다 해도 양처럼 되새김질을 하지 않는다면, 이 모든 경우에 우리는 앞서 말한 그 이유들 때문에 부정한 자라는 생각 말입니다.

또한 저는 하나님의 말씀에 대해 말하면서도 여전히 죄의 길을 걷고 있는 자들은 되새김질만 하는 토끼와 같은 자들이며, 자기 외부의 더러운 것들로부터 갈라서긴 하지만 여전히 그 속에 믿음의 말씀이 없는 자들은 돼지와 같은 자들이라고 생각하였습니다. 왜냐하면 이 믿음의 말씀이 없는 자들은 결코 경건한 자들이 될 수 없으며, 구원의 길에도 절대로 들어설 수 없기 때문입니다(신 14). 모세의 이 부분을 읽은 후에도 저는 말씀을 읽으면서 계속해서 깨닫게 된 것들이 많았습니다. 내세에서 그리스도와 함께 영화롭게 될 자들은 이 땅에서 그리스도의 부르심을 받아야 하며, 이것은 그분의 말씀과 의에 함께 참여하라는 부르심이며, 그분의 영인 성령의 위로와 첫 열매로의 부르심이고, 틀림없이 장차 성도들이 받을 안식과 저 하늘 위에 있는 영광의 집 등, 하늘에 있는 모든 것들에 대한 특별한 관심으로의 부르심이라는 것도 저는 알게 되었습니다.

72. 저는 여기서 다시 극심한 시련에 봉착하였습니다. 왜냐하면 제가 부르심을 받지 못했으면 어떡하나 하는 두려움에 어찌할 바를 몰랐기 때문입니다. 혹시라도 내가 부르심을 받지 못했다면, 이 모든 깨달음들이 내게 무슨 소용이 있는지 생각해 보았습니다. "유효적 소명(Effectual Call, 효력 있는 부르심)을 받은 자 외에는 하늘나라를 유업으로 받을 수 없다"고 하니 말입니다. 오! 그 당시 저는 주님께서 어떤 사람에게 "나를 따르라"고 말씀하시고, 또 어떤 사람에게는 "나를 좇으라"고 말씀하신 것처럼, 그리스도인으로의 부르심을 언급하는 성경 구절들을 얼마나 사모했는지 모릅니다. 오! 주님께서 나에게도 동일하게 이런 말씀을 해주신다면, 나도 정말 기쁜 마음으로 그분을 좇아 달려갈 텐데 하는 생각들을 하였습니다!

73. 저는 그리스도께서 저를 불러 주시기를 간절히 간구하였습니다. 이 바람을 제 영혼이 얼마나 갈망하였는지, 이 간구를 하면서 제 영혼이 얼마나 상한 마음이 되었는지, 그 당시 제 심정은 이루 말로 다 표현하지 못할 정도였습니다. 이런 상태로 한동안 시간이 흐르면서, 제 마음속에서는 예수 그리스도에게 회심하고자 하는 마음이 불같이 일었습니다. 그 날에 저는 회심한 상태가 주는 그 영광스러움을 내가 누리지 못한다면, 나는 절대로 만족하지 못할 것이라는 생각까지 들었습니다. 황금! 황금을 주고서라도 이 회심을 살 수만 있다면, 나는 회심을 샀을 것입니다! 내가 온 세상을 가지고 있고, 이 세상을 주고서라도 내 영혼이 회심한 상태에 이를 수 있다면, 나는 온 세상을 천만 번이라도 주고서 영혼의 회심을 샀을 것입니다.

74. 이미 회심한 자들로 알고 있는 남녀 성도들이 제 주위에는 많이 있었습니다. 그 당시에는 제게 그들이 얼마나 사랑스럽게 보였는지 모릅니다! 그들은 얼굴에서 빛이 났으며, 걸어다닐 때마다 큼지막한 천국인(印)을 가지고 다니는 것처럼 보였습니다. 오! 그들에게 줄로 재어 준 구역은 아름다운 곳에 있었고, 그들의 기업은 실로 아름다웠습니다(시 16:6). 하지만 그리스도께서 마가복음에서 하신 다음과 같은 말씀은 제 마음을 아프게 하였습니다. "또 산에 오르사 자기가 원하는 자들을 부르시니 나아온지라"(막 3:13).

75. 이 성경 말씀이 저를 혼미케 하고 두렵게 하였습니다. 하지만 이 말씀으로 인해 제 영혼에 불이 지펴진 것도 사실이었습니다. 이 말씀이 저를 두렵게 한 것은, 그리스도께서 나를 싫어하시면 어떡하나 하는 걱정 때문이었습니다. 이 말씀에 기록된 바와 같이, "자기가 원하는 자들을 부르시니"라고 되어 있었기 때문입니다. 오! 성경을 읽다보면 드물긴 하지만, 그리스도께서 누군가를 부르신 장면을 보게 됩니다. 이런 영광스러운 상황에 맞닥뜨린 내용들을 보게 되면 제 마음은 몹시 간절해졌습니다. 그래서 즉시 "그들이 입고 있던 옷을 내가 입고 있었더라면, 내가 베드로로 태어났더라면, 내가 요한으로 태어났더라면, 혹 그것이 불가능하다면, 주님께서 그들을 부르실 때, 내가 그들 옆에서 그들을 부르시는 말씀을 듣기만 해도 좋았을 텐데"라는 생각으로 부러워하면서, "오, 주님이시여, 저도 불러 주옵소서"라고 얼마나 간절히 울부짖었는지 모릅니다. 오! 저는 그분께서 저를 부르지 않으셨을까봐 이 정도로 두려워하였던 것입니다.

76. 진실로 주님께서는 저를 이런 상태로 몇 달간 내버려 두신 채, 제게 아무것도 보여주지 않으셨습니다. 다시 말해, 이미 제가 부름을 받은 것인지, 아니면 앞으로 장차 부름을 받게 될 것인지에 대해 주님께서는 제게 아무것

도 보여주지 않으셨습니다. 거룩한 그 하늘의 부르심에 저 또한 참여할 수 있게 해 달라고 하나님께 그렇게 오랜 시간 거듭 간구하였더니, 마침내 제게 말씀이 임했습니다. "내가 전에는 그들의 피흘림 당한 것을 정결하게 아니하였거니와 이제는 정결하게 하리니, 이는 여호와께서 시온에 거하심이니라"(욜 3:21 개역개정 이역[異譯]). 이 말씀은 제가 좀 더 하나님을 기다리도록 저를 격려하기 위한 말씀으로 여겨졌을 뿐만 아니라, 제가 부름을 받은 것은 아니지만 때가 되면 저도 그리스도에게 회심할 날이 반드시 오게 될 것이라는 암시의 말씀으로 저는 생각하였습니다.

77. 대략 그때쯤 저는 제 속마음을 베드포드에 있는 가난한 성도들에게 털어놓았습니다. 그들에게 제가 처한 사정을 말하자, 그들은 기퍼드 목사(Mr. Gifford)에게 저에 관한 이야기를 전하였습니다. 그러자 목사님은 저와 대화할 기회를 마련해서 저의 답답한 마음이 "충분히" 해결될 수 있는 시간을 마련해 보겠다고 말했습니다. 사실 저는 시답잖은 이유들로 이런 목사님의 제의에 반신반의하였습니다. 그런데 실제로 기퍼드 목사님은 저를 자기 집으로 초대했고, 그 집에서 저는 하나님께서 다른 영혼들을 어떻게 대하시는지에 대한 말씀을 들을 수 있었습니다. 목사님이 들려주는 모든 말씀들을 통해 저는 좀 더 확신을 갖게 되었고, 그 시점부터 저의 사악한 마음속에 있는 허영과 내적 비참함과 같은 어떤 것이 제 눈에 보이기 시작했습니다. 지금까지는 제 마음속에 그렇게 큰 문제가 있는 줄 몰랐었는데, 이제 그것들이 제 앞에 드러났고, 지금까지 한 번도 요동하지 않았던 그 사악한 것들이 움직이기 시작했으며, 그로 인해 제 속에 있던 정욕과 퇴폐적인 것들이 사악한 생각들과 욕구로 강하게 분출되었습니다. 사실 이런 것들은 제가 예전에 신경도 쓰지 않던 것들이었습니다. 상황이 이렇게 되자, 천국과 영생을 갈망하던 저의 바람도 시들해지고 말았습니다. 예전에 제 영혼은 하나님을 사모하는 마음

으로 충만하였지만, 이제 제 마음은 모든 어리석은 허영들만을 그리워하기 시작하였습니다. 진실로 제 마음은 선한 것들에도 감동을 받지 못했고, 제가 이전에 관심을 가졌던 영혼이나 천국 등에 대해서도 무심해지기 시작했습니다. 급기야 저는 영혼과 천국, 이 두 가지 주제뿐 아니라, 모든 의무에 대해 생각하는 것조차 꺼리게 되었습니다. 이것은 새가 날지 못하도록 새 다리에 차꼬를 매달아둔 것과 비슷한 상황이었습니다.

78. "아니, 이제 나는 최악의 상태로 치닫고 있구나. 나는 이전보다 더욱더 회심에서 멀어졌구나" 하는 생각이 들었습니다. 그러면서 제 영혼이 큰 침체를 겪기 시작하더니, 제 마음마저 마치 지옥의 맨 밑바닥에 있는 것 같은 절망감에 휩싸였습니다. 내가 화형대에 달려 불에 타 죽어야 한다면, 그리스도가 나를 사랑하셨다는 사실을 도저히 믿을 수 없을 것만 같았습니다. 더욱 슬픈 일은, 저는 더 이상 그분의 음성을 들을 수도 없고, 그분을 뵐 수도 없고, 그분을 느낄 수도 없고, 그분에 관한 것을 맛볼 수도 없다는 사실이었습니다. 저는 광풍에 휩쓸려 가는 것 같았고, 제 마음은 불결하여 마치 가나안 사람들이 거하는 땅과 같았습니다.

79. 때때로 저는 제 사정을 하나님의 백성들에게 털어놓기도 하였습니다. 그러면 그들은 제 얘기를 듣고는 저를 불쌍히 여기고 하나님께서 약속하신 것들을 말해주곤 하였습니다. 하지만 그들이 제게 일러 준 말, 즉 이 약속을 믿거나 의지하라는 말은 내 팔을 들어 태양까지 손가락을 쭉 뻗어 보라는 말과 전혀 다를 바가 없었습니다. 제가 그들의 말대로 하나님의 약속들을 믿고 의지해 보려고 했지만, 그러려고 시도한 순간, 저의 모든 의식과 감정으로는 승산이 없다는 것을 깨닫게 되었습니다. 그래서 저는 제 마음이 죄를 짓고 싶어 한다는 것과 '이 마음은' 정죄하는 율법 아래 놓여 있다는 것을 다시 알게

되었습니다.

80. 이 모든 일들로 인해 저는 복음서에 나오는 어린이, 다시 말해 아버지 손에 이끌려 그리스도에게 나아온 어린아이가 생각났습니다. 이 어린아이는 예수님에게 나아오는 와중에도, 귀신이 그를 거꾸러뜨리고 심한 경련을 일으키게 하여 땅에 엎드려져 구르며 거품을 흘리던 그런 아이였습니다(눅 9:42;막 9:20).

81. 그 뿐만 아니라, 그 당시 저는 주님과 그분의 거룩한 말씀에 대해서도 마음의 문을 닫고 있었습니다. "선하신 주님, 이 문을 깨뜨려 주옵소서. 주님, 이 놋문들을 깨뜨리시며 이 쇠빗장들을 꺾어 주옵소서"(시 107:16)라고 말하면서 수없이 비통한 심정으로 탄식할 때도, 저는 불신앙으로 이 문을 막고 있었습니다. 말하자면, 주님이 들어오지 못하게 하려고 이 문을 등으로 기대어 밀면서 막고 있었던 것입니다. 그런데 이런 실랑이 가운데서도 가끔 다음과 같은 말씀은 제 마음에 잠시나마 평화로운 안식을 주었습니다. "너는 나를 알지 못하였을지라도 나는 네 띠를 동일 것이요"(사 45:5).

82. 이런 갈등의 시간을 보내면서도, 저는 죄짓는 일에 있어서는 여느 때와 비교할 수 없을 정도로 아주 민감해져 있었습니다. 저는 다른 사람이 가지고 있는 작은 못 하나도 혹은 막대기 하나도 감히 빼앗을 수 없었습니다. 지푸라기처럼 별로 대수롭지 않은 것이라 해도 저는 결코 그럴 수 없었습니다. 왜냐하면 그렇게 하면 제 양심이 쓰라렸고, 그 당시에는 작은 허물에도 양심의 가책을 받았기 때문입니다. 저는 제가 하고 싶은 말을 어떻게 해야 할지도 몰랐습니다. 왜냐하면 그 말들이 잘못 전해지는 것이 두려웠기 때문입니다. 오, 그래서 저는 말하거나 행동할 때 얼마나 조심했는지 모릅니다! 그

때는 제가 조금만 움직여도 빠져 버리는 진흙 수렁에 빠진 것만 같았습니다. 마치 제 자신이 하나님과 그리스도뿐만 아니라 성령님과 선한 모든 것들로부터 "버림받은" 것처럼 느껴졌습니다.

83. 회심하기 이전에 저는 이처럼 큰 죄인이었습니다. 그럼에도 불구하고 하나님께서는 저의 무지의 소산인 이 죄악들에 대해 그리 많은 책임을 묻지 않으셨음을 저는 알게 되었습니다. 오직 그분께서 제게 보여주신 것은, 내 마음에 그리스도를 모시지 않는다면 나는 죄인이기 때문에 멸망하게 될 것이라는 사실이었습니다. 하나님 앞에 허물없이 서도록 해주는 완전한 의가 내게는 없으며, 이 의는 예수 그리스도의 인격 외에 다른 곳에서는 찾을 수 없다는 것도 저는 알게 되었습니다.

84. 그러자 저의 원초적인 내면의 타락, 그것이 바로 나의 재앙이자 나의 고통이 되었습니다. 이것은 무서운 기세로 제 속으로 항상 치밀고 들어왔습니다. 이 원초적 내면의 타락에 대해서 저는 놀랄 정도의 죄책감을 느꼈습니다. 이런 이유로 저 자신은 제가 보기에도 두꺼비보다 더 역겨웠으며, 마찬가지로 하나님이 보기에도 역겨우실 것이라고 생각했습니다. 말하자면, 샘에서 물이 샘솟듯, 제 마음에서는 죄악과 부패가 자연스럽게 솟아나오고 있었습니다. 말하자면 다른 사람들은 그래도 저보다는 더 좋은 마음들을 가지고 있을 것이라는 생각이 들었고, 그 어느 누구도 저의 이런 더러운 마음을 깨끗한 자기 마음과 바꾸어 줄 것 같지 않았습니다. 사악한 것은 물론이고 내적으로 부패한 제 마음과 같은 마음을 가진 이는 마귀밖에 없지 않을까 하는 생각까지 들었습니다. 저는 저의 이런 비열한 마음 상태를 보고서 깊은 절망에 빠졌습니다. 그러고는 이런 나의 마음상태로는 도저히 은혜를 감당할 수 없다고 최종 결론을 내렸습니다. "나는 하나님으로부터 버림받은 것이 분명

하다. 틀림없이 나는 마귀에게 넘겨졌기 때문에 이렇게 부도덕한 마음을 가지고 있는 것이다"라고 생각하였습니다. 이런 마음 상태는 오랫동안 계속되었는데, 그 시기를 다 더하면 한 몇 년 정도는 그런 상태가 지속되었던 것 같습니다.

85. 나 자신의 멸망과 관련된 두려움으로 이렇게 고통의 시간을 보내는 동안, 저를 놀라게 한 두 가지 일이 있었습니다. 하나는 이 땅에서 영원히 살 것처럼 이생의 일들을 좇아가는 노인들을 본 것이었고, 다른 하나는 신앙 고백까지 한 성도들이 남편이나 부인이나 자녀 등을 잃는 외적인 상실로 인해 크게 상심하여 낙담하는 모습을 보았던 것입니다. 저는 생각하였습니다. "주님, 이런 사소한 일들로 이렇게 야단법석을 떨다니요! 육적인 것을 이토록 열심히 추구하다니, 그러다 이것들을 잃게 되면 또 얼마나 슬퍼하겠습니까! 그들이 이생에 있는 이런 것들을 위해 정말 많이 수고하고 수많은 눈물까지 흘리는 동안, 정작 저는 안타까운 이 사람들을 위해 얼마나 슬퍼하며 이들을 불쌍히 여기고 이들을 위해 기도하였는지 모릅니다! 하지만 제 영혼은 지금도 죽어가고 있으며, 지금도 저주 가운데 있습니다. 제 영혼이 선한 상태이고, 제 영혼의 선한 상태를 제가 확신할 수만 있다면, 아! 비록 제가 빵과 물만 먹고 사는 축복을 받는다 해도, 저는 굉장한 부자가 된 것처럼 여기며 살 수 있을 것입니다! 그리고 지금 제가 받고 있는 이 고난을 아주 작은 것으로 여기며, 지금 제가 지고 있는 이 짐들도 아주 작은 것으로 여길 것입니다. '심령이 상하면 그것을 누가 견디겠습니까?'"(잠 18:14, 개역개정 이역).

86. 이처럼 저는 제 자신의 사악함을 보고 느끼고 무서워하면서 갈팡질팡하며 고통을 받았습니다. 하지만 저는 제가 이렇게 보고 느낀 것이 제 마음에 아무런 영향도 끼치지 못하고 완전히 사라져 버리면 어떡하나 하는 두

려움을 갖게 되었습니다. 양심을 짓누르는 죄책감이 올바른 방식으로, 즉 그리스도의 보혈로 제거되지 않는다면, 그 사람은 자기 마음에 있던 고민이 없어지지 않아서 마음 상태가 나아지기는커녕 더 나빠진다는 것을 저는 알고 있었습니다. 그래서 제 마음의 죄책감이 저를 강하게 압박할 때는, 그리스도의 보혈로 씻어 주시기를 저는 간절히 간구하였습니다. 만약 이 죄책감이 그리스도의 보혈 없이 그냥 사라져 버리면(왜냐하면 죄의식은 종종 그 자체가 죽은 것처럼 되어서 저절로 완전히 사라지기도 하기 때문에), 그 때는 억지로라도 제가 범한 죄의 형벌로 인해 지옥불이 제 영혼에 불타오르는 장면을 다시 생각하면서 다음과 같이 울부짖었습니다. "주님, 유일하게 올바른 방법인 그리스도의 보혈로, 다시 말해 당신의 은혜가 그리스도를 통해 제 영혼에 임하는 바로 그 방식으로 제 마음에서 이 죄악이 사라지기를 원하나이다. '피 흘림이 없은즉 사함이 없느니라'(히 9:22) 하신 성경 말씀이 제 마음에 확실한 기억으로 남아 있나이다." 제가 이처럼 올바른 방식으로 죄 사함을 받지 못하면 어떡하나 하면서 더욱 걱정했던 이유는, 저처럼 양심에 가책을 받고 울부짖으며 기도하였지만, 저와는 다른 결과에 이른 자들을 보았기 때문입니다. 그들은 자신의 죄 사함을 위해서는 기도하지 않고, 단지 현재 자신이 처한 괴로운 상태에서 벗어나 평안을 누리기를 기도하면서, 자신의 죄책감이 어떻게 없어지는가에 대해서는 전혀 관심을 갖지 않았습니다. 그 결과 비록 그들의 마음에서 죄책감이 사라지기는 했어도, 그것은 제대로 제거된 경우가 아니었기에, 그들은 거룩해지지 않았고, 이 문제로 고통을 받고 난 후임에도 예전보다 더욱 완고해지고 더욱 맹목적으로 더욱 사악해졌습니다. 저도 그들처럼 되지는 않을까 두려웠습니다. 그래서 제게는 그런 일이 결코 일어나지 않도록 "더욱더" 하나님께 울부짖었습니다.

87. 이번에는 하나님께서 저를 사람으로 만드셨다는 사실을 못마땅하게

여겼습니다. 왜냐하면 제가 혹시라도 버림받은 자가 아닐까 두려웠기 때문입니다. 저는 회심하지 못한 사람을 모든 피조물 가운데서 가장 불쌍한 존재로 생각하고 있었습니다. 저는 이런 서글픈 제 상황에 대해 괴로워하면서 갈피를 잡지 못하고 있었습니다. 이 세상에서 저만 외톨이 같았고, 축복받지 못한 사람들 중에서도 제가 가장 불행한 것처럼 보였습니다.

88. 진실로 하나님께서 저를 사람으로 만들어 주신 것에 대해 제가 하나님께 감사할 일은 전혀 없을 것 같았습니다. 그 정도로 제가 아주 선한 마음을 갖게 될 가능성은 전혀 없을 것이라고 생각하였습니다. 사실, 인간은 눈에 보이는 이 세상의 모든 피조물들 가운데서 가장 고귀한 존재로 지음을 받았습니다. 하지만 죄로 인해 인간은 가장 비천한 존재로 떨어지고 말았습니다. 그래서인지 저는 짐승들과 새들과 물고기 등이 부러웠습니다. 왜냐하면 이 피조물들은 죄성이 없으니, 하나님의 진노를 받는 추악한 상황은 모면할 수 있을 것이고, 죽음 이후에는 지옥으로 떨어지지 않아도 될 것이기에, 저의 처지와 비교하면 차라리 제가 이런 동물들 가운데 하나로 지음을 받았으면 더 나았겠다는 생각까지 들었습니다.

89. 한동안 저는 이런 상태로 지냈습니다. 그러다 제게도 위로의 때가 이르렀습니다. 어느 설교자가 "내 사랑 너는 어여쁘고도 어여쁘다"(아 4:1)라는 말씀으로 설교하는 것을 제가 듣게 되었던 것입니다. 그 설교자는 "내 사랑"(My love)이라는 두 마디를 주제로 삼고 말씀을 전하였습니다. 그는 본문을 간단히 설명한 후에, 다음과 같이 몇 가지 결론을 내렸습니다. 1. 교회인 구원받은 모든 영혼은 그리스도의 사랑을 받는 존재이다. 비록 그 사랑을 받을 만하지 못해도 그들은 사랑을 받는다. 2. 그리스도의 사랑을 받는 자에게는 이유가 없다. 3. 그리스도의 사랑을 받는 자는 세상으로부터 미움을 받는다.

4. 그리스도의 사랑은 시험을 당하거나 버림을 받을 때도 지속된다. 5. 그리스도의 사랑은 처음부터 끝까지 한결같다.

90. 그 당시 저는 그가 전하는 말씀을 한 마디도 알아들을 수 없었습니다. 제가 이해할 수 있었던 유일한 말씀은 네 번째 결론과 관련해서 그가 전한 말씀이었습니다. "그리스도의 사랑은 구원받은 영혼이 시험을 당하거나 버림을 받았을 때도 지속되며, 불쌍하게 시험받는 영혼이 자신이 받는 그 시험으로 인해 비난받고 고통을 받을 때도 지속됩니다. 그러므로 여러분은 어느 때든지 '내 사랑'이라는 이 두 마디만 생각하십시오."

91. 설교를 듣고 집으로 돌아올 때도, 이 두 마디만은 제 머릿속에서 떠나지 않았습니다. 이 말들을 생각하면서 저는 마음속으로 다음과 같이 말했습니다. "이 두 마디를 생각한다고 해서 내가 얻을 수 있는 것이 뭐가 있을까?" 지금도 그때의 기억이 생생합니다. 이런 생각을 하자마자, 이 두 마디가 제 영혼을 뜨겁게 하기 시작하였습니다. "너는 내 사랑이다. 너는 내 사랑이다." 이 말씀은 스무 번도 더 넘게 제 영혼을 뜨겁게 하더니, 드디어 제 마음에 파고들어 제 마음을 더 강하고 뜨겁게 녹였습니다. 그래서 저는 고개를 들고 하늘을 우러러 보기 시작하였습니다. 그래도 저는 여전히 소망과 두려움의 중간지점에 서서, 마음속으로 다음과 같이 대답하였습니다. "그런데 이게 생시인가? 정말 이것이 생시인가?" 그 순간 문득 다음과 같은 말씀이 떠올랐습니다. "베드로가 나와서 따라갈새 천사가 하는 것이 생시인 줄 알지 못하고 환상을 보는가 하니라"(행 12:9).

92. 그 때부터 저는 이 말씀을 마음에 간직하였습니다. 이 말씀은 능력으로 계속해서 거듭거듭 다음과 같은 기쁜 음성으로 제 영혼에 울려 퍼졌습니

다. "너는 내 사랑이다. 너는 내 사랑이다. 그 어떤 것도 나의 사랑에서 너를 끊을 수 없다"(롬 8:39)고 말입니다. 이제 제 마음은 위로와 소망으로 충만했으며, 내 죄가 사해졌음을 믿을 수 있게 되었습니다. 이처럼 하나님의 사랑과 은혜에 흠뻑 취한 저는 집에 도착할 때까지 그 마음을 감출 수가 없었습니다. 할 수만 있다면, 저는 저를 향한 그분의 사랑과 은혜를 앞에 보이는 저 밭에 앉아 있는 까마귀들에게라도 말하고 싶었습니다. 그 까마귀들이 제가 하는 말을 알아들을 수만 있다면 말입니다. 그래서 저는 큰 기쁨으로 제 영혼에게 다음과 같이 말하였습니다. "지금 이 자리에 펜과 잉크만 있다면, 내가 더 움직이기 전에 이 기쁨을 적어 놓을 텐데. 그래서 지금부터 40년이 지나도 이것을 잊지 않도록 할 텐데." 그러나 애석하게도 40년은커녕 40일이 지나기도 전에, 저는 이 모든 것에 대해 다시 의심하기 시작하였습니다. 또 다시 모든 것들이 의심스러워지기 시작했던 것입니다.

93. 비록 이 경험의 생생함과 그 맛을 많이 잃어버리기는 했으나, 그럼에도 이 경험은 제 영혼에 임한 참된 은혜의 증거라고 믿게 만드는 도움의 손길들이 종종 있었습니다. 그 일이 있은 지 한두 주 정도 지났을 때, "시몬아, 시몬아, 보라 사탄이 너희를 밀 까부르듯 하려고 너희를 갖기 원하였으나"(눅 22:31 KJV, "밀 까부르듯 하려고 요구하였으나"[개역개정])라는 성경 말씀이 계속해서 제 귓가에 들렸습니다. 때로는 이 말씀이 제 속에서 너무 큰 음성으로 들려왔습니다. 사실대로 말하자면, 한번은 다른 사람들이 다 있는 가운데 너무나 큰 소리로 저를 부르는 것처럼 들리기도 했습니다. 그래서 저는 제 뒤에서 어떤 사람이 정말 저를 부르는 줄로 생각하고 고개를 돌려 뒤를 돌아본 적도 있었습니다. 또 한번은 저 멀리에서 그분이 직접 저를 큰 소리로 부르신다고 생각한 적도 있었습니다. 그 후로 저는 그분의 이런 음성을 제가 분발하여 기도하고 깨어 있도록 하기 위한 것으로 받아들였고, 먹구름과 폭풍우가 제게

임할 것을 알도록 하기 위한 음성으로 생각하였습니다. 그러나 여전히 그 음성을 주신 이유는 확실히 알 수 없었습니다.

94. 제 기억으로 그렇게 큰 소리로 저를 부른 그 때가 제 귀에 들렸던 마지막 음성이었던 것 같습니다. 제 생각에는 지금도 "시몬아, 시몬아" 하는 이 큰 음성이 제 두 귀에 들리는 것 같습니다. 앞서 여러분에게 말씀드린 바와 같이, 그 때 들은 그 음성은 제가 있는 곳에서 뒤로 한 1킬로미터 정도 떨어진 곳에서 부르는 것 같았습니다. 물론 그 음성에 제 이름이 포함된 건 아니었지만, 그래도 저는 갑자기 제 뒤를 돌아볼 수밖에 없었습니다. 틀림없이 저 큰 소리는 저를 부르는 음성이라고 믿고서 말입니다.

95. 그 당시 저는 너무 어리석고 무지하여서 이런 음성이 들렸던 이유를 알지 못하였습니다. 하지만 얼마 지나지 않아 제가 알고 느끼게 된 사실은, 이 음성은 앞으로 닥칠 일들에 대비하도록 저를 깨우기 위해 천국에서 보낸 일종의 경종(警鐘)이었다는 것입니다. 그래도 이 성경 말씀이 왜 그렇게 자주, 또 그렇게 큰 소리로 계속해서 제 귀에 쩌렁쩌렁 울리도록 들렸는지는, 아무리 생각해 봐도 여전히 의문이었습니다. 하지만 이미 앞서 말씀드린 바와 같이 이런 음성을 주신 하나님의 뜻을 저는 곧 깨닫게 되었습니다.

96. 약 한 달이라는 시간이 지나자, 제게 엄청나게 큰 폭풍우가 불어닥쳤습니다. 이 폭풍우는 지금까지 제가 경험했던 모든 폭풍우보다 더욱 강력했기에, 저는 예전보다 스무 배는 더 악한 상태가 되고 말았습니다. 이 폭풍우는 제가 가지고 있던 것을 하나하나씩 빼앗아 갔습니다. 먼저 제게 있던 모든 위로들을 빼앗아 갔습니다. 그러자 흑암이 저를 엄습했고, 그 다음에는 하나님과 그리스도와 성경을 대적하는 온갖 불경(不敬)한 생각들이 홍수처럼

제 영혼을 덮쳤습니다. 저는 큰 혼란 가운데서 아연실색(啞然失色)하였습니다. 이 불경한 생각들은 하나님의 존재 그 자체와 그분의 외아들까지 대적하는 온갖 의심들로 제 속을 뒤흔들어 놓았습니다. 말하자면 '실제로 하나님이나 그리스도가 존재하는가, 존재하지 않는가? 성경책은 거룩하고 순전한 하나님의 말씀이라기보다 오히려 우화이거나 교묘한 이야기에 불과한 것이지 않는가?' 하는 불경한 의심들이 꼬리에 꼬리를 물고 이어졌던 것입니다.

97. 유혹자인 마귀도 다음과 같은 말들로 저를 심하게 공격하였습니다. "예수님을 우리의 구세주로 믿는 합당한 근거를 우리는 성경에서 찾듯이, 이슬람교도들도 마호메트(Mahomet)를 자신들의 구세주로 믿는 근거인 거룩한 성경을 가지고 있는데, 너는 이에 대해 어떻게 말할 것인가?" 그리고 제가 생각해 봐도, 정말 천국이 존재한다면 이 땅에 있는 수많은 나라와 왕국들과 그 안에 살고 있는 수많은 사람들이 천국으로 가는 바른 길에 대한 지식을 갖고 있지 못한데, 오로지 지구 한쪽 구석에 살고 있는 우리만이 그 길을 아는 축복을 받을 수 있겠는가? 유대교인들이나 이슬람교도들이나 이교도들이나 모든 사람들은 자신의 종교가 가장 옳다고 생각하는 것 아닌가! 우리가 알고 있는 믿음이나 그리스도나 성경 등도 오로지 우리만 그렇게 생각하고 있는 것이라면 도대체 우리는 어떻게 되는 것인가?

98. 이런 비판을 반박하는 논증을 펼치기 위해 복되신 사도 바울이 이와 같은 비판을 하는 자들을 대적하면서 사용한 몇몇 문장들을 제시해 보려고 노력하였지만, 애석하게도 제가 이런 반박을 하려고 하면, 저의 반박에 대해 비판자들이 다시 반박할 내용들이 이미 제 마음에 떠오르는 것을 느꼈습니다. 즉, '우리가 사도 바울과 그가 한 말들을 대단하게 여기지만, 사실 그는 매우 교묘하고 교활한 사람으로 아주 강력한 망상에 사로잡힌 사람으로서, 자

기 동료들을 꾀어 멸망시키기 위해 고통을 감수하면서까지 여기저기를 떠돌아다닌 것은 아닌지, 내가 어떻게 알 수 있겠는가?' 하는 생각까지 들었던 것입니다.

99. 지금이라면 제가 말이든 글로든 감히 표현할 수도 없고 표현해 볼 엄두조차 낼 수 없는 유의 다양하고도 지속적이며 강력한 생각들이 제 영혼을 확고히 사로잡았을 뿐 아니라, 제 마음을 강력하게 짓눌렀기 때문에, 저는 아침부터 저녁까지 오로지 이런 생각밖에 할 수 없었습니다. 정말 이런 비판적인 생각 외에는 제 마음에 다른 생각이 들어설 자리조차 없었습니다. 그래서 결국 저는 하나님께서 제 영혼에 크게 노하여 제 영혼을 이런 비판들에 넘기셔서, 마치 강한 회오리바람에 모든 것들이 날려가듯, 쇄도하는 비판들로 제 영혼을 날려 버리려고 작정하셨다고 결론을 내렸습니다.

100. 그럼에도 불구하고 제 영혼은 이런 비판들이 혐오스러웠습니다. 오로지 이 혐오감으로 인해 저는 제 마음이 어떤 다른 것, 즉 이런 비판들을 받아들이기를 거부하는 그 어떤 것이 있다는 것을 느끼게 되었습니다. 그런데 제 마음에 있는 이런 작은 소망을 발견하게 된 것은, 제가 침이라도 삼킬 정도의 여력을 하나님께서 주셨기에 가능한 일이었습니다. 하나님께서 이런 여력조차 주시지 않았더라면, 이런 유혹들이 지닌 시끄러운 소리들과 힘과 능력들로 인해 범람하는 큰물에 빠진 사람처럼, 저는 그 속에서 허우적거리며 버둥거렸을 것입니다. 다시 말해 하나님의 도우심이 없었다면, 이런 소망의 생각들과 믿음에 관한 것들은 모두 땅에 파묻혀 버렸을 것입니다. 이런 유혹의 시기에, 종종 제 마음에는 하나님이나 그의 외아들인 그리스도나 성경을 대적하여, 어떤 극악한 말로 저주하고 욕하고 지껄이고 싶은 충동이 일었습니다.

101. 지금 생각해 보면, 그 당시는 제가 분명히 마귀에게 사로잡혔던 것 같고, 어떤 때는 이성을 잃기도 했던 것 같습니다. 주 하나님을 다른 사람들과 더불어 찬송하고 기리기는커녕, 하나님에 관한 이야기가 귀에 들리기만 하면, 제 마음은 빗장이 풀리면서 그분을 대적하는 가장 끔찍하고 불경한 생각들이 즉시 떠올랐습니다. 그래서 하나님이 존재한다고 생각하든 아니면 하나님이 존재하지 않는다고 생각하든 간에, 제게는 별반 차이가 없었습니다. 제 속에는 사랑, 평안, 은혜로운 감정 등이 없었기에, 당연히 이런 좋은 기분들을 느낄 수 없었습니다.

102. 이런 것들로 인해 저는 아주 깊은 절망 속에 주저앉게 되었습니다. 이런 감정은 하나님을 사랑하는 사람들에게서 절대로 찾아볼 수 없는 감정이라고 저는 결론을 내렸습니다. 이런 유혹들이 강하게 저를 엄습해올 때면, 저는 마치 어린아이가 되어 버린 심정이었습니다. 다시 말해, 어떤 집시 여인이 센 힘으로 어린아이를 앞치마로 들쳐 메고 친구들과 마을을 떠날 때, 그 앞치마에 싸인 어린아이와 같다고 느꼈던 것입니다. 어떤 때는 제가 발버둥을 쳐보기도 하고, 또 어떤 때는 소리를 지르거나 울어보기도 했지만, 저는 유혹이라는 두 날개에 결박당한 채, 바람이 부는 대로 멀리 날아갔습니다. 그 때 저는 구약의 사울 왕과 그를 사로잡았던 악한 영이 생각났습니다. 제 처지가 그의 처지와 똑같은 것 같아서 크게 두려운 마음이 들기도 했습니다(삼상 16:14).

103. 그 무렵 저는 성령을 거역하는 죄가 어떤 것인지에 대해 이야기하는 것을 듣게 되었습니다. 그러자 그 때부터 유혹자는 제가 그 죄를 짓도록 저를 충동질하기 시작하였습니다. 그가 충동질한 죄악은 제가 그 죄를 범하지 않고서는 단 한순간도 조용히 있을 수 없을 뿐만 아니라, 조용히 있어서도 안 되고, 조용히 있기를 바랄 수도 없는 죄악이었습니다. 유혹자가 이번에 저를

충동질한 죄악만큼 그렇게 공을 들인 것은 지금까지 없었습니다. 성령을 거역하는 이 죄는 성령을 모독하는 말을 해야 범할 수 있는 것이기 때문에, 제가 원하든 그렇지 않든 간에 제 입이 성령을 거역하는 말을 하도록 하는 것이 유혹자의 목표였습니다. 제가 맞닥뜨린 이 유혹이 너무 강렬할 때는 제가 입을 열지 못하도록, 제 손을 턱 밑에 강한 힘으로 괴어 놓았습니다. 어떤 때는 입을 다물게 할 목적으로, 즉 입에서 말이 새나가지 못하도록 거름 더미 같은 곳에 머리를 처박기도 하였습니다.

104. 그 당시 저는 개와 두꺼비의 처지를 칭송하였으며, 하나님께서 만드신 모든 것들의 처지가 저와 인간 동료들이 처한 끔찍한 처지보다 훨씬 낫다고 생각하였습니다. 진실로 저는 개나 말의 처지가 되면 정말 좋겠다고 여겼습니다. 왜냐하면 이 짐승들은 저 같은 인간들의 경우와는 달리, 죄를 지어 지옥이라는 무게를 영원히 실감하면서 멸망할 영혼을 가지고 있지 않았기 때문입니다. 아니, 저의 슬픔은 여기서 끝나지 않았습니다. 이런 와중에 있으면서도 제 영혼은 진정으로 자신의 구원을 갈망하지 않았던 것입니다. 이 사실을 알고 느끼면서 제 마음은 찢어지는 듯 했고 이로 인해 더욱더 슬퍼졌습니다. 이런 혼란한 상황에서 알게 된 다음과 같은 성경 말씀은 제 영혼을 갈가리 찢어 놓았습니다. "그러나 악인은 평온함을 얻지 못하고, 그 물이 진흙과 더러운 것을 늘 솟구쳐 내는 요동하는 바다와 같으니라. 내 하나님의 말씀에 악인에게는 평강이 없다 하셨느니라"(사 57:20-21).

105. 때때로 제 마음은 극도로 완고해지기도 했습니다. 제가 흘리는 눈물 한 방울에 수 천 파운드를 준다고 해도, 저는 단 한 방울도 눈물을 흘릴 수 없었기 때문입니다. 아니, 눈물을 흘리고 싶다는 바람조차 없을 때도 많았습니다. 이것이 바로 나의 운명이라는 생각을 하면서 저는 매우 상심하였습니다.

자신의 죄로 인해 슬퍼하고 탄식하다가도 다시 그리스도로 인해 하나님을 기뻐하고 찬송하는 이들도 저는 보았고, 조용히 하나님의 말씀에 대해 이야기하고 기쁨으로 그 말씀을 기억하는 이들도 저는 보았습니다. 다른 사람들은 다 그런데, 유독 저만 태풍과 폭풍우 가운데 있었습니다. 이런 사실로 인해 저는 더 많이 상심하였습니다. 이 세상에서 저 같은 처지에 있는 사람은 단 한 명도 없을 것이라는 생각마저 들었습니다. 이런 저의 모진 운명을 생각하면서 저는 비탄에 잠기기도 하였습니다. 저는 이런 상황에서 스스로 벗어날 수도 없었고, 이 상황을 없애 버릴 수도 없었습니다.

106. 이런 유혹이 거의 일 년 정도 지속되면서, 저는 이 기간 동안 쓰라린 큰 고통으로 인해 하나님을 기리는 예식에 단 한 번도 참석하지 못했습니다. 진실로 그 때는 불경한 생각들로 인해 크게 고통 받던 때였습니다. 하나님의 말씀을 들어도, 부정한 생각, 불경한 생각, 절망 등이 저를 마치 죄수처럼 사로잡았습니다. 또한 성경 말씀을 읽어도, 매번 그런 것은 아니었지만, 불쑥불쑥 제가 읽은 모든 내용들을 의심하는 생각들이 들었습니다. 또 때로는 제 마음이 강한 힘에 송두리째 확 낚아채인 것처럼 다른 것에 사로잡혀서, 지금 읽고 있는 문장의 뜻을 알지도 못하고 집중하지도 못하고 기억하지도 못할 때가 여러 번 있었습니다.

107. 이 시기에는 기도할 때도 큰 어려움을 겪었습니다. 어떤 때는 제 눈에 마귀가 보이는 것 같았습니다. 아니, 마귀가 뒤에서 제 옷을 잡아당기는 것 같은 느낌이 들기도 하였습니다. 또한 마귀는 제가 기도하는 시간 내내 제 곁에 있으면서, 제가 드리는 기도를 중단하게도 하고, 서둘러 기도를 끝내게 하기도 하였습니다. "너는 충분히 기도했으니, 더 이상 기도하지 않아도 돼"라고 하면서 마귀는 제 마음을 분산시켰습니다. 그리고 때로는 다음과 같은 사

악한 생각들을 제 마음에 주입하기도 하였습니다. "나는 마귀에게 기도해야 한다. 나는 마귀를 위해 기도해야 한다." 그뿐 아니라 어떤 때는 마귀에게 엎드려 경배해야 하는 것 아닌가 하는 생각도 하였습니다. "만일 내게 엎드려 경배하면 이 모든 것을 네게 주리라"(마 4:9).

108. 예배 가운데 기도하는 시간에도 제 마음은 종잡을 수 없을 만큼 방황하였습니다. 그래서 저는 마음을 다잡고 그 마음을 하나님을 향해 고정하려고 많은 노력을 기울였습니다. 그런데 그 때에도 유혹자는 제 마음을 분산시키고자 아주 강한 힘으로 저를 몰아붙였습니다. 마귀는 제 마음과 생각 속에 수풀이나 황소나 빗자루 같은 것들이 떠오르게 하여, 마치 제가 이런 것들을 대상으로 기도해야 하는 것처럼, 저를 혼란스럽게 만들고 제대로 기도하고자 하는 제 마음을 방해하였습니다. 그래서 어떤 때는 이런 것들 외에는 아무 생각도 나지 않았고, 정말 이런 것들이 기도를 받을 대상이 되어 이것들에게 기도할 뻔했던 그런 희한한 상황이 연출되기도 하였습니다.

109. 그래도 저는 이따금씩 하나님과 그분이 주신 복음진리의 실상에 대해 강력하고도 가슴 벅찬 확신을 경험하기도 하였습니다. 오! 그럴 때마다 제 가슴은 얼마나 힘들고 괴로웠는지 모릅니다. 그 당시 제가 하는 모든 말들은 온 영혼으로 한 것이었습니다. 저는 하나님께서 제게 은혜를 베풀어 주시기를 하나님께 고통스럽게 간구했지만, 이내 곧 다음과 같은 말도 안 되는 생각으로 다시 움찔할 수밖에 없었습니다. 즉, 하나님께서는 제가 말하는 것과 기도하는 이 모든 것을 비웃으시면서, 거룩한 천사들이 보고 있는 가운데 다음과 같이 말씀하실 것만 같았습니다. "이런 불쌍한 놈, 내가 주는 은혜는 너 같은 놈에게는 줄 수 없는 것이다. 너하고는 전혀 관계가 없는 것인데도, 나에게 그 은혜를 갈구하는 이 단순한 놈 같으니라고. 참 딱하구나, 이 불쌍한 바

보 같은 자식! 너는 지금 얼마나 많이 속고 있는지 모르고 있다! 지극히 존귀한 이로부터 은혜를 입을 자는 너 같은 자가 아니다."

110. 그때 유혹자도 저를 낙담시키기 위해 다음과 같은 말을 하였습니다. "네가 아무리 뜨겁게 은혜를 갈망해도, 나는 뜨거워진 네 마음을 차갑게 할 것이다. 뜨겁게 갈망하면 은혜를 받게 될 것이라는 도식은 항상 맞는 법이 아니지. 지금까지 많은 사람들이 네 영혼처럼 뜨거웠었다. 하지만 지금까지 나 역시 그들의 뜨거운 열정들을 꺼왔었다." 이런 생각과 함께 지금까지 믿음을 저버리고 타락한 자들의 이런저런 얼굴들이 제 눈앞에 아른거렸습니다. 나도 이런 자들처럼 되면 어떡하지 하는 두려운 마음이 들었습니다. 그런데 두려운 마음이 들면서도, 제 마음 한 쪽에서는 다음과 같은 생각이 들어서 기쁘기도 하였습니다. "그래, 나는 이제부터 깨어 정신을 차리고 내가 할 수 있는 한 모든 주의를 기울일 거야." 이런 나의 결심에 사탄은 다음과 같이 말하였습니다. "네가 아무리 깨어 정신을 차린다 해도, 나 또한 마찬가지로 너를 가혹하게 대할 것이다. 나는 서서히 조금씩 네 열정을 무감각하게 식힐 것이다. 너의 마음속에 있던 열정을 나는 지금까지 7년 동안 냉랭하게 만들었는데, 마지막으로 온 힘을 다해 너의 마음을 다시 차갑게 하는 게 뭐 그리 어려운 일이겠는가? 아무리 달래봤자 소용없이 우는 아기라 해도, 계속해서 흔들어 주면 잠이 드는 법이다. 나는 계속해서 너를 집중 공략할 것이고 기필코 나의 목적을 달성할 것이다. 지금은 네 마음이 뜨겁게 달아올라 있지만, 나는 이 불을 꺼트려서, 예전처럼 차가운 상태가 오래도록 유지되도록 할 것이다."

111. 이런 여러 생각들로 인해 저는 아주 답답한 상황으로 내몰렸습니다. 그 당시에도 저는 당장 죽을 준비가 되어 있지 않았지만, 제가 오래 산다고

해서 죽을 준비가 더 잘될 것 같다는 생각도 들지 않았습니다. 왜냐하면 시간이 지나면 지날수록 저는 모든 것을 잊게 될 것이며, 제가 행한 죄악들만 기억해서 그 기억들로 만들어진 옷을 입게 될 것이고, 제가 그리스도의 보혈로 죄 씻음을 받아야 할 필요성과 천국의 가치 등도 제 마음에서 뿐 아니라 제 생각에서도 사라져 버릴 것이었기 때문입니다. 그럼에도 불구하고 제가 예수 그리스도에게 감사드리는 것은, 이런 생각들로 인해 그 당시 저의 울부짖음은 힘을 잃은 것이 아니라, 마치 강간하려고 하는 남자를 들에서 만난 처녀처럼(신 22:27), 이 문제로 인해 하나님 앞에서 더욱더 강해졌다는 사실입니다. 한동안 이런 일로 고통을 겪은 후 그 당시 제게 다가온 다음과 같은 말씀은 매우 유익했습니다. "내가 확신하노니 사망이나 생명이나 천사들이나 권세자들이나 현재 일이나 장래 일이나 능력이나 높음이나 깊음이나 다른 어떤 피조물이라도 우리를 우리 주 그리스도 예수 안에 있는 하나님의 사랑에서 끊을 수 없으리라"(롬 8:38-39). 이 말씀으로 인해 저는 비로소 오래 산다고 해서 제가 꼭 멸망하는 것도 아니고, 천국을 잃게 되는 것도 아닐 것이라는 소망을 갖게 되었습니다.

112. 이런 유혹들을 받던 그 당시에는 이런 성경 말씀에서 도움을 받기도 하였습니다. 물론 이런 도움들에 대해 제가 의문을 제기하기도 하였지만, 어쨌든 제게 도움이 되었던 것은 사실입니다. 그 중에서도 특별히 예레미야 3장 5절은 제게 생각할 거리를 던져 주었습니다. "노여움을 한없이 계속하시겠으며 끝까지 품으시겠나이까?" 이 말씀과 함께 "행음하였으나 내게로 돌아오라. …… 나의 아버지여 아버지는 나의 청년 시절의 보호자이시오니"(렘 3:1, 4)라는 말씀도 제게 귀한 말씀이었습니다.

113. 그리고 고린도후서 5장 21절 말씀도 제가 얼핏 보았던 것이지만, 매우

달콤한 말씀으로 다가왔습니다. "하나님이 죄를 알지도 못하신 이를 우리를 대신하여 죄로 삼으신 것은 우리로 하여금 그 안에서 하나님의 의가 되게 하려 하심이라." 하루는 제가 이웃집에 앉아 있었는데, 지금까지 제가 하나님을 대적하여 행한 많은 신성모독적인 짓들이 생각나면서 서글퍼졌습니다. 그러면서 지금까지 이렇게 많은 사악하고 가증스러운 일들을 행한 나 같은 사람이 도대체 무슨 근거로 영생을 유업으로 받겠다는 생각을 할 수 있을까 하는 음성이 제 마음에서 들려왔습니다. 그러자 갑자기 다음과 같은 성경 말씀이 마음속에 떠올랐습니다. "그런즉 이 일에 대하여 우리가 무슨 말 하리요? 만일 하나님이 우리를 위하시면 누가 우리를 대적하리요?"(롬 8:31). 또한 다음과 같은 말씀도 제게 도움이 되었습니다. "조금 있으면 세상은 다시 나를 보지 못할 것이로되 너희는 나를 보리니, 이는 내가 살아 있고 너희도 살아 있겠음이라"(요 14:19). 하지만 이 말씀들은 그 당시에는 매우 달콤했으나, 단지 암시일 뿐이었고 감질나게 하는 것이었으며, 오래 지속되지 않은 채 짧은 시간 제 마음에 머문 말씀이었습니다. 마치 베드로가 환상 중에 본 보자기처럼, 즉시 다시 하늘로 들려 올라간 말씀과 같았습니다(행 10:16).

114. 하지만 이후에도 주님께서는 아주 충분한 은혜를 베푸시어, 그 자신을 제게 드러내 보여주셨습니다. 그 뿐 아니라, 진정으로 이러한 일들을 통해서 제 양심을 짓누르고 있던 죄책감에서 저를 건져 주셨으며, 그 죄책감에서 기인한 아주 더러운 것들로부터 저를 건져 주셨습니다. 그리하여 지금까지 저를 시험하던 유혹들이 제거되자, 저도 다른 그리스도인들과 마찬가지로 바른 마음을 되찾게 되었습니다.

115. 제 기억에 남는 또 한 가지 사건이 있습니다. 하루는 제가 시골길을 가고 있었는데, 제가 행한 사악한 일들과 하나님을 모독한 일들이 생각나면서,

하나님을 대적했던 제 마음속의 적대감까지 기억이 났습니다. 그 순간 다음과 같은 성경 말씀이 마음에 떠올랐습니다. "그의 십자가의 피로 화평을 이루사"(골 1:20). 이 말씀으로 인해 하나님과 제 영혼, 이 양자가 십자가의 피로 친구가 되었다는 사실을 저는 그 날 거듭해서 다시 확인할 수 있게 되었습니다. 진실로 저는 하나님의 의와 저의 죄악된 영혼이 이 피를 통해 서로 껴안고 입맞춤을 하게 되었다는 것을 깨달았습니다. 이런 일이 있은 그 날은 제게 참으로 유익한 날이었습니다. 저는 이 일을 절대 잊지 않게 되기를 소망하였습니다.

116. 또 한 번은 제가 집에서 화롯가에 앉아 저 자신의 비참함에 대해 생각하고 있었는데, 주님께서 이번에도 다음과 같은 귀중한 말씀을 해주셨습니다. "자녀들은 혈과 육에 속하였으매 그도 또한 같은 모양으로 혈과 육을 함께 지니심은 죽음을 통하여 죽음의 세력을 잡은 자 곧 마귀를 멸하시며, 또 죽기를 무서워하므로 한평생 매여 종 노릇 하는 모든 자들을 놓아 주려 하심이니"(히 2:14-15). 그 때 이 말씀이 주는 영광은 제게 너무 대단한 것이어서, 제가 앉은 자리에서 한 번도 아니고 두 번씩이나 거의 쓰러질 것 같을 정도로 이 말씀에 압도되었습니다. 이 말씀에 제가 이런 반응을 보였던 것은 어떤 슬픔이나 고민 때문이 아니라, 견고한 기쁨과 평안 때문이었다고 저는 생각하고 있습니다.

제3장

기퍼드의 사역에 참여하면서, 복음의 가르침을 이해하고자 뜨겁게 갈망하는 번연

(제117절~제252절)

117. 그 무렵 저는 거룩한 기퍼드 목사에게서 목회 지도를 받고 있었습니다. 하나님의 은혜로 제가 안정을 찾아가는데 있어서 그의 가르침은 많은 도움을 주었습니다. 그는 하나님의 백성들이 영혼으로 안주하기 쉬운 거짓 평안과 근거 없는 평안으로부터 이들을 구해내는 일을 자신의 주된 사역으로 여기는 사람이었습니다. 그는 우리가 이런저런 책이나, 또는 이 사람 저 사람에게서 들은 어떤 진리를 신뢰하지 말고, 하나님의 영인 성령으로 말미암아 거룩한 말씀 안에 우리가 정착하고, 그 진리의 실상에 대한 확신을 우리가 얻도록 하나님께 온 힘을 다해 부르짖으라고 우리에게 특별히 강권하였습니다. 그는 또한 다음과 같은 말씀도 전했습니다. "유혹이 강하게 다가올 때, 하늘로부터 온 증거들을 가지고 이 유혹들을 맞지 않는다면, 한때 이 유혹들을 맞서 싸워 이겼다고 여러분은 생각하겠지만, 이제는 이 유혹들에 맞서 싸울 도움이나 능력들을 전혀 얻지 못하게 될 것입니다."

118. 이런 가르침은 때를 따라 내리는 이른 비와 늦은 비처럼 제 영혼에 시

의적절한 도움이 되었습니다. 저는 슬픈 경험들을 하면서, 그가 전한 이런 말씀들이 진리임을 깨닫게 되었습니다. 특히 마귀에게 시험을 당할 때, "하나님의 영으로 말하는 자는 누구든지 예수를 저주할 자라 하지 아니하고, 또 성령으로 아니하고는 누구든지 예수를 주시라 할 수 없느니라"(고전 12:3)고 한 말씀이 진리임을 깨달았습니다. 그리하여 제 영혼은 하나님의 은혜로 이러한 가르침을 마치 스펀지가 물을 빨아 당기듯 받아들였고, 하나님의 영광이나 제 자신의 영원한 행복 등의 문제는 차치하고라도, 천국에 관한 확신 없는 상태로 제 자신을 내버려 두지 마시도록 하나님께 기도하고픈 마음이 간절해졌습니다. 그 때 저는 혈육의 생각과 하늘에 있는 하나님께서 보여주신 계시 사이에는 엄청난 차이가 있을 뿐만 아니라, 인간의 지혜를 따른 거짓 믿음과 하나님이 중생한 사람에게 주시는 믿음 사이에도 큰 차이가 있다는 것을 알게 되었습니다(마 16:15-17; 요일 5:1).

119. 오! 그 때부터 하나님께서 제 영혼을 이 진리에서 저 진리로 얼마나 많이 저를 인도해 주셨는지 모릅니다! 하나님의 아들이 태어나심과 그 요람에서부터 그분의 승천과 세상을 심판하기 위해 하늘로부터 다시 오심까지의 진리들로 저는 인도하심을 받았습니다.

120. 사실 저는 이러한 여러 진리들에 대한 설명을 통해서, 위대한 하나님께서는 저에게도 아주 선한 분이시라는 것을 알게 되었습니다. 제가 기억하기로 그 때까지 저는 하나님께서 이 진리들을 제가 알도록 제게도 계시해주시기를 위해 한 번도 하나님께 간구한 적이 없었습니다. 그런데 하나님께서는 저를 위해 기꺼이 이 진리들을 제게도 드러내 보여주셨습니다. 여기서 제가 지금 말씀드리는 진리는 주 예수님께서 보여주신 복음의 일부분이 아니라, 복음 전체를 제가 알도록 하나님께서 순서대로 하나하나씩 인도해 주신

진리들입니다. 네 복음서 기자들의 보도로 시작해서 우리를 구원하기 위해 예수 그리스도를 주신 하나님의 놀라운 사역에 이르기까지, 그리고 예수님의 잉태와 탄생으로 시작해 심판하기 위해 그분께서 다시 오신다는 진리에 이르기까지, 제 생각에 저는 이에 대한 확실한 증거를 보았던 것 같습니다. 이 과정을 통해 저는 예수님의 탄생을 제가 직접 본 것 같았으며, 그분이 자라나는 것도 제가 직접 본 것 같았고, 그분께서 이 세상에 오시어 요람에서부터 자신의 십자가까지 걸어가신 모습도 제가 직접 본 것만 같았습니다. 그분께서 십자가로 나오시어 제 죄와 사악한 저의 행동들 때문에 십자가에 달려 못 박히시면서 자신을 내어주시는 모습, 그 온화하신 모습도 제가 직접 보게 되었습니다. 이런 사실들을 생각할 때, 그분의 운명은 죽임 당하기로 작정된 것이라는 생각이 제 영혼에 문득 떠올랐습니다(벧전 1:19-20).

121. 또 저는 그분의 부활과 관련된 진리를 묵상하다가, "나를 붙들지 말라"(요 20:17)고 하신 말씀도 기억났습니다. 그러자 그분께서 우리의 끔찍한 원수들을 이기시고, 다시 부활하시어 기뻐하면서 무덤 문을 열고 뛰쳐나오는 모습이 마치 제 눈앞에 보이는 것 같았습니다. 저는 그분께서 나를 위해 하나님의 우편에 앉아 계신 것과 장차 이 세상을 영광 가운데 심판하기 위해 하늘로부터 다시 오시는 모습도 영으로 보고서, 다음과 같은 성경 말씀들로 이러한 진리들을 확증하였습니다. 사도행전 1장 9-10절; 7장 56절; 10장 42절; 히브리서 7장 24절; 8장 3절; 요한계시록 1장 18절; 데살로니가전서 4장 17-18절.

122. 예전부터 저는 주 예수님이 하나님이면서 동시에 인간이며, 또한 인간이면서 동시에 하나님이라는 사실을 아는데 아주 많은 고민을 하였습니다. 사실, 그 당시에는 사람들이 아무리 뭐라고 설명해도, 하늘에서 내려온

증거를 제가 보지 않는 이상, 그 모든 말들은 저에게 전혀 의미가 없었습니다. 그 말들이 제게는 전혀 하나님의 진리로 여겨지지 않았습니다. 저는 이 문제로 아주 많이 고민했지만, 도저히 어떻게 해결해야 할지 방법을 알 수 없었습니다. 그러다 마침내 요한계시록 5장에 있는 다음과 같은 말씀이 제 마음에 떠올랐습니다. "내가 또 보니 보좌와 네 생물과 장로들 사이에 한 어린 양이 서 있는데 일찍이 죽임을 당한 것 같더라 그에게 일곱 뿔과 일곱 눈이 있으니 이 눈들은 온 땅에 보내심을 받은 하나님의 일곱 영이더라"(계 5:6). "제가 생각하기에" 그 보좌 가운데 그분의 신성(神性)이 있고, 또 그 장로들 가운데 그분의 인성(人性)이 있었습니다. 오! 제가 생각하기에 성경 말씀 가운데 그 부분이 제 눈에 분명하게 들어왔던 것 같습니다. 이 생각은 제게 아름다운 감동을 주었으며 달콤한 만족까지 주었습니다. 이와 관련하여 다른 성경 말씀도 제게 많은 도움을 주었습니다. "이는 한 아기가 우리에게 났고 한 아들을 우리에게 주신 바 되었는데 그의 어깨에는 정사를 메었고 그의 이름은 기묘자라, 모사라, 전능하신 하나님이라, 영존하시는 아버지라, 평강의 왕이라 할 것임이라"(사 9:6).

123. 하나님께서 자신의 말씀으로 이렇게 가르쳐 주신 것 외에도, 주님께서는 이 문제와 관련하여 두 개의 수단을 사용하셔서 제가 확증할 수 있도록 하셨습니다. 첫 번째 수단은 퀘이커 교도들(Quakers)의 오류였으며, 또 다른 하나는 죄책감이었습니다. 퀘이커 교도들은 하나님의 진리를 반대하는 자들이었기 때문에, 하나님께서는 이 진리를 놀라울 정도로 지지하는 성경 말씀들로 저를 인도하시어, 제가 그 말씀으로 인해 더욱 견고한 확신을 갖도록 하셨습니다.

124. 퀘이커 교도들이 주장한 오류들은 다음과 같았습니다. 1. 성경 말씀

은 하나님의 말씀이 아니다. 2. 세상에 있는 모든 사람들은 그리스도의 영과 은혜와 믿음 등을 가지고 있다. 3. 지금으로부터 1600년 전에 십자가에 달려 죽은 예수 그리스도는 오늘날 우리 현대인들이 지은 죄악을 하나님의 공의로 만족시킬 수 없다. 4. 그리스도의 살과 피는 성도들 안에 있다. 5. 교회 묘지에 묻힌 자들의 육체는 선인이든 악인이든 모두 다시 부활하지 못할 것이다. 6. 선한 자들을 위한 부활은 이미 지나가버렸다. 7. 예루살렘 옆에 있는 가나안 땅 안의 골고다 언덕에 있던 두 강도들 사이에서 십자가에 못 박히신 인간 예수는 별이 있는 하늘 위로 승천하지 않으셨다. 8. 유대인들의 손에 죽은 그 예수와 동일한 인물이 마지막 날에 다시 와서, 인간으로서 모든 나라들과 민족들을 심판하지는 않을 것이다.

125. 그 당시 퀘이커 교도들은 위의 주장들보다도 더욱 사악하고 가증스러운 것들을 많이 주장하였습니다. 저는 그들의 주장들로 인해 성경 말씀을 더욱더 엄밀하게 연구하게 되었습니다. 그러면서 저는 이 성경의 빛과 증거에 조명을 받았을 뿐만 아니라, 그 진리의 말씀을 확증하고 그 진리에 위로를 받기도 하였습니다. 앞서 말한 바와 같이, 죄책감도 제게 큰 도움이 되었습니다. 죄책감이 제게 엄습해올 때마다, 그리스도의 보혈이 그 죄책감을 거듭해서 사라지게 해주었습니다. 성경 말씀대로 죄책감이 달콤하게 사라져버렸던 것입니다. 오, 사랑하는 성도 여러분! 예수 그리스도를 여러분에게도 계시해 주시기를 하나님께 간구하십시오. 그분처럼 여러분에게 진리를 가르쳐 주시는 분은 없습니다.

126. 하나님께서는 저를 그리스도에 관한 모든 것 가운데 정착하게 하셨습니다. 그리스도께서 원하셔서 저를 그분의 말씀으로 인도하셨습니다. 다시 말해서, 그분께서는 그 말씀들을 제게 열어 주시어, 그 말씀들이 제 앞에

서 환히 빛나게 하셨습니다. 그래서 제가 그 말씀과 함께 거하게 되었으며, 그 말씀과 대화하면서, 하나님 자신의 존재와 그의 아들과 성령의 존재가 저를 위로해 주었을 뿐만 아니라, 말씀과 복음도 저를 거듭해서 위로해 주었습니다. 어떻게 해서 이런 일들이 제게 일어났는지, 그 일들을 이 자리에서 제가 상세하게 말씀드리기에는 너무나 긴 내용일 것 같습니다.

127. 하나님께서 기뻐신 뜻이 있어 지금까지 저를 이렇게 인도하셨습니다. 그분의 인도하심이 어떠하였는지를 대강 살펴본 바를 저는 이미 여러분에게 말씀드렸습니다. 제가 이후에도 계속해서 말씀드리려고 하는 것도 그분이 저를 어떻게 인도하셨는지에 관한 것입니다. 저는 그 인도하심에 대해서만 여러분에게 말씀드리려고 합니다. 먼저, 하나님께서는 진리에 대해 제가 유혹을 받도록 하셔서 저를 극심한 고통으로 내모셨습니다. 그러고는 제게 그 진리들을 계시해 주셨습니다. 또 어떤 때는 엄청난 죄책감에 시달려 거의 땅에 고꾸라지기도 하였지만, 그 때도 주님께서는 그리스도의 죽음을 제게 보여주시면서, 제 양심에 그분의 보혈을 뿌려 주셨습니다. 그래서 조금 전까지만 해도 격분해서 활개를 치던 율법의 다스림을 받던 양심이 그리스도로 말미암은 하나님의 사랑과 평안 가운데 안식하는 것을 저는 진실로 보았습니다.

128. 저는 '제가 생각하는 구원'의 증거를 하늘로부터 받게 되었습니다. 그 증거에는 황금 인(印)이 많이 찍혀 있는 채로, 제 눈앞에 분명히 걸려 있습니다. 이제 저는 이 분명한 표지를 발견한 것과 또 다른 은혜를 발견한 것까지 모두 저에 대한 하나님의 위로하심으로 기억하고 있습니다. 또한 저는 마지막 날이 임하기를 종종 바라고 갈망하기까지 합니다. 그 날이 되면 저는 다음과 같은 장면들을 영원히 바라보면서 기뻐하며 그분과 교제할 것이기 때

문입니다. 그분은 저의 죄 때문에 머리에 가시면류관을 쓰셨으며, 얼굴에 침 뱉음을 당하시고, 몸은 찢겨진 채로 그 영혼이 제물로 드려진 분입니다. 예전에는 제가 지옥 입구를 바라보면서 계속 두려워 떨었지만, 이제는 그렇지 않습니다. 내가 언제 그렇게 두려워했는지를 뒤돌아보면, 그 때의 기억은 하나도 생각나지 않고, 내가 정말 그랬었나 싶을 정도로 그 때의 기억은 제 머릿속에서 가물가물할 따름입니다. 오! 저는, 내가 이 땅에서 80년을 살고 속히 죽어, 내 영혼이 안식에 들어갔으면 좋겠다는 생각까지 하기에 이르렀습니다.

129. 제가 겪었던 이런 유혹들에서 완전히 벗어나기 이전부터, 저는 제가 태어나기 수백 년 전에 살았던 옛날의 경건한 성도들이 스스로 경험한 것에 대해 자신이 직접 쓴 글들을 읽어 보았으면 하는 마음이 간절하였습니다. 왜냐하면 우리 시대에 글을 쓰는 작가들은 옛날 작가들과는 다르다고 생각했기 때문입니다. 오늘날의 작가들에게 양해를 구하고 말하자면, 그들은 그저 다른 사람들이 느꼈던 것을 쓸 뿐입니다. 그렇게 다른 사람의 감정에 대해 글을 쓰지 않는다면, 현대 작가들은 다른 방식으로 글을 씁니다. 즉, 작가 자신이 직면한 심오한 문제들에 대해서 직접 파고드는 것이 아니라, 그가 보기에 다른 사람들이 맞닥뜨린 당황스러운 문제들에 대해서, 다시 말해 다른 사람들이 제기했던 문제들에 대해서 작가의 기지(機智)와 역할을 동원하여 그 문제에 답하고자 연구하며 글을 쓰는 것입니다. 어쨌든 제 마음속에는 옛 성도들의 책을 읽어 보고자 하는 간절한 바람이 있었습니다. 그러던 차에, 그 손에 우리의 모든 날들과 우리가 가는 모든 길들을 쥐고 계신 하나님께서 어느날 마르틴 루터(Martin Luther)의 책을 제 손에 쥐어 주셨습니다. 그 책은 갈라디아서 주석으로, 제가 책장을 넘기기만 해도 바스러질 것만 같은 아주 오래되고 낡은 책이었습니다. 그래도 저는 이렇게 오래된 책이 제 수중에 들어오

게 된 것이 너무나 기뻤습니다. 그 책을 어느 정도 정독하면서 저는 루터의 경험 속에 저의 상황이 상당 부분 매우 심도 있게 다루어지고 있음을 알게 되었습니다. 마치 루터가 제 마음속에 들어와 보고 나서 그 책을 쓴 것처럼 느껴질 정도였습니다. 이 사실이 제게는 매우 놀라웠습니다. 루터는 오늘날의 그리스도인의 상태에 대해 조금도 알지 못했을 것이며, 단지 자기 시대의 필요에 의해서 자신의 경험을 글로 쓰고 말했을 것이 분명했기 때문입니다.

130. 게다가 그는 그 책에서 신성모독이나 절망 등, 성도들이 왜 이러한 유혹들을 마주하게 되는지 그 원인에 대해서도 아주 진지하게 논의하고 있었습니다. 이 유혹에는 마귀나 죽음이나 지옥 등이 아주 큰 영향을 미칠 뿐 아니라, 모세의 율법이 큰 영향을 끼친다는 사실을 그는 드러내 보여주었습니다. 처음에는 이런 그의 분석이 제게 아주 이상하게 여겨졌지만, 곰곰이 생각하고 살펴본 결과 그의 말이 정말 옳다는 것을 깨닫게 되었습니다. 제가 지금 이 자리에서 그 책의 내용들을 모두 상세히 말하려고 하는 것은 아닙니다. 다만 성경을 제외하고, 제가 읽어본 모든 책들 가운데 상처받은 양심을 위한

루터의 책을 읽는 존 번연

가장 적합한 책은 바로 마르틴 루터가 쓴 "갈라디아서 주석"이라는 제 생각을 모든 사람들 앞에 말하고 싶을 따름입니다.

131. 비로소 저는 내가 그리스도를 진정으로 사랑한다고 생각하

게 되었습니다. 오! 내 영혼이 그분에게 붙어 있고, 나의 사랑도 그분과 결합되어 있다고 저는 생각하였습니다. 그분을 향한 제 사랑도 불처럼 뜨겁다고 느끼고 있었습니다. 욥이 말한 것처럼, 나는 내 보금자리에서 숨을 거둘 수 있다(욥 29:18)는 생각도 들었습니다. 그러나 얼마 지나지 않아, 나의 이 큰 사랑은 한갓 작은 것에 지나지 않으며, 예수 그리스도를 향한 불타는 사랑을 가진 것으로 생각했던 나란 존재는 아주 사소한 것 때문에 다시 그분을 버릴 수 있다는 사실도 알게 되었습니다. 하나님은 우리를 낮추시는 법과 인간의 교만을 덮어 가리는 방법을 알고 계셨습니다. 제가 하나님을 뜨겁게 사랑한다고 생각한 이후로 즉시, 제 사랑은 뜻이 있는 시험을 받게 되었습니다.

132. 주님께서는 크고 쓰라린 유혹 가운데서도 은혜를 베푸셔서 저를 건져 주셨으며, 그분의 거룩한 복음을 믿는 믿음 가운데 제가 행복하게 정착하도록 하셨고, 그리스도로 말미암아 그분의 사랑에 대한 제 관심을 불러일으키셔서 제가 하늘로부터 강력한 위로와 복된 증거들을 받게 하셨습니다. 주님의 이러한 사역 이후에, 유혹자는 다시 저를 찾아왔습니다. 그는 예전보다 더욱 가혹하고 끔찍한 유혹들을 가지고 제 앞에 나타났습니다.

133. 그 유혹은 "이 땅에 있는 그 어떤 것이라도 줄 테니, 가장 복되신 그리스도를 팔고 그분에게서 떠나라"고 하는 것이었습니다. 이런 유혹이 거의 1년이라는 긴 시간 동안 저를 쫓아다녔고, 끊임없이 제 뇌리에서 맴돌았습니다. 한 달에 단 하루도 이런 생각이 들지 않은 날이 없었고, 때로는 제가 잠들지 '않는 이상' 그 많은 날들 중에 단 한 시간도 이 생각에서 벗어난 적이 없었습니다.

134. 물론 제가 판단하기에, 한번 그리스도 안에 유효적으로(effectually) 들

어온 자들은 그분의 은혜로 말미암아 절대로 그리스도를 영원히 잃지 않을 것이라고 저는 확신하고 있었고, 이 확신은 제가 바라는 바이기도 했습니다. 하나님께서도 "토지를 영구히 팔지 말 것은 토지는 다 내 것임이니라"(레 25:23)고 말씀하셨습니다. 이런 사실들을 확신하고 있음에도 불구하고, 제 속에서는 저를 위해 그렇게도 많은 일들을 행하신 그리스도를 대적하고, 예수님을 대적하려는 생각을 하다니, 더군다나 '그 때 그분을 대적하던 제 생각들은 단순하게 그분을 싫어하는 정도가 아니라, 거의 신성모독적인 생각들'이라는 사실과 함께, 이런 이율배반적인 저의 생각들로 인해 제 마음은 계속해서 힘든 상태였습니다.

135. 제가 이런 생각을 한다는 것 자체가 싫었던 것입니다. 그러면서도 이런 생각에 맞선다거나, 적어도 이런 생각의 지속성이나 영향력이나 강도 등을 감소시킨다거나 아예 그 생각 자체를 털어내려는 노력이나 갈망조차 저는 하지 않았습니다. 그 생각은 항상 저와 함께 했습니다. 제가 무슨 생각을 하든 끼어들었습니다. 밥을 먹을 때든, 가는 못을 줍기 위해 몸을 구부릴 때든, 장작을 팰 때든, 눈을 들어 이리저리 둘러볼 때든, 무슨 일을 하든 항상 다음과 같은 유혹이 제게 엄습했습니다. "이것을 위해 그리스도를 팔아라. 저것을 위해 그리스도를 팔아라. 그를 팔아라, 그를 팔아라."

136. 어떤 때는 "그를 팔아라, 그를 팔아라, 그를 팔아라"고 하는 생각이 수백 번도 넘게 제 머리를 스치고 지나갔습니다. 매 순간 이 생각에 맞서 말하기는 했지만, 그래도 저는 이 생각을 대적하는 제 영혼에 어쩔 수 없이 지속적으로 의지할 수밖에 없었습니다. 하지만 제가 미처 의식하기도 전에 사악한 생각이 제 영혼에 들어왔고, 저는 주님을 대적하는 그 생각에 동의해 버렸습니다. 그러자 유혹자가 제게 와서는, 제가 악한 생각에 동의하였다고 믿

게 만들었습니다. 그렇게 해서 저는 몇날 며칠을 마치 고문대 위에 있는 것처럼 고통을 당했습니다.

137. 이런 유혹이 너무 두렵게 저를 몰아세웠지만, 분명히 말하건대, 저는 이 유혹에 동의하지도 않았고 제압당하지도 않았습니다. 다시 말해 저는 이 사악한 유혹에 대적하고 저항할 생각을 하고서, 제 마음에서 나오는 바로 그 힘을 의지하기 위해, '제 손이나 팔꿈치를' 앞뒤로 휘저었습니다. 저는 제 몸을 움직여 어떤 행동을 함으로써, "그를 팔아 버려라"고 하는 그 멸망자의 말에 즉각적으로 다음과 같이 대답했습니다. "나는 그렇게 할 수 없다. 나는 그러지 않을 것이다. 나는 그렇게 해서는 안 된다. 나는 절대 그렇게 못한다. 아니, 이 세상을 천 번, 만 번, 천만 번을 준다 해도 나는 그렇게 못한다." 제가 이렇게 대답한 것은, 혹시라도 제가 이런 공격을 받아 그분의 가치가 떨어지는 것은 아닐까 하는 염려 때문이었고, 이렇게 대답한 후로 저는 비로소 현재 제가 어떤 위치에 처해 있고, 어떻게 침착하게 대응해야 할지 제대로 알게 되었습니다.

138. 당시에 그 멸망자는 제가 음식을 편안히 먹도록 내버려 두지도 않았습니다. 실제로 제가 밥을 먹기 위해 식탁에 앉으면, 저는 기도하기 위해 그 자리에서 일어나야만 했습니다. 음식이 있는 식탁을 당장 떠나야만 했던 것입니다. 이 정도로 마귀는 거룩한 척 가장하는 것을 좋아하였습니다. 이런 유혹이 엄습할 때면, 저는 마음속으로 다음과 같이 말하였습니다. "지금 나는 밥을 먹고 있으니, 다 먹을 때까지 나를 건드리지 말라." 그러면 마귀는 "아니, 너는 지금 당장 기도하러 가야 한다. 그러지 않으면, 너는 하나님을 노엽게 하는 것이고, 그리스도를 멸시하는 것이다"라고 대꾸했습니다. 제가 이런 식으로 많은 고생을 한 것은 저의 악한 본성 때문이었는데, 이 악한 본성은 제

가 다음과 같이 생각하도록 만들었습니다. 즉, 식사 중이라도 당장 일어나 기도해야만 할 것 같은 이 충동은 하나님으로부터 온 것이므로, 만약 내가 이 충동을 거부한다면, 그것은 하나님을 거부하는 꼴이 될 것이고, 결국 하나님을 거부하는 것이기에 저는 죄책감에 휩싸였던 것입니다. 마귀의 유혹이었음에도 불구하고, 저는 그 명령에 순종하지 않으면 정말 하나님의 법을 범한 것 같다는 생각이 들 정도였습니다.

139. 간단한 예를 들면, 어느 날 아침 저는 다른 날과 마찬가지로 침상에 누워 있었습니다. 그 때 그리스도를 팔고 떠나라는 아주 극심한 유혹이 저를 또 공격하기 시작했습니다. 그 사악한 생각이 계속해서 떠오르면서, "그를 팔아라, 그를 팔아라, 그를 팔아라, 그를 팔아라"고 마치 옆에서 어떤 사람이 아주 빠르게 말하는 것처럼 제 귀에 들려 왔습니다. 이런 공격에 대해 저는 다른 때와 마찬가지로 마음속으로 "안 돼, 안 돼, 천만금, 백만금, 억만금을 준다 해도 안돼"라고 스무 번은 넘게 외쳤습니다. 소리를 지르며 대답하느라 거의 숨이 가쁠 정도로 저는 안간힘을 썼습니다. 그러다 문득 다음과 같은 생각이 제 마음을 스치고 지나갔습니다. "그분께서 나를 떠나시기를 원한다면, 떠나가시게 하자!" 아차, 그 순간 저는 제 마음이 '자원하는 심정으로' 이 마귀의 제안에 동의했다는 것을 깨달았습니다. 오, 사탄의 부지런함이여! 반면 오, 인간 마음의 절망적인 상태여!

140. 드디어 전쟁은 끝이 나고, 저는 마치 나무 꼭대기에 있다가 총에 맞아 땅으로 곤두박질치는 한 마리 새처럼 엄청난 죄책감과 끔찍한 절망감에 사로잡히게 되었습니다. 저는 침상에서 일어나 완전히 풀이 죽은 채 들판으로 뛰쳐나갔습니다. 마땅히 죽어야만 될 운명의 한 인간이 감당해야 하는 그 무거운 마음은 오직 하나님만 아실 것입니다. 그 때 제 생각이 그러하였습니다.

그 들판에서 두 시간 정도 누워 있었습니다. 저는 마치 목숨이 떨어져 나간 사람 같았습니다. 이제 회복될 모든 가능성은 사라져 버렸고, 영원한 형벌만이 저를 기다리고 있었습니다.

141. 그런데 그 때, 다음과 같은 성경 말씀이 제 영혼을 사로잡았습니다. "음행하는 자와 혹 한 그릇 음식을 위하여 장자의 명분을 판 에서와 같이 망령된 자가 없도록 살피라. 너희가 아는 바와 같이 그가 그 후에 축복을 이어받으려고 눈물을 흘리며 구하되 버린 바가 되어 회개할 기회를 얻지 못하였느니라"(히 12:16-17).

142. 이제 저는 결박당한 채, 장차 다가올 심판만이 눈앞에 보이는 것 같았습니다. 총 2년 동안 저는 저주와 함께 거했으며, 제가 기대한 것은 예상된 저주밖에 없었습니다. 다시 한 번 말하지만, 그 당시 저와 함께 했던 것은 바로 이 저주밖에 없었습니다. 제게 저주 외에 다른 것은 하나도 없었습니다. 물론 한 몇 달 정도는 안도의 시기도 있었지만, 나머지 다른 날들은 그러지 못했습니다. 이 안도의 시기에 대해서는 앞으로 여러분이 보게 될 것입니다.

143. '그리스도를 팔고 떠나라'는 이 말은 제 영혼을 옭아맸는데, 마치 제 두 다리에 차인 쇠로 만든 차꼬 같았습니다. 그 음성은 거의 수 개월 동안 제 귀에 계속해서 들려왔습니다. 그러한 죄책감으로 인해 슬픔으로 가득한 날들을 보내던 중, 어느 날 아침 한 열 시나 열한 시 쯤 되어서 산울타리 밑을 지나가고 있을 때, 하나님께서는 이렇게 힘든 운명의 시간을 한탄하며 지내던 저를 아시고는, 다음과 같은 생각이 불현듯 제 마음속에 일어나도록 하셨습니다. 제 마음의 문에 빗장을 지른 그 생각은 바로 "모든 죄가 그리스도의 보혈로 용서받는다"는 한 문장이었습니다. 이 생각으로 인해 제 영혼은 그 자

리에 멈추어 섰습니다. 이 생각과 함께 다음과 같은 성경 말씀이 제 마음을 사로잡기 시작하였습니다. "그 아들 예수의 피가 우리를 모든 죄에서 깨끗하게 하실 것이요"(요일 1:7).

144. 그제야 제 영혼에 평안이 깃들기 시작하였습니다. 제가 보기에 그 유혹자는 자신이 행한 일들을 부끄러워하면서 저를 짓궂게 노려보며 도망치는 것 같았습니다. 그와 동시에 저의 죄와 그리스도의 보혈이 제 눈에 들어왔습니다. 하지만 제 죄를 그리스도의 보혈과 비교해 보니, 제가 지은 죄는 아무것도 아니었습니다. 다시 말해, 그 죄는 지금 제가 보고 있는 이 광활하고도 거대한 들판에 있는 작은 돌멩이 하나에 불과했던 것입니다. 이런 생각을 하면서 저는 두어 시간 정도 큰 힘을 얻었습니다. 그 시간에 저는 저의 죄 때문에 고난 받으신 하나님의 아들을 믿음의 눈으로 바라보았습니다. 하지만 이런 시간도 그리 오래 지속되지는 않았습니다. 제 영혼은 극도의 죄책감으로 또다시 낙담하게 되었습니다.

145. 제가 다시 낙담하게 된 주된 이유는 앞에서 언급한 성경 말씀, 즉 에서가 자신의 장자 명분을 판 것과 관련된 말씀 때문이었습니다. 그 말씀은 하루 온 종일이 아니라, 일주일 내내, 아니 일 년 내내, 제 마음에서 떠나지 않고 계속해서 저를 낙담하게 만들었습니다. 저는 도저히 제 자신을 일으킬 재간이 없었습니다. 이런저런 성경 말씀들로 스스로 위안을 받아보고자 노력하였지만, 여전히 다음과 같은 성경 말씀만 제 귓가에서 맴돌았습니다. "너희가 아는 바와 같이 그가 그 후에 축복을 이어받으려고 눈물을 흘리며 구하되 버린 바가 되어 회개할 기회를 얻지 못하였느니라"(히 12:17).

146. 때로는 "내가 너를 위하여 네 믿음이 떨어지지 않기를 기도하였노

니"(눅 22:32) 라는 말씀에서 제가 감동을 받기도 하였습니다. 그러나 그 말씀은 제 속에 그리 오래 머무르지 못했습니다. 사실, 제가 제 상태를 생각해 볼때, 다시 말해 나처럼 죄를 많이 지은 사람 안에도 그런 은혜를 받을 만한 뿌리가 조금이라도 남아 있을지를 생각해 볼 때, 제 속에는 그런 은혜를 받을만한 근거가 전혀 없는 것 같다는 생각이 들었습니다. 그래서 저는 찢기고 상한 무거운 마음으로 수일 동안 그렇게 지냈습니다.

147. 그 때 저는 슬프고 신중한 마음으로, 제가 지은 죄의 본질과 그 추악함을 생각하기 시작했습니다. 그러면서도 저는 혹시 제가 안도할 수 있는 어떤 약속의 말씀이나 격려의 말씀을 발견할 수 있지는 않을까 하는 바람으로 하나님의 말씀을 찾아보았습니다. 그래서 제가 묵상하기 시작한 것이 바로 "내가 진실로 너희에게 이르노니 사람의 모든 죄와 모든 모독하는 일은 사하심을 얻되"(막 3:28)라는 말씀이었습니다. 처음에 이 말씀은 극악한 범죄라도 용서해 주시는 크고 영광스러운 약속이 포함된 것처럼 보였습니다. 하지만 이 말씀의 전후 문맥을 좀 더 살펴보았을 때, 이 말씀은 자연적인 상태에 있는 사람들에게, 즉 28절에서 언급된 바와 같이 평범한 죄를 저지른 사람들에게 주로 해당되는 것으로 이해되었습니다. 따라서 최소한 제게는 해당되지 않는 말씀 같았습니다. 다시 말해, 예전에 빛과 은혜를 받았으면서도 이 빛과 은혜를 대적하여 그리스도를 경시한 제가 범한 그런 죄에는 전혀 해당되지 않는 말씀으로 저는 이해하였던 것입니다.

148. 그래서 제가 행한 이 사악한 죄는 그 다음 절에서 언급하고 있는 용서받지 못할 죄일지도 모른다는 생각에 저는 두려웠습니다. "누구든지 성령을 모독하는 자는 영원히 사하심을 얻지 못하고 영원한 죄가 되느니라 하시니"(막 3:29). 아무리 생각해도 이 말씀이 제게 해당되는 것 같았습니다. 왜냐

하면 다음과 같은 히브리서의 말씀도 일반적인 말씀이었기 때문입니다. "너희가 아는 바와 같이, 그가 그 후에 축복을 이어받으려고 눈물을 흘리며 구하되, 버린 바가 되어 회개할 기회를 얻지 못하였느니라"(히 12:17). 이 말씀이 항상 제 뇌리에서 잊히지 않았습니다.

149. 이런 두려움이 엄습하자, 제게는 제 자신이 짐이자 공포로 다가왔습니다. 제 자신에 대해서 지금까지 한 번도 그렇게 생각하지 않았었는데, 이제는 이런 삶을 살아온 제 인생이 싫어졌습니다. 하지만 죽는 것 또한 무서웠습니다. 오, 내가 내 자신이 아니라, 어떤 다른 사람이었으면 얼마나 좋을까! 사람이 아닌 다른 피조물이었다면! 내가 현재 이런 상태가 아니라 다른 상태였다면! 제 허물은 용서받기도 불가능한 죄악이고, 장차 임할 진노를 피하기도 불가능하다는 생각만 하루에도 열두 번은 더 제 마음을 스치고 지나갔습니다.

150. 그래서 저는 지나간 세월들을 다시 회상해 보는 수고를 하기 시작했습니다. 내가 시험을 받아 그런 죄를 범한 날이 아직 오지 않았더라면 하고 바라면서, 수천 번도 더 이 말을 되뇌어 보기도 하였습니다! 결과적으로 저는 저를 공격하던 모든 공격자들과 제 마음에 대해 크게 화를 내면서, 그 시험에 동의하기보다 차라리 내 몸이 갈가리 찢기기를 바랐더라면 더 좋았을 텐데 하는 생각까지 했습니다. 그러나 애석하게도! 이런 생각들과 소원들과 결심들은 이제 아무 소용도 없었고, 저를 돕기에는 너무 늦은 것들이었습니다. 마음속으로는 하나님께서 나를 떠나셨기에 내가 넘어진 것이라는 생각도 해보았습니다. 그러자, 오! 다음과 같은 성경 말씀이 떠올랐습니다. "나는 지난 세월과 하나님이 나를 보호하시던 때가 다시 오기를 원하노라"(욥 29:2).

151. 하지만 이런 상태로 제가 멸망하는 것은 죽기보다 더 끔찍이 싫은 일이었기에, 저는 다시 내 죄와 다른 사람들의 죄를 비교해 보기 시작했습니다. 내가 행한 것과 같은 범죄를 저지르고도 구원받은 사람이 있는지 저는 확인해 보고 싶었습니다. 그래서 저는 먼저 다윗이 저지른 간음죄와 살인죄에 대해 생각해 보았습니다. 역시 이 죄악들은 가장 가증스러운 죄악들임이 분명하였습니다. 게다가 다윗이 범한 이 죄악들은 그가 빛과 은혜를 받은 이후에 저지른 범죄였습니다. 하지만 제 생각에 그의 범죄는 모세의 율법을 대적한 것이었기 때문에, 그리스도이신 주님께서 자신의 말씀을 따라 그를 건지실 것으로 여겨졌습니다. 하지만 제가 저지른 범죄는 복음을 대적한 것이었습니다. 다시 말해, 저는 진실로 복음의 중보자 되신 그분을 대적했던 것이고, 따라서 '나는 나의 구세주를 판 죄인'이었던 것입니다.

152. 저를 사로잡고 있던 이 죄책감과 함께, 내게는 은혜도 없고, 이제 어떻게 해야 할지 막막한 생각이 들자, 저는 다시 형차(刑車, Racked or broken upon the wheel, 프랑스에서 공식적으로 사용된 사형 집행도구로, 큰 바퀴에 사람을 결박한 후 바퀴를 굴려서 사지를 찢어 죽이는 고문대—원주[原註])에 매달린 것 같은 마음이 되고 말았습니다. 저는 다음과 같이 생각했습니다. 정말 이것이야말로 죄이지 않은가? 이것이 바로 그 큰 죄과이지 않은가?("또 주의 종에게 고의로 죄를 짓지 말게 하사 그 죄가 나를 주장하지 못하게 하소서. 그리하면 내가 정직하여 '큰 죄과'에서 벗어나겠나이다"[시 19:13]). 악한 자가 만진다는 것이 바로 이것이지 않은가?("하나님께로부터 난 자는 다 범죄하지 아니하는 줄을 우리가 아노라 하나님께로부터 나신 자가 그를 지키시매 '악한 자'가 그를 만지지도 못하느니라"[요일 5:18]). 오, 제가 찾은 이 모든 성경 말씀들은 구구절절이 제 마음을 얼마나 아프게 찔러댔는지 모릅니다!

153. 저는 또 다음과 같이 생각하였습니다. 용서받지 못할 죄가 도대체 이

한 가지 죄뿐이겠는가? 하나님의 은혜가 미치는 범위 밖으로 영혼을 내모는 한 가지 죄가 있는데, 바로 그 죄를 내가 범했단 말인가? 그것은 분명 사실인가? 수백만 가지 죄악 가운데, 절대로 용서받지 못할 죄가 딱 하나 있는데, 그 죄를 내가 범했단 말인가? 오, 가련한 죄악이여! 오, 가련한 인생이여! 이런 생각들로 제 영혼은 찢어지는 것 같았고 혼란스러웠습니다. 그래서 저는 도대체 무엇을 해야 할 지 전혀 알 수가 없었습니다. 때로는 이런 생각들로 미쳐 버릴 것만 같았습니다. 저의 비참함은 여기서 그치지 않았습니다. 설상가상으로 다음과 같은 말씀도 제 마음에 요동쳤습니다. "너희가 아는 바와 같이 그가 그 후에 축복을 이어받으려고 눈물을 흘리며 구하되 버린 바가 되어 회개할 기회를 얻지 못하였느니라"(히 12:17). 오! 그 당시 제 자신이 겪은 그 공포는 그 누구도 감히 알지 못할 것입니다.

154. 이 일이 있은 후, 저는 자기 스승을 부인하는 죄를 범한 베드로의 죄악에 대해 생각해 보게 되었습니다. 제가 찾아본 많은 사례들 가운데서 이 베드로의 경우가 진실로 저와 가장 비슷한 사례로 보였습니다. 왜냐하면 베드로도 제 경우와 마찬가지로 빛과 은혜를 받은 후에 자기 주님을 부인하였기 때문입니다. 게다가 그는 자신에게 경고가 주어진 후에도 다시 동일한 죄를 범하였습니다. 다시 말해, 베드로는 첫 번째로 주님을 부인한 후에 자신을 살필 시간이 있었음에도 불구하고, 다시 동일하게 행동했다는 것입니다. 그는 주님을 한 번이 아니라, 두 번씩이나 부인하였다는 사실에 저는 주목하였습니다. 베드로의 이 모든 상황들을 종합적으로 고려하면서, 저는 그럭저럭 위로를 받았습니다. 하지만 저는 또 다음과 같은 생각을 했습니다. 베드로의 범죄는 구세주를 부인한 것뿐이지만, 나의 죄는 구세주를 판 것이지 않은가 하는 생각이 들었던 것입니다. 그래서 제 경우는 다윗이나 베드로의 경우가 아니라, 가룟 유다에 더 가깝다는 생각을 했습니다.

155. 생각이 여기까지 미치자, 나의 고통과 아픔은 불길처럼 강하게 일었습니다. 하나님께서 다른 사람들은 다 보호해 주시면서도, 유독 나만 올무에 넘어지게 하신다는 생각이 들자, 그 고통은 비유로 말하자면, 마치 제 자신이 산산이 부서져 가루가 되는 것 같은 아픔으로 다가왔습니다. 왜 그런가 싶어 다른 사람들의 죄와 저의 죄를 비교해 보았습니다. 그랬더니 하나님께서는 다른 사람들을 그들의 사악함에도 불구하고 보호해 주셔서, 그들이 멸망의 자녀가 되지 않게 하셨지만, 반면 저는 멸망의 자녀가 되도록 내버려 두셨다는 사실을 분명히 알 수 있었습니다.

156. 하나님께서는 이처럼 자기 백성을 보호하고 계셨습니다. 오, 그 때처럼 제 영혼이 하나님의 보호하심을 크게 찬양한 적은 없었던 것 같습니다! 아, 하나님의 보살핌을 받는 이들이 얼마나 안전하게 살아가고 있는지 저는 그 때 보았습니다! 그들은 그분의 보살핌과 보호와 특별한 섭리 가운데 있었습니다. 비록 그들이 본성적으로는 저처럼 아주 악했지만, 그럼에도 불구하고 하나님께서는 그들을 사랑해 주셔서 그들이 은혜의 범위 밖으로 떨어지지 않도록 하셨던 것입니다. 반면에 저는 완전히 타락하여 이미 끝이 난 상태였습니다. 그래서 그분은 저를 보호해 주지도 않고 지켜 주지도 않으셨습니다. 오히려 저는 고통만 받았습니다. 왜냐하면 저는 버림받은 자였으며, 제가 이미 행한 대로 넘어진 자였기 때문입니다. 하나님께서 자기 백성들을 지키신다는 복된 말씀들이 제 앞에서 해같이 빛났지만, 그 말씀이 제게 위로가 되기는커녕, 주님으로부터 복 받은 자들이 누리는 복된 상태와 유업들만 제 눈에 보였습니다.

157. 이제 제가 알게 된 것은 다음과 같은 사실이었습니다. 즉, 하나님의 손에는 모든 섭리와 경륜이 있어서 그것으로 그분 자신이 택한 자들을 돌보십

니다. 이와 마찬가지로 그분의 손에는 모든 시험들이 있어서, 그 시험으로 사람들이 그분 자신을 대적하는 죄를 범하도록 내버려 두십니다. 하지만 그분께서 그러시는 이유는 그들을 사악한 자들로 만들려는 것이 아니라, 그들이 이 시험을 통해 고난을 받도록 하려고 당분간 그런 죄를 짓도록 내버려 두는 것입니다. 그렇다고 해서 그들이 멸망할 정도로 내버려 두는 것은 아닙니다. 그저 그들이 겸손해질 정도로만 내버려 두는 것입니다. 또한 그분의 은혜가 그들을 그냥 통과하려는 것이 아니라, 잘못된 길에 들어선 그들이 그분의 은혜를 다시 새롭게 누리도록 하려는 것입니다. 오, 하나님께서 자기 백성들을 인도하는 그 모든 길에 있는 그 사랑, 그 돌보심, 그 인애, 그 은혜가 얼마나 큰지, 저는 이제야 알게 되었습니다. 그러나 오, 그 모든 길에는 가장 엄격하고도 두려운 인도하심이 함께 한다는 것도 저는 깨닫게 되었습니다! 하나님께서는 다윗, 히스기야, 솔로몬, 베드로와 그 밖의 다른 사람들이 넘어지도록 내버려 두셨습니다. 하지만 그들이 용서받지 못할 죄악으로 넘어진다거나 죄로 인해 지옥에 떨어질 정도로는 내버려 두지 않으셨습니다. 오! 저는 생각하였습니다. 이 사람들이 바로 하나님의 사랑을 받은 자들이라고 말입니다. 비록 징계를 받기는 하였으나 그럼에도 하나님께서 사랑하셨고, 하나님으로부터 안전하게 보호하심을 받았으며, 전능자의 그늘 아래에 거했던 자들이 바로 이들이었기 때문입니다.

그러나 이 모든 생각들을 하면 할수록, 제 슬픔과 눈물과 두려움은 더욱 더 커질 뿐이었습니다. 그런 생각들이 저를 죽이는 것 같았습니다. 하나님께서 자기 백성을 어떻게 보호하셨는지를 생각만 하면, 그 생각이 저의 목을 조르는 것 같았습니다. 그와 반대로 나 자신이 얼마나 타락하였는지를 생각만 하면, 그 생각 또한 저의 목을 조르는 것 같았습니다. 하나님의 뜻대로 부르심을 입은 자들에게는 모든 것이 합력하여 최고의 상태로, 다시 말해 선을 이루는 것처럼, 나에게는 모든 것이 해를 끼친다고, 다시 말해 나의 영원한 몰락을 이룬다고 저는 생각했습니다.

158. 이런 생각이 들자, 저는 저의 죄와 가룟 유다의 죄를 다시 비교하기 시작하였습니다. 솔직히 말하면, 혹시라도 용서받지 못할 죄를 지은 유다의 죄와 제가 지은 죄가 다르지 않을까 하는 확인을 하고 싶었던 것입니다. 오! 내 죄가 유다의 죄와 비교해서 머리카락 한 올 두께만큼이라도 '다르기만 하다면', 내 영혼은 얼마나 행복하겠습니까! 이것이 그 당시 제 심정이었습니다. 제가 심사숙고해 본 결과, 유다의 죄는 자기의 뜻에 따라 저지른 죄였지만, 제가 범한 죄는 제가 한 '기도와' 노력에 반하는 죄였습니다. 또한 유다의 죄는 충분한 숙고 후에 저지른 것이었으나, 저의 죄는 두려운 마음에 충동적으로 갑작스럽게 범한 것이었습니다. 저는 이런 생각을 '하는 내내' 때로는 걱정하기도 했고 또 때로는 슬퍼하기도 했는데, 마치 메뚜기가 뛰는 것처럼 제 마음은 이리저리 요동하면서 갈피를 잡지 못했습니다. 여전히 제 귀에는 에서의 타락을 전하는 음성, 즉 "너희가 아는 바와 같이, 그가 그 후에 축복을 이어받으려고 눈물을 흘리며 구하되, 버린 바가 되어 회개할 기회를 얻지 못하였느니라"(히 12:17) 하는 말씀과 그 끔찍한 결과들이 들려왔습니다.

159. 그래도 저는 유다의 죄가 어떤 죄였는지를 생각하면서 한동안은 마음에 위안을 얻었습니다. 왜냐하면 정황상 저는 유다의 죄처럼 그렇게 부정한 죄는 범하지 않았음을 알았기 때문입니다. 그러나 이런 생각도 즉시 사라져 버렸습니다. 용서받지 못할 죄악은 한 가지가 아니라 여러 가지 죄악일 수 있다는 생각이 들었기 때문입니다. 그리고 이 용서받지 못할 죄도 다른 죄들과 마찬가지로 죄의 등급들이 있는 것은 아닐까 하는 생각도 들었습니다. 더구나 내가 저지른 부정한 일들이 절대 묵과할 수 없는 죄일 수도 있겠다는 생각까지 했지만, 정말 그러한지는 알 수 없었습니다.

160. 내가 유다처럼 추한 사람일 수도 있겠다는 생각에 때때로 저는 제 자신이 부끄러웠습니다. 심판 날에 모든 성도들 앞에서 내가 얼마나 가증스러운 자로 비쳐질까 하는 생각도 하였습니다. 선한 양심을 가진 것으로 알고 있는 선한 사람의 얼굴을 저는 지금도 똑바로 쳐다보지 못하는데, 심판자이신 그 선하신 분 앞에 서면 제 마음은 얼마나 두려워 떨겠습니까. 오! 이제 저는 하나님과 동행하는 영광을 알게 되었고, 그분 앞에서 선한 양심을 갖는 것이 얼마나 은혜로운 일인지도 깨닫게 되었습니다.

161. 그 무렵 저는 몇몇 잘못된 견해를 받아들임으로써, 제 자신에게 만족하고 싶은 유혹을 받았습니다. 그 잘못된 견해들을 살펴보면 다음과 같습니다. 즉, 심판 날과 같은 것은 있을 수 없으며, 우리는 다시 부활할 수 없고, 죄는 그렇게 심각한 것이 아니라는 생각들이었습니다. 유혹자는 제게 다음과 같이 제안하였습니다. "잘못된 견해로 보이는 이런 생각들은 정말 옳은 것인데도 불구하고 네가 다르게 믿는다니. 너의 그 믿음이 당분간은 네게 안식을 줄지도 모르겠다. 하지만 네가 반드시 멸망할 존재라면, 미리 네 자신을 그렇게 심하게 학대하지 마라. 무신론자들(Atheists)과 랜터파(Ranters)들이 자신의 입장을 정리하는데 사용하는 몇몇 결론들을 마음에 간직하면서, 지금까지 번민하던 그 저주받을 생각들을 네 마음에서 제거해 버려라."

162. 오! 이런 생각들이 제 마음에 생기자마자, 다시 말해 이런 생각들이 제 속에서 한 걸음을 떼자마자, 사망과 심판이 제 눈앞에 펼쳐졌습니다! 제 생각에 심판이 집 문 앞에 다가온 것 같았습니다. 아니, 이미 제 앞에 임한 것만 같았습니다. 그래서 그 거짓 주장들은 제 속에서 전혀 환영받지 못했습니다. 지금 생각해 보니, 이를 통해 제가 알게 된 사실은 사탄은 어떤 수단을 써서라도 영혼들을 그리스도에게서 떼어 놓으려고 한다는 것이었습니다. 왜

냐하면 사탄은 영혼이 깨어 있는 상태를 싫어하며, 안심, 몽매(蒙昧), 어둠, 오류 등이 그 사악한 자가 거주하는 장소이자 사탄의 나라이기 때문입니다.

163. 저는 하나님께 기도하는 것조차 힘든 일이라는 것을 그 때 깨달았습니다. 왜냐하면 그 때는 절망이 저를 삼키고 있었으며, 폭풍우 같은 거센 바람이 저를 하나님에게서 멀리 내치는 것만 같았기 때문입니다. 그래서 하나님께 은혜를 간구할 때마다 다음과 같은 생각이 항상 제 마음속에 들어왔습니다. "이미 너무 늦었다. 나는 이미 버림받은 사람이야. 하나님께서 나를 넘어지게 하신 것은, 나를 바로잡아 주시려는 것이 아니라 나를 정죄하기 위함이었어. 내가 지은 죄는 용서받지 못할 죄악이었다. 에서와 관련된 일을 나도 잘 알고 있지 않은가. 에서는 자기가 가지고 있던 장자의 명분을 판 이후에 다시 축복을 받기를 원했지만 결국 거절을 당하지 않았나."

이즈음에 저는 비참하게 죽음을 맞이한 프란체스코 스피라(Francesco Spiera, 1502~1548, 개신교인이었던 이탈리아 법학자로서 그의 죽음과 관련된 이야기들은 많은 종교 소책자들의 주제가 되어왔다─역주)에 관한 끔찍한 이야기를 우연히 읽게 되었습니다. 그 책은 고민하다가 생채기가 난 제 영혼을 소금으로 문질러 새롭게 상처를 내는 것 같았습니다. 그 책에 기록된 모든 문장들, 그 저자가 내는 모든 신음소리들, 그와 함께 그의 비애를 엿보게 하는 그의 모든 일거수일투족들, 즉 그가 흘리는 눈물들, 그가 드리는 기도들, 그가 이를 가는 것과 두 손을 움켜쥐는 것과 자신에게 가해진 하나님의 강한 손 아래에서 꼬이고 비틀리면서 쇠약해져 야위어가는 그 모든 모습들은 제 영혼에 단도(短刀)와 비수(匕首)처럼 꽂혔습니다. 특별히 저자가 쓴 다음의 문장은 제게 너무나 무서운 이야기였습니다. 그러자 이 모든 이야기들의 결론으로 앞서 인용한 성경 말씀이 마치 불타는 번개처럼 다시 제 양심에 내리 꽂혔습니다. "너희가 아는 바와 같이, 그가 그 후에 축복을 이어받으려고 눈물을 흘리며 구하되,

버린 바가 되어 회개할 기회를 얻지 못하였느니라"(히 12:17).

164. 그 이후로 저는 낙담하던 시기의 여느 때와 마찬가지로, 하루 종일 아주 극심한 두려움에 휩싸였습니다. 가장 무서운 죄와 용서받지 못할 죄를 범한 자들에게 내려지는 하나님의 끔찍한 심판을 느끼면서, 제 마음뿐 아니라 몸까지 흔들려 저는 비틀거릴 정도였습니다. 이런 두려움으로 인해 저는 아주 심한 소화불량에 걸렸으며, 배에 열이 나기도 했습니다. 특히 가슴뼈가 부서져 산산조각 나는 것처럼 아플 때도 가끔 있었습니다. 그 때 저는 그 몸이 곤두박질하여 배가 터져 창자가 다 흘러나온 가룟 유다가 생각났습니다 (행 1:18).

165. 계속되는 공포와 두려움 속에서, 동생 아벨의 피를 흘린 죄에 대한 벌로 하나님께서 가인에게 무거운 죄 짐을 지우셨다는 것과, 그 죄 짐은 자신이 행한 죄에 대한 징표라는 사실을 깨닫게 되었습니다. 그러자 저는 더욱더 무서워졌습니다. 제게 지워진 죄 짐, 다시 말해 저를 그렇게도 심하게 압박하는 그 죄 짐으로 인해 저는 숨을 쉴 수 없었으며, 제 몸은 비틀어져 야위어만 갔습니다. 저는 서 있을 수도 없었고, 걸을 수도 없었고, 누울 수도 없었으며, 심지어 가만히 쉴 수도 없었습니다.

166. 그 당시에는 다음과 같은 말씀도 제 마음에 가끔 생각났습니다. "주께서 높은 곳으로 오르시며 사로잡은 자들을 취하시고 선물들을 사람들에게서 받으시며 반역자들로부터도 받으시니"(시 68:18). 이 말씀에서 저는 "반역자들"에 대해 생각해 보았습니다. 여기서 반역자들이란, 한때 자기 군주의 지배를 받던 자들을 말합니다. 좀 더 정확히 말한다면, 자신을 다스리던 자에게 충성을 맹세한 후에 무장하여 그 군주를 대적한 자들을 일컫는 것이 분

명합니다. 그런데 제가 생각해 보니, 이 반역자들의 처지가 바로 저의 처지와 아주 똑같은 것 같았습니다. 자, 보십시오. 한때 저는 그분을 사랑하고 경외하며 그분을 섬겼습니다. 하지만 지금 저는 반역자가 되어 그분을 팔았습니다. 그리고 저는 다음과 같이 말하기도 하였습니다. "그분이 그렇게 원하시면, 원하는 대로 하셔야겠지. 그런데 그분께서는 반역자들로부터 선물을 받으셨다면서, 왜 내가 드리는 선물은 받지 않으시는 건가?"

167. 가끔 저는 이런 의문을 제기하면서, 이것이 저에게 작은 위안이 되지는 않을까 싶어 이 질문을 절대 포기하지 않았습니다. 그렇다고 해서 제게 이 질문의 답을 끝까지 찾아보겠다는 간절함이 있었던 것도 아니었습니다. 그러다가 저는 어떤 강한 힘에 떠밀려 그 질문을 한편으로 제쳐놓게 되었습니다. 저는 마치 처형대로 끌려가는 한 명의 죄수 같았습니다. 보통 죄수들은 처형장에 들어갈 때 남에게 들키지 않도록 몰래 숨어서 자신을 감추려고 하는데, 저는 그마저도 할 수 없는 죄수 같았습니다.

168. 또다시 저는 성도들 한 사람 한 사람의 죄악들을 생각해 보았습니다. 그리고 역시 제가 지은 죄는 그들이 범한 죄악보다 훨씬 더 크다는 것을 알게 되었습니다. 그러자 제 마음에는 다음과 같은 생각들이 떠오르기 시작하였습니다. "그 성도들이 지은 모든 죄악들과 내가 혼자서 지은 죄를 양쪽에 놓고 비교해 본다면, 이것을 통해 나는 어떤 위로를 얻을 수 있지 않을까? 비록 내가 지은 죄가 다른 사람들이 지은 죄보다 더 많다 하여도, 내가 범한 죄의 양이 다른 사람들이 지은 모든 죄를 다 합한 것 정도의 양이라면, 그렇다면 내게도 소망이 있는 셈이다. 왜냐하면 그리스도의 보혈 '그 안에는' 모든 성도들이 지은 죄를 깨끗이 씻기에 충분한 능력이 있어서, 비록 개인으로 보아서는 내 죄가 다른 사람들의 죄보다 크지만, 그들의 죄를 다 더한 것보다

는 내 죄가 크지 않을 것이기 때문에, 그리스도의 보혈은 나의 죄 정도는 깨끗이 할 수 있는 능력이 충분히 있을 것이다.”

생각이 여기까지 이르자, 저는 다윗의 죄, 솔로몬의 죄, 므낫세의 죄, 베드로의 죄와 다른 중죄인들의 죄를 다시 생각해 보았습니다. 그러고는 그들의 다양한 상황들을 고려한다고 하면서도 그들의 죄악을 좀 더 심한 것으로 부각시키려는 수고를 아끼지 않았습니다. 그 당시의 제 심정을 아주 냉정하게 평가하자면, 사실 저는 그들의 죄악을 좀 더 부정적으로 과장해서 보았습니다. 하지만 애석하게도! 이 모든 일들은 허사로 끝나고 말았습니다.

169. 다윗은 자신의 간음을 은폐하기 위해서 암몬 자손의 칼로 무고한 피를 흘리게 하였는데, 이런 범죄는 지속적이고 의도적인 계획 없이는 불가능하다고 저는 생각했습니다. 이것이 바로 다윗의 죄 가운데 아주 치명적인 부분이었습니다. 생각이 여기까지 미치자, 이번에는 제 상황이 생각났습니다. 아! 다윗의 이러한 죄들은 율법을 대적하여 범한 것이기에, 보내심을 받은 예수님이 오셔서 그를 구원해 주셨지만, 내가 범한 죄는 구세주를 대적한 것인데, 도대체 누가 나를 이 죄에서 구원해 줄 수 있겠는가 하는 생각이 들었습니다.

170. 다음으로 솔로몬이 생각났습니다. 그는 이방 여인들과 사랑에 빠져 죄를 범하였으며, 그들의 우상을 좇느라 여호와 신앙을 저버렸고, 그들에게 신전까지 세워 주었습니다. 더구나 이 모든 일들은 솔로몬이 노년에, 즉 빛을 받은 후에 지은 죄였을 뿐 아니라 큰 은혜를 받은 후에 저지른 죄이기도 했습니다. 앞서 다윗의 경우와도 달랐던 나의 상황은 이번 솔로몬과의 비교에서도 동일한 결론을 내리게 되었습니다. 즉, 솔로몬이 범한 모든 죄악들은 율법을 대적하여 범한 것이며, 이 죄에 대한 치유책은 이미 하나님께서 제공

해 주셨습니다. 하지만 나는 내 구세주를 팔아먹었기에, 이 죄를 속하기 위한 더 이상의 희생 제물은 남아 있지 않다고 저는 생각하였습니다.

171. 저는 추가로 다른 사람들의 죄, 즉 므낫세의 죄악을 생각해 보았습니다. 그는 여호와의 성전 마당에 하늘의 일월성신을 위하여 제단들을 쌓고, 점을 치고, 사술을 이용하고, 신접한 자와 박수를 신임하면서 자신이 신접하여 부리는 영들과 친밀하였을 뿐 아니라, 자기 아들을 마귀의 희생 제물로 삼아 불 가운데로 지나게 하고, 예루살렘 거리를 무죄한 자들이 흘린 피로 홍건히 적시도록 한 죄를 범하였습니다. 제가 생각하기에도 이런 것들은 정말 큰 죄악이며, 글자 그대로 핏빛 유혈이 낭자한 죄악이었습니다. 진실로 이번에도 어김없이 제 상황이 생각났습니다. 므낫세가 행한 이 모든 죄악들은 본질적으로 내가 범한 죄악들과 전적으로 다른 것으로서, 나는 예수님을 떠나 나의 구세주를 팔았다는 생각이 들었습니다.

172. 이 한 가지 생각이 항상 제 마음의 목을 졸랐습니다. 제 죄는 나의 구세주를 직접 겨냥한 죄였으며, 저는 끝없이 교만하여 마음으로 "그분이 그렇게 원하시면, 원하시는 대로 하셔야지"라는 말도 서슴지 않고 했던 것입니다. 오! 이 죄야말로 한 지방의 죄, 한 나라의 죄, 온 세상의 죄를 다 합한 것보다 더 큰 죄이고, 결코 용서받을 수 없는 죄이며, 용서받을 수 없는 모든 종류의 죄들을 다 합쳐 놓아야 비로소 비슷한 수준이 되는 죄이기에, 이런 점에서 내 죄는 모든 사람이 짓는 죄를 능가하고, 타의 추종을 불허하는 것이라고 생각했습니다.

173. 제 마음은 그 무서운 심판장의 얼굴을 한 하나님의 얼굴을 피해 도망치고 싶을 뿐이었습니다. 하지만 이것이 바로 저의 고통이었습니다. 저는 그

분의 손길을 벗어날 수 없었기 때문입니다. "살아 계신 하나님의 손에 빠져 들어가는 것이 무서울진저"(히 10:31). 그러나 이렇게 공중에 나부끼는 것 같은 이 죄악들 가운데서도 복되신 그분의 은혜가 성경 말씀에 이른 바와 같이 저를 쫓아오며 부르는 것만 같았습니다. "내가 네 허물을 빽빽한 구름 같이, 네 죄를 안개 같이 없이하였으니, 너는 내게로 돌아오라 내가 너를 구속하였음이니라"(사 44:22). 이 말씀은 제가 하나님의 얼굴을 피해 도망칠 때마다 제 마음에 떠올랐습니다. 사실대로 말하자면, 저는 그분의 얼굴을 피해 달아나려고 했고, 제 마음과 영혼도 그분 앞에서 도망치려고 하였습니다. 하지만 그분의 위엄으로 말미암아 그런 일을 할 수 없었습니다(욥 31:23). 그러자 "너는 내게로 돌아오라"는 성경 말씀이 제게 큰 소리로 들려왔습니다. "너는 내게로 돌아오라 내가 너를 구속하였음이니라"는 말씀이 아주 큰 음성으로 너무나 분명하게 제 귀에 들려왔던 것입니다. 사실, 제 귀에 들리는 이런 음성으로 인해서 저는 가던 길을 멈추고 잠시 서서는, 은혜의 하나님이 손에 용서장을 들고 저를 뒤쫓아 오시는 것은 아닌가 하여 어깨 너머로 고개를 돌려보기도 하였습니다.

하지만 이런 마음도 잠시 뿐, 이내 모든 것은 다음과 같은 말씀이 생각나면서 원상태로 돌아갔습니다. 다시 제 마음은 빽빽한 구름 가운데서 암중모색(暗中摸索)하는 심정이 되고 말았습니다. "너희가 아는 바와 같이 그가 그 후에 축복을 이어받으려고 눈물을 흘리며 구하되 버린 바가 되어 회개할 기회를 얻지 못하였느니라"(히 12:17). 따라서 저는 하나님에게로 다시 돌아갈 수 없었습니다. 때로 '어이, 이봐'라고 하면서 저를 향해서 "돌아오라, 돌아오라"고 외치는 소리가 들리는 것 같았으나, 저는 도망쳐 버렸습니다. 그 음성이 하나님에게서 나온 것이 아닐 수도 있었겠지만, 어쨌든 저는 두려워 그 소리에 귀를 막았습니다. 그러면서도 앞서 말한 그 성경 말씀은 여전히 제 양심에 울려 퍼지고 있었습니다. "너희가 아는 바와 같이 그가 그 후에 축복을 이어받으려고 눈물을 흘리며 구하되 버린 바가 되어 회개할 기회를 얻지 못하였느니라"(히 12:17).

174. 한 번은 어떤 선한 사람이 운영하는 가게에 들른 적이 있었습니다. 거기서 저는 저의 이런 서글프고 애절한 상태를 자책하면서, 사악하고 경건하지 않은 생각을 하는 나 자신에 대해 혐오하며 고통스러워했고, 안절부절 못하며 어찌할 바를 몰랐습니다. 내가 저지른 이 큰 죄악으로 인해 용서받지 못하면 어떡하나 하는 생각으로 크게 두려워하면서, 저는 이렇게 가혹한 저의 운명을 탄식하였습니다. 또한 제가 행한 죄가 성령을 모독한 죄와는 과연 다른 것인지, 하나님께서 그 답을 알려 주시기를 마음속으로 기도하였습니다. 이제는 두려움으로 거의 주저앉기 일보 직전이었습니다. 그 때 갑자기 창문 밖에서 쾅하는 소리가 났습니다. 제게는 바람 소리로 들렸었는데, 흔히 듣는 바람 소리가 아니라, 다음과 같이 말하는 것 같은 아주 상쾌한 음성으로 들렸습니다. "너는 지금까지 그리스도의 보혈로 의롭게 되는 것을 거역한 적이 있느냐?" 이 음성을 듣는 순간, 여태까지 의도적으로 제가 보지 않으려고 했던 저의 모든 삶과 과거에 행한 일들이 한순간에 펼쳐지며 제 눈에 보였습니다. 제 마음은 신음하면서 "그런 적이 없습니다"라고 대답하였습니다. 그러자 하나님의 말씀이 강한 능력으로 제게 임하였습니다. "너희는 삼가 말씀하신 이를 거역하지 말라"(히 12:25).

그런데 이 말씀이 이상하게 제 영혼을 사로잡았습니다. 이 말씀은 제 영혼을 환히 비추어 주었을 뿐만 아니라, 주인 없는 지옥 사냥개처럼 큰 소리로 으르렁거리면서 제 안에서 소름끼치는 소리를 내던 제 마음, 다시 말해 갈팡질팡하던 온갖 상념들이 생겨나던 제 마음에 조용하라는 명령을 내렸습니다. 이 말씀은 또한 예수 그리스도는 여전히 저를 위한 자비와 은혜의 말씀을 가지고 계신다는 사실을 제게 보여주었습니다. 그분은 제가 지금까지 두려워한 것처럼 제 영혼을 완전히 포기하지도 않으셨고, 완전히 버리지도 않으셨다는 것을 저는 이 말씀을 통해 알게 되었습니다. 진실로 이 말씀은 쉽게 절망하는 저를 위한 일종의 책망의 말씀이었으며, 극악무도한 죄 때문에 하나님의 아들에게 구원을 맡기지 못할까봐 저를 꾸짖으시는 일종의 경고의 말씀이었습니다. 이런 낯선 섭리에 대한 저의 판단이 과연 바른 것인지, 어떻게 이런 일이 벌어졌는지 저는 알 수 없었습니다. 20년이 지난 지금도 이에 대한 판단을 할 수가 없습니다. 지금 이 자리에서도 그 일에 대해 말하는 것이 사실 꺼려질 정도입니다.

진실로, 그 때 갑작스럽게 불어닥친 바람은 제게 임한 천사와 같았습니다. 하지만 이 일과 이 일로 인한 구원의 문제는 최후 심판 날까지 그 판단을 유보할 생각입니다. 다만 다음과 같이 말할 수는 있을 것 같습니다. 그 일로 인해 저는 영혼에 큰 평안을 누렸으며, 내게도 아직 소망이 있다는 확신을 갖게 되었고, 용서받지 못할 죄가 어떤 죄인지 다시 생각하게 되었으며, 내 영혼도 은혜를 구하기 위해 예수 그리스도에게 피할 수 있는 복된 특권을 가지고 있다는 사실을 비로소 알게 되었습니다. 이제야 말하지만, 이런 섭리에 대해 제가 어떻게 말해야 할지 아직도 잘 모르겠습니다. 솔직히 말해서 바로 이런 이유 때문에 이 책의 앞부분에서 미리 말하지 않았던 것입니다.

이제 저는 이 문제를 건전한 판단력을 지닌 많은 이들에게 맡겨, 그들이 생각하게 하려고 합니다. 저의 구원에 대해 제가 강조하고픈 것은 제가 체험한 이 섭리가 아니라, 나의 구원을 약속해 주신 주 예수님입니다. 저는 지금 그 당시 제가 체험한 것을 여러분에게 하나도 숨김없이 말씀드리고 있습니다. 비록 그 때 제가 체험했던 것을 지금 여러분에게 하나도 틀림없이 정확하게 말하기는 어렵겠지만, 그래도 저는 이 일이 일어난 그대로를 여러분에게 보여드리는 것이 매우 어리석은 일은 아니라고 생각하고 있습니다. 그러나 이런 체험을 음미하는 것도 한 사나흘 정도만 지속되었습니다. 저는 다시 이를 불신하고 절망하기 시작하였습니다(내적 갈등과 꿈과 환상 등은 한 영혼이 평안이나 비애를 느낄 수 있는 원천이 절대로 될 수 없다. 이러한 것들로 인해 우리가 그리스도에게로 인도된다면, 우리는 이런 것들이야말로 우리의 구원을 위해 하늘에서 내려온 것으로 여겨, 이것들을 바라게 되기 때문이다. 이런 것들은 대속의 보혈의 공로를 평가절하하거나 우리를 여러 가지 유혹들에 빠지게 하여, 우리가 절망하게 만든다. 그러므로 이런 것들은 모두 사탄에게서 나온 것들이다. 우리는 실제적으로 '더 확실한 예언'[벧후 1:19]에 의지해야만 한다. 우리가 이 예언의 말씀에 깊이 뿌리를 잘 내린다면, 우리의 감정을 의지해서 생기는 괴로운 많은 의심들과 두려움들로부터 구원을 받게 될 것이다―원주).

175. 어디로 가야 할지 모른 채, 제 인생은 앞에 놓인 의심 가운데 여전히 매여 있었습니다. 제 영혼이 갈망하는 단 한 가지는 기도와 간구로 이 영혼을 은혜의 발치에 한번 내던져보기라도 하는 것이었습니다. 그러나 오! 지금까지 그리스도를 대적하여 가장 비열한 죄만 저지르던 내가, 이제 와서 기도로 그리스도를 대면하여 그분에게 은혜를 간구한다는 것이 쉬운 일은 아니었습니다. 다시 말하건대, 제가 그토록 비열한 짓거리로 대적하던 그분의 얼굴을 바라본다는 것은 실로 어려운 일이었습니다. 하나님에 대하여 다른 일도 아니고, 배반까지 한 내가, 시간이 흘렀다고 해서 그분에게 기도로 나아간다는 것은 정말 어려운 일임을 저는 깨닫게 되었습니다. 오, 조금 전까지만 해도 너무나 경시하던 그분에게 은혜를 구하고자 기도해야 하는 나 자신을 보니, 너무나 부끄러웠습니다! 내가 범한 이런 개망나니 짓들 때문에, 내 자신이 정말 수치스러웠고 당황스러웠습니다. 그러나 제 눈에는 제가 가야 할 오직 한 길만 보였습니다. 저는 반드시 그분에게 나아가, 그분 앞에 제 자신을 조아려, 저를 불쌍히 여겨 달라고, 곤고하고 죄 많은 이 영혼에게 자비를 베풀어 달라고 말하면서, 그분의 특별한 은혜를 간구하는 수밖에 없었습니다.

176. 그러자 그 유혹자는 이런 저의 마음을 알아차리고는 다음과 같은 생각을 강하게 불어넣었습니다. "네가 하나님께 기도해 봐야 소용없는 일이다. 기도는 네 경우에는 전혀 어울리지 않을 뿐 아니라, 아무 소용도 없을 것이다. 왜냐하면 성부 하나님에게 열납되는 모든 기도는 중보자를 통해 하나님께 상달되고, 이 중보자의 도움 없이는 그 어떤 기도도 하나님의 전에 이를 수 없는데, 네가 반역한 대상이 바로 이 중보자이기 때문이다. 그러므로 네가 기도하는 것은 죄에 죄를 더하는 일일 뿐이다. 솔직히 말해서, 하나님께서 너를 버리신 것을 알면서도 네가 기도하는 것은 네가 예전에 하나님을 화나게 한 것보다 더욱더 하나님을 격노하게 하는 지름길이다."

177. 그는 계속해서 말했습니다. "하나님께서는 너 때문에 이미 수년간 힘드셨다. 왜냐하면 너는 그분의 백성이 전혀 아니기 때문이다. 너의 울부짖는 소리가 그분의 귀에는 전혀 유쾌한 소리가 아니었다. 그러므로 그분께서도 네가 이러한 죄들을 짓도록 내버려 두신 것이다. 너는 완전히 버림받았다. 그래도 너는 여전히 기도하려고 하는가?" 마귀는 이런 생각들로 저를 충동질하더니, 이번에는 민수기에 나오는 내용을 설명하였습니다. 즉, 하나님께서 주시고자 한 땅을 이스라엘 백성들이 차지하러 올라가지 않았기 때문에, 하나님께서는 그들이 아무리 눈물로 기도하여도 그 땅으로 들어가는 것을 막으셨다고, 그렇게 모세가 이스라엘 자손들에게 말하였다(민 14:36-37)고 했습니다.

178. 마귀는 또 다른 본문인 "사람이 그의 이웃을 고의로 죽였으면 너는 그를 내 제단에서라도 잡아내려 죽일지니라"(출 21:14)는 말씀을 가지고 와서, 사람이 고의로 죄를 지은 자는 제단에서 끌어내려져 죽임을 당해야 한다고 말하였습니다. 요압과 솔로몬 왕의 경우도 설명해 주었습니다. 즉, 요압은 자

기의 목숨을 보전하기 위해 제단 뿔을 잡았지만, 결국 솔로몬 왕에게 죽임을 당했다(왕상 2:28)고 말입니다. 이런 말씀들은 제 마음을 너무나 아프게 하였고, 내 경우는 너무나 절망적이어서 나는 죽을 수밖에 없겠다는 생각이 들었습니다. 하지만 정말 내 운명이 그러하다면, 어떤 사람이 그리스도의 발치에서 기도하다가 죽었다는 이야기나 들어보자는 생각이 났습니다. 그래서 저는 이 생각대로 그대로 실천했습니다. 이렇게 기도하는데 얼마나 큰 어려움이 있었는지 하나님은 아실 것입니다. 이렇게 필사적으로 기도해 보겠다는 생각과 함께, 에서에 관한 그 저주의 말씀이 여전히 제 마음속에 자리잡고 있었습니다. 그 저주의 말씀은 제가 생명나무의 과실을 맛보고 생명을 얻을까 싶어서 그 생명나무로 가는 길을 지키는 불 칼(창 3:24)과도 같았습니다. 오! 기도로 하나님에게 나아가는 것이 이렇게 힘든 일인 줄 저는 그 때 알았습니다. 이런 어려움을 누가 감히 알 수 있겠습니까.

179. 저는 하나님의 백성들이 저를 위해 기도해 주기를 간절히 바랐습니다. 하지만 하나님께서 이들에게 저를 위해 기도할 마음을 주지 않으셨을까 봐 저는 걱정하였습니다. 사실, 전에 어떤 사람들이 제게 얼핏 한 말이 생각나서 제 영혼은 두려워 떨고 있었습니다. 예전에 이스라엘 자손들에 관하여 하나님께서 선지자에게 하신 말씀으로 기억하는데, "그러므로 너는 이 백성을 위하여 기도하지 말라 그들을 위하여 부르짖거나 구하지 말라 그들이 그 고난으로 말미암아 내게 부르짖을 때에 내가 그들에게서 듣지 아니하리라"(렘 11:14)는 말씀이었습니다. 이것이 제게는 "나는 그를 버렸으니 너희들은 그를 위해 기도하지 말라"는 말씀으로 들렸습니다. 진실로 하나님께서는 이 말씀을 그들 가운데 몇몇 사람들에게 이미 은밀하게 말씀해 주셨는데, 그들이 다만 제게 말해 주지 않았고, 저 또한 그들에게 묻지 않은 것뿐이라는 생각이 들었습니다. 제가 그들에게 묻지 않았던 이유는 제가 정말 버림받은 자이고,

저를 위한 기도가 무의미하다는 말을 들을까봐 두려웠기 때문이며, 만약 실제로 그런 소리를 들었다면, 아마 저는 이성을 잃고서 미쳐 날뛰었을 것이기 때문입니다. 스피라가 말한 "인간은 죄의 시작을 알지만, 누가 감히 그 죄에서 뿜어져 나오는 것들의 한계를 정할 수 있겠는가?"라는 이야기가 생각났습니다.

180. 그 무렵 저는 옛 신앙을 고수하는 한 그리스도인을 만나 그에게 제 심정을 털어놓을 기회가 있었습니다. 저는 그에게 저의 모든 사정들을 다 말하였습니다. 다시 말해, 제가 과연 성령을 모독하는 죄를 범한 것인지, 그것이 제일 두렵다고 말하였습니다. 그랬더니 그는 자신도 지금 두려워하고 있는 문제가 있다고 말하면서, 저와 마찬가지로 자신도 성령모독죄를 범한 것이 아닌가 하는 문제로 두려워하고 있다고 했습니다. 결과적으로, 저는 그와의 대화를 통해 위로를 받았으나, 그리 따뜻하지 않은 위로, 다시 말해 냉랭한 위로를 받은 셈이었습니다. 그런데 그와 좀 더 대화를 나누다 보니, 그가 선한 자이기는 했으나 마귀와의 싸움에 대해서는 아무것도 모르는 것 같다는 생각이 들었습니다. 그래서 저는 할 수 있는 한 온 힘을 다해 다시 하나님에게 나아가 그분의 은혜를 간구하였습니다.

181. 그런데 이번에도 그 유혹자가 나타나서는, 이렇게 비참한 처지에 있는 저를 조롱하기 시작하였습니다. 그러면서 그는 다음과 같은 취지의 말을 하였습니다. 즉, 모든 것을 집어삼킬 것 같은 맹렬한 불과 내 영혼 사이에 주 예수님이 서 계시는데, 마귀는 지금까지 제가 그분과 멀어진 채로 그분을 격노하게 할 일들만 하는 것을 지켜보고는, 이제 남은 것은 단 한 가지 방법밖에 없다고 말하였습니다. 그것은 하나님의 아들과 저 사이에 있어야 하는 중보자의 역할을 성부 하나님이 하셔서, 제가 다시 중보자와 화해하고, 복된 성

도들이 그 중보자 안에서 누리는 복된 유익들을 저도 누릴 수 있도록 하나님께 기도하라는 것이었습니다.

182. 이 이야기를 듣자마자, 다음과 같은 성경 말씀이 제 영혼을 사로잡았습니다. "그는 뜻이 일정하시니 누가 능히 돌이키랴?"(욥 23:13). 오! 저는 마귀가 저를 조롱하며 말한, 이런 말도 안 되는 것들을 위해 기도하느니, 차라리 하나님을 설득하여 지금 이미 우리가 가지고 있는 것 외에, 따로 새로운 세상, 새로운 언약 그리고 새로운 성경 등을 다시 만들게 하는 것이 더 쉬울 것이라는 생각이 들었습니다. 이것은 달리 말한다면, 하나님께서 이미 행하신 모든 일들이 한갓 어리석은 일이었음을 하나님에게 설득하라는 것이며, 따라서 그분이 제정하신 모든 구원의 방도를 수정하거나 아예 취소하도록 그분을 설득하라는 것과 다르지 않은 이야기였습니다. 이런 생각이 들자, 다음과 같은 성경 말씀이 제 영혼을 갈기갈기 찢어놓았습니다. "다른 이로써는 구원을 받을 수 없나니 천하 사람 중에 구원을 받을 만한 다른 이름을 우리에게 주신 일이 없음이라 하였더라"(행 4:12).

183. 복음의 말씀들은 돈 한 푼 요구하지 않는 값없는 선물이자 전적으로 가장 충분한 선물이며 가장 은혜로운 말씀이지만, 제게는 이 복음의 말씀들이 가장 고통스럽게 다가왔습니다. 진실로 예수 그리스도를 생각하고, 구세주를 기억하는 것만큼 제게 고통스러운 일은 없었습니다. 왜냐하면 저는 그분으로부터 버림을 받았기 때문에, 그리스도를 생각하기만 해도 제가 행한 비열한 죄악들이 떠올랐으며, 그로 인한 상실감 때문에 제 감정은 북받쳤습니다. 이처럼 제 양심을 아프게 찌르는 것도 없었습니다. 제가 주 예수님을 생각할 때마다 떠오르는 그분의 은혜, 사랑, 선함, 인애, 온유, 자비, 죽음, 보혈, 약속과 복된 권면들, 위로와 격려, 이 모든 것들이 제 영혼에는 마치 칼날

처럼 여겨졌습니다.

주 예수님에 대한 저의 이런 생각과 함께 다음과 같은 생각들도 여전히 제 마음 한 곳에 자리하고 있었습니다. "네가 지금까지 서먹서먹한 관계를 유지했던 분, 네가 경시하고 멸시하고 욕했던 그분이 바로 하나님의 아들이며, 우리를 사랑하는 구세주인 예수님이시다. 이분이 바로 유일한 구세주이며 유일한 대속자이고, 죄인들을 너무나 사랑하여 그분에게서 가장 귀한 보혈로 죄인들의 죄를 깨끗이 씻어 주신 유일한 분이시다. 그런데 나는 이 예수님과 전혀 관계가 없을 뿐만 아니라, 그분 안에서 아무런 분깃도 없다. 나는 내 마음에서 그분을 밀쳐냈으며, 마음속으로 '그분이 그렇게 원하시면, 원하는 대로 하셔야지'라는 말도 서슴지 않고 하였다. 그래서 지금 나는 그분으로부터 단절되어 있다. 나 자신이 그분과의 관계를 단절한 것이다. 그분의 선하심을 보라. 하지만 나 자신은 그 선하심에 참여할 수 없다. 오, 나는 버림받은 사람이다! 나는 그분과 결별한 사람이다! 유업을 빼앗긴 이 가련한 나의 영혼이여! 오! 하나님의 은혜와 자비에도 불구하고 멸망하는 이 슬픔, 구세주인 어린양을 사자와 멸망자로 여기는 이 슬픔은 이루 말할 수 없도다"(계 6).

저는 이런 말을 하면서 두려워 떨었습니다. 왜냐하면 하나님의 성도들을 보았기 때문입니다. 특별히 그들은 하나님을 크게 사랑하여 그분과 함께 이 세상에서 동행하는 것을 자신의 일로 삼고 있는 자들이었습니다. 그들의 이런 마음은 그들의 말과 태도에서도 드러났으며, 그들에게서 풍기는 온화한 표정과 자신들의 귀한 구세주를 대적하는 죄를 범하지 않으려는 두려움 등에서도 드러났습니다. 이 모든 것들이 제 영혼을 정죄하였으며, 제게 죄책감을 불러일으켰고, 지속적으로 제 영혼에 고통과 수치심을 안겨 주었습니다. 사무엘이 오는 것을 보고서 성읍 장로들이 두려워 떨었던 것처럼(삼상 16:4), 저 또한 이들의 모습을 보면서 두려운 마음이 들었습니다.

184. 이제 그 유혹자는 또 다른 방식으로 제 영혼을 새롭게 조롱하기 시작하였습니다. 즉, 그리스도께서는 진정으로 제 처지를 불쌍히 여기시고 저의 상실감에 대해 안쓰러워하시지만, 제가 행한 죄와 허물들 때문에 그분께서 저를 돕거나 제가 두려워하는 것에서 구해 주실 수는 없으며, 또한 그리스도께서는 사랑하는 자들을 위해서 십자가에 달려 피 흘려 죽으셨는데, 저의 죄는 본성적으로 그분이 사랑하는 자들이 지은 죄와는 전적으로 다르기에 그분에게 죄 짐을 맡길 수 있는 자들 가운데 제가 들 수 없다고 마귀가 말했던 것입니다. 그래서 그리스도께서 하늘에서 다시 강림하셔서 저의 이 죄를 위해 다시 돌아가시지 않는다면, 그분이 저를 아무리 불쌍히 여기신다 해도, 저는 그분으로부터 아무런 유익을 받을 수 없다고 마귀는 속삭였습니다. 이런 말들이 다른 사람들에게는 웃기는 소리로 들릴 것이고, 이런 말을 하는 사람 자체가 웃기는 사람처럼 보이겠지만, 제게는 이런 말들이 아주 심사숙고해야 할 고통스러운 이야기로 들렸습니다.

예수 그리스도께서는 저를 불쌍히 여길 정도로 너무나 사랑하시는데 정작 그분께서는 저를 도우실 수가 없다니, 이런 말들 한 마디 한 마디가 저를 더욱더 비참하게 만들었습니다. 게다가 그분께서 저를 도울 수 없는 이유는 그분의 공로가 미약해서가 아니라, 다시 말해 그분의 은혜와 구원을 다른 사람들에게 이미 다 써버려서가 아니라, 이미 경고하신 바를 충실히 이행하기 위해서 그분의 자비를 저에게는 베풀지 않는 것이라고 생각하였습니다. 또한 제가 앞서 암시한 바와 같이, 제가 지은 죄는 약속으로 둘러싸인 용서받을 죄악에 들지 않는다고 생각하였습니다. 이것은 절대로 변할 수 없는 사실이라고 저는 생각하였습니다. 그 때 비로소 저는 제가 영생을 얻는 것보다 천지가 없어지는 것이 더 쉬울 것이라는 사실을 분명히 알게 되었습니다. 이처럼 그 당시 제가 느꼈던 이 모든 두려움의 밑바닥에는, 거룩한 하나님의 말씀은 절대로 변함이 없다는 확고한 믿음과 제가 지은 죄의 본성에 대한 잘못된 이해가 놓여 있었습니다.

185. 그런데 오! 그리스도께서 죽으심으로 다른 사람들이 범한 모든 죄는 사해졌지만, 이 그리스도의 죽으심으로도 사해지지 않는 죄를 제가 범했다는 생각과 그 죄책감에 시달리면서, 저의 고통은 더욱더 심해졌습니다. 이런 생각으로 저는 몹시 혼란스러웠고, 자신만의 독방에 갇혀 지내면서 믿음에서도 멀어졌습니다. 저는 어떻게 해야 할지를 몰랐습니다. 저는 생각하였습니다. 오! 그분께서 다시 강림하셨으면 좋겠다! 오! 그리스도께서 다시 죽으심으로써 행하실 인간을 위한 구속 사역이 좀 더 남아 있었으면 좋겠다! 그리스도께서 죽으심으로 사해 주신 죄악들 가운데 제가 범한 죄악도 포함되어 있기를 저는 그분에게 얼마나 기도하고 간구하였는지 모릅니다! 그러나 다음과 같은 성경 말씀이 저를 강타하여 저는 거의 죽은 사람처럼 되었습니다. "이는 그리스도께서 죽은 자 가운데서 살아나셨으매 다시 죽지 아니하시고 사망이 다시 그를 주장하지 못할 줄을 앎이로라"(롬 6:9).

186. 유혹자의 이런 기이하고도 보기 드문 공격으로 인해 제 영혼은 마치 깨진 그릇처럼 바람에 날려 다니면서, 어떤 때는 절망 속에서 곤두박질치기도 하였고, 또 어떤 때는 행위 언약에 의지하기도 하였습니다. 그러다가 어떤 때는 새 언약에 기대를 품고서 저와 관련된 이 언약의 조건들이 다른 식으로 변하거나 수정되기를 바라기도 하였습니다. 그러나 이 모든 생각들은 제가 맨몸으로 바위를 치는 것과 같은 일이어서, 이런 생각을 하면 할수록, 제 몸은 더욱더 부서지고 깨지고 산산조각이 났습니다. 오, 죄책감에 철저히 사로잡힌 저는 지금까지 한 번도 생각해 보지 못했던 온갖 상상과 공포와 경악과 근심 등으로 절망으로 치닫고 있었습니다! 그 당시 저는 "죽은 사람들과 함께 무덤 사이에 거처하면서 밤낮 무덤 사이에서나 산에서나 늘 소리 지

르며 돌로 자기의 몸을 해치고 있던"(막 5:2-5) 사람과 같았습니다. 그러나 이 모든 것 또한 허사였습니다. 절망이 그를 위로해 주지 못하였고, 옛 언약이 그를 구원해 주지 못하였기 때문입니다.

결코 하나님 말씀과 은혜의 법은 일점일획도 변하지 않을 것입니다. 하나님 말씀과 은혜의 법이 변하기 전에 먼저 천지가 없어질 것입니다. 제가 고통으로 신음하는 가운데 알게 되고 느끼게 된 것이 바로 이 사실이었습니다. 이 아픔을 겪으면서 얻게 된 유익은 구원의 도리가 확실하다는 것과 성경책은 하나님의 말씀이라는 사실에 대한 좀 더 확실한 확증이었습니다! 오! 예수 그리스도는 인간의 구원을 위한 확고한 반석이라는 사실을 그 당시 제가 얼마나 분명하게 보고 느꼈는지 이루 형언할 수 없을 정도였습니다. 그분께서 행하신 일 가운데 성취되지 않은 것도 없고, 더 추가할 것도 없고, 수정해야 할 것도 없습니다. 사실 저는 죄악으로 인해서 그리스도께서 그 죄 지은 인간 영혼을 돌아보지 않을 것으로 알고 있었습니다. 용서받지 못할 죄를 지은 영혼은 더 말할 것도 없이 당연히 돌아보지 않을 것으로 말입니다. 그리스도께서 그렇게 돌아보지 않을 영혼은 화 있을진저! 하나님의 말씀이 그 영혼에게는 닫혀 있기 때문입니다.

187. 이처럼 저는 무슨 생각을 하든, 무슨 행동을 하든 항상 나락으로 떨어지는 것만 같았습니다. 하루는 제가 살고 있는 마을의 주변을 거닐다가 어느 길 가에 앉아서, 제가 지은 죄가 제 영혼에 끼칠 아주 두려운 상태에 대해 고개를 숙인 채 미동(微動)도 하지 않고 아주 심각하게 생각했습니다. 오랫동안 이 생각을 하다가 저는 머리를 들었습니다. 그런데 제가 보기에 하늘에서 빛을 비추던 태양도 저를 꺼려하는 것 같았고, 길가에 있던 돌들과 집에 붙어 있는 벽돌들도 저를 외면하는 것처럼 보였습니다. 이 모든 것들이 연합하여 저를 이 세상에서 쫓아내려는 것 같았습니다. 저는 그것들에게조차 가증스

러운 존재였고, 그들과 함께 거할 자격이 없었으며, 그것들이 누리는 유익에 참여할 자격조차 없는 것처럼 여겨졌습니다. 왜냐하면 저는 구세주를 대적하는 죄를 범하였기 때문입니다. 오, 저를 제외한 모든 피조물들이 얼마나 행복하게 보였는지 모릅니다. 그 피조물들은 자신들의 자리를 확고하고 분명히 지키고 있었습니다. 반면에 저는 길을 잃고서 버림을 받았습니다.

188. 제 영혼에 이런 비통한 생각이 들자, 저는 '제 자신에게' "하나님께서 나 같은 곤고한 자도 위로해 주실 수 있을까?"라고 하면서 울며 탄식하였습니다. 제 자신에게 이런 말을 하자마자, 다음과 같은 음성이 마치 제가 한 말의 메아리처럼 들려왔습니다. "이 죄는 사망에 이르지 아니하는 죄이다"(요일 5:17). 그 순간 저는 무덤에서 되살아난 것처럼 기뻐 소리치면서, "주님, 당신은 어떻게 이런 말씀을 하실 수 있습니까?"라고 말하였습니다. 전혀 예상치 못했지만 시의적절한 이 말씀으로 인해 제 마음은 감격의 도가니 그 자체였습니다. 다시 말해, 이 말씀은 제게 적절한 말씀이었고 매우 알맞은 때에 주신 말씀이었으며, 이 말씀과 함께 임한 능력, 달콤함, 빛, 영광 등이 제게는 그저 놀라울 따름이었습니다. 그래서 조금 전까지만 해도 그토록 의심스러웠던 문제들로부터 한동안 벗어날 수 있었습니다.

지금까지 가진 저의 두려움은 내가 지은 죄가 용서받지 못하는 죄가 아닌지, 그래서 내게는 기도할 권리뿐 아니라 회개나 다른 선한 행위를 할 권리조차 없는 것은 아닌지, 혹이라도 진정 내게 이런 권리들이 없다면, 내게는 어떤 유익이나 이익도 없는 것은 아닌지 하는 것이었습니다. 하지만 이제 저의 죄는 사망에 이르는 죄가 아니기에 용서받지 못할 죄가 아니라는 생각이 들었습니다. 이 생각을 근거로, 다른 사람들을 영접해 주시는 것과 마찬가지로 저도 영접해 주시기 위해 두 팔을 크게 벌리며 말씀하신 그 용서의 약속을 생각하면서, 그리스도로 말미암아 하나님께 은혜를 갈구하기 위해 나아갈 용기를 얻게 되었습니다. 이런 생각들로 인해 제 마음의 짐은 훨씬 가벼워졌습니다. 다시 말해, 제 죄는 용서받을 수 있는 죄였기에, 이 죄는 사망에 이르지 아니하는 죄(요일 5:16-17)였던 것입니다. 아무도 그 당시 저의 고통이 어떠하였는지를 알 수 없을 것입니다. 단, 자신이 이런 고통을 경험한 사람만이 이 고통을 알 수 있을 것이고, 아울러 자신의 죄가 사망에 이르지 않는 죄라는 이 말씀으로 인해 제 영혼에 깃든 안도감에 대해서도 능히 알 수 있을 것입니다. 이 말씀은 이전에 저를 묶고 있던 것들로부터 해방이었으며, 이전에 저에게 불어닥쳤던 폭풍우를 피할 피난처였습니다. 이제는 저도 다른 죄인들과 마찬가지로 동일한 자리에 서 있으며, 그들과 한 가지로 기도하며 말씀으로 다가갈 유익한 권리를 얻게 된 것 같았습니다(아무리 시시하게 보여도 이 진리는 논란의 여지가 없는 분명한 진리이다. 아무리 현명한 철학자라 해도, 또는 아무리 무식한 사람이라 해도 하나님으로부터 타락한 이상 모두 같은 수준의 사람들이다. 그리스도에게 나아오는 일에서는 그 누구도 예외일 수 없으며, 그리스도의 은혜로운 초대 또한 보편적이다. "또 원하는 자는 값없이 생명수를 받으라 하시더라"[계 22:17]—원주).

189. "이제야 비로소 말하지만" 그 당시 제 소망은 나의 죄가 용서받지 못하는 죄가 아니었으면 좋겠다, 그래서 내가 지은 죄도 용서를 받았으면 좋겠다는 것이었습니다. 그런데 오, 그 당시 사탄은 이런 마음을 다시 넘어뜨리려고 얼마나 갖은 궁리를 다하였는지 모릅니다! 그러나 사탄은 어찌해 볼 방법이 없었습니다. 그날 당일도 저에게 어찌할 수 없었고, 다음날 대부분의 시간에도 저를 어찌할 수 없었습니다. 왜냐하면 "이 죄는 사망에 이르지 아니하는 죄이다"라는 이 한 문장의 말씀이 마치 풍차처럼 제 등 뒤에서 버티고 서 있었기 때문입니다. 하지만 그 다음날 저녁 무렵이 되자, 이 말씀은 저를 떠나기 시작하는 것 같았고, 저를 지지해 주던 그 힘도 사라지는 것 같았습니다. 그래서 저는 예전처럼 두려워하던 모습으로 다시 돌아가게 되었습

니다. 이런 저의 모습이 전혀 내키지 않았고 아주 언짢았지만, 저는 어쩔 수 없었습니다. 왜냐하면 그 당시 저는 절망이라는 슬픔을 두려워하였기 때문입니다. 다시 말해, "제 믿음 또한 이 말씀을 더 이상 간직할 수 없었던 것입니다."

190. 그러나 저는 그 다음날 저녁에 많은 두려움을 안고서 주님을 찾기 위해 나아갔습니다. 저는 기도하면서 울부짖었습니다. "제 영혼이 울부짖었습니다." 저는 다음과 같은 말을 하면서, 그분에게 강력히 부르짖었습니다. "오 주님, 당신에게 간구하나이다. '옛적에 여호와께서 나에게 나타나사 내가 영원한 사랑으로 너를 사랑하기에 인자함으로 너를 이끌었다'(렘 31:3)고 하셨으니, 그 모습을 제게도 보여주옵소서." 이런 기도를 드리자마자, 다음과 같은 달콤한 응답이 마치 메아리처럼 다시 제 귀에 들렸습니다. "내가 영원한 사랑으로 너를 사랑하노라." 그래서 저는 평온한 마음으로 잠자리에 들었습니다. 다음날 아침, 잠에서 깨어났을 때도 이 말씀은 제 영혼에 새롭게 떠올랐습니다. 그래서 저는 이 말씀을 믿게 되었습니다.

191. 이 와중에도 그 유혹자는 여전히 저를 떠나지 않고 있었습니다. 그는 제 마음에 있는 평안을 깨뜨리기 위해서 그 날 하루만도 백 번은 넘게 저를 공격하는 수고를 한 것 같습니다. 오! 그 당시 저는 많은 갈등과 투쟁을 하면서, 이 말씀을 붙잡기 위해 필사적인 노력을 하였습니다. 사실은 에서에게 했던 그 저주의 말씀도 제 눈앞에서 번개처럼 지나갔습니다. 제 마음은 한 시간에 스무 번도 넘게 오르락내리락하였습니다. 그럼에도 불구하고 하나님께서는 저를 세워 주시고, 제 마음이 이 말씀을 붙잡도록 해주셨습니다. 그래서 저는 나의 죄도 용서받을 수 있다는 아주 편안하고 달콤한 소망 속에서 한동안 지낼 수 있었습니다. 왜냐하면 다음과 같은 말씀이 제 마음을 온통 지

배하였기 때문입니다. "네가 이 죄를 범하고 있는 동안에도 나는 너를 사랑하였다. 나는 너를 과거에도 사랑하였으며, 너를 지금도 사랑하고 있고, 앞으로도 너를 영원히 사랑할 것이로다."

192. 아무리 그래도 내가 지은 죄는 가장 극악무도하고 더러운 죄악이어서, 아주 수치스럽고 부끄러울 수밖에 없다고 저는 결론을 내렸습니다. 왜냐하면 저는 하나님의 아들인 거룩한 그분을 끔찍할 정도로 멸시하였기 때문입니다. 그런데도 그분께서는 과거에도 저를 사랑하셨고 지금도 사랑하고 계시며 앞으로도 사랑하신다는 말씀을 해주시니, 제 영혼은 그분을 크게 사랑하지 않을 수 없었으며, 그분에게 그저 송구할 따름이었습니다. 그래서 제 속에 있는 모든 것들이 그분을 갈망하고 있었습니다. 그분은 여전히 나의 친구이며, 악을 선으로 제게 갚아 주는 분이심을 알게 되었습니다. 진실로 그 당시 나의 주님이자 구세주인 예수 그리스도를 향한 제 마음속의 사랑과 애정은 실제로 불처럼 활활 타올랐기 때문에, 제가 그분을 멸시한 죄에 대해서 제가 변상이라도 해야 할 것 같은 강력하고 뜨거운 소원이 제 속에 있었습니다. 그 당시 제가 생각한 속죄의 방법은, 혹시라도 내 핏줄 속에 수 천 리터의 피가 들어 있다면, 그 피를 하나도 남김없이 다 흘려서라도 주님이자 구세주인 그분의 발치에 값없이 쏟아 놓고 싶었습니다. 저는 "그 당시에는" 그런 생각까지 하였습니다.

193. 어떻게 하면 주님을 사랑하고, 그분을 향한 내 사랑을 표현할 수 있을지 "생각하고" 연구하며 묵상하는 가운데 다음과 같은 말씀이 제 머리에 떠올랐습니다. "여호와여 주께서 죄악을 지켜보실진대 주여 누가 서리이까? 그러나 사유(赦宥)하심이 주께 있음은 주를 경외하게 하심이니이다"(시 130:3-4). 이 말씀이 제게는 유익하게 들려왔습니다. 특별히 "사유(赦宥)하심이

주께 있음은 주를 경외하게 하심이니이다"라고 한 뒷부분이 더욱 그러했습니다. 그 당시 저는 이 말씀을 다음과 같이 이해했습니다. 하나님께서 그토록 사랑을 받고 경외를 받는 이유는 그분이 그의 불쌍한 피조물을 사랑하는 것에 아주 큰 가치를 두시기 때문에, 차마 죄 있는 자들을 사랑하지 않고 내버려 둘 수 없어서, 이들을 사랑하기 위해서라도 그 허물을 사유(赦宥), 즉 용서해 주신다는 생각이었습니다.

194. 이 말씀이 이제 저에게도 성취되어 저는 새 힘을 얻게 되었습니다. 하지만 여전히 이 죄악들로 인해 저는 놀라기도 하고, 부끄럽기도 하였습니다. "이는 내가 네 모든 행한 일을 용서한 후에 네가 기억하고 놀라고 부끄러워서 다시는 입을 열지 못하게 하려 함이니라 주 여호와의 말씀이니라"(겔 16:63). 이 때 제 영혼은 그 당시 제가 생각한 바와 같이, 이전의 죄책감으로 망연자실하여 고통 받던 상태로부터 영원히 해방되었다고 생각하였습니다.

195. 하지만 몇 주가 지나자 저는 또다시 절망에 빠지기 시작하였습니다. 비록 몇 주 동안 제가 누렸던 모든 것에도 불구하고, 그것은 내가 속은 것이어서 결국 멸망하게 되면 어떡하나 하는 생각으로 저는 두려워하였습니다. 생명의 약속을 해주신 하나님의 말씀으로부터 내가 아무리 위로와 평안을 누렸다고 해도, 이렇게 내가 새 힘을 받아 누린 것과 똑같은 것을 성경 말씀 가운데서 찾을 수 없다면, 내가 받은 이 유익들은 결코 확실한 것들이 될 수 없으며, 어쩌면 나는 결국 이와 같은 말씀을 찾지 못할 것이라는 생각이 강하게 들었습니다. "성경은 폐하지 못하나니"(요 10:35).

196. 다시 제 마음은 쓰려왔고, 결국에 절망감만 마주하게 될까봐 두려웠습니다. 그래서 저는 지난 몇 주간 동안 제가 받았던 위로를 아주 진지하게

검토하면서, 나처럼 죄를 지은 사람도 잠시나마 의지했던 말씀을 주신 하나님의 신실하심을 내가 과연 믿고 확신할 수 있을지를 생각하기 시작하였습니다. 그러자 다음과 같은 말씀이 제 마음에 떠올랐습니다. "한 번 빛을 받고 하늘의 은사를 맛보고 성령에 참여한 바 되고, 하나님의 선한 말씀과 내세의 능력을 맛보고도 타락한 자들은 다시 새롭게 하여 회개하게 할 수 없나니, 이는 그들이 하나님의 아들을 다시 십자가에 못 박아 드러내 놓고 욕되게 함이라"(히 6:4-6). "우리가 진리를 아는 지식을 받은 후 짐짓 죄를 범한즉 다시 속죄하는 제사가 없고, 오직 무서운 마음으로 심판을 기다리는 것과 대적하는 자를 태울 맹렬한 불만 있으리라"(히 10:26-27). "음행하는 자와 혹 한 그릇 음식을 위하여 장자의 명분을 판 에서와 같이 망령된 자가 없도록 살피라 너희가 아는 바와 같이 그가 그 후에 축복을 이어받으려고 눈물을 흘리며 구하되 버린 바가 되어 회개할 기회를 얻지 못하였느니라"(히 12:16-17).

197. 이런 말씀들로 인해 제 영혼에 있던 복음은 이제 설 자리가 없게 되었습니다. 성경에서 나를 위한 약속이나 위로의 말씀은 더 이상 찾아볼 수 없었습니다. 다음과 같은 말씀도 제 영혼에 고통을 주었습니다. "이스라엘아, 너는 이방 사람처럼 기뻐 뛰놀지 말라"(호 9:1). 예수님을 굳게 붙든 자들에게는 기뻐할 이유가 있었지만, 제 경우에는 나의 허물로 말미암아 그분으로부터 완전히 단절되어, 귀한 생명의 말씀을 지지해 주는 그 토대들에 발을 디딜 수도 없었고, 그것을 손으로 붙잡을 수도 없다는 것을 정말 뼈저리게 느끼게 되었습니다.

198. 그 당시 제 심정은 깊이를 알 수 없는 심연으로 제가 떨어지는 것 같았고, 집의 기초가 무너져 내리는 것 같았습니다. 제 자신은 마치 물구덩이에 빠진 어린아이처럼, 물 속에서 나오려고 발버둥을 치며 안간힘을 써보지

만 손으로 잡을 것도 없고 발로 디딜 곳도 없어, 결국 그 상태에서 죽고 마는 그런 경우 같았습니다. 유혹자가 감행하는 이런 새로운 공격이 저의 영혼을 결박하자마자, 제 마음에는 다음과 같은 성경 말씀이 떠올랐습니다. "이 일이 여러 날 동안 계속될 것임이니라"(단 10:14[KJV], "이는 이 환상이 오랜 후의 일임이라"[개역개정]). 정말 이런 상태가 여러 날 계속되었습니다. 이런 일이 있은 후 거의 2년 반이 되어서야 저는 이 상태에서 완전히 벗어날 수 있었습니다. 이 기간 동안 저는 이 상태에서 헤어나오지 못한 채 평안을 누리지 못하였습니다. 그런데 "이 일이 여러 날 동안 계속될 것임이니라"는 말씀은 말씀 자체로는 절망을 주었지만, 이런 상태가 영원히 지속될 것을 두려워하는 저 같은 사람에게는 절망의 날이 정해져 있어 영원히 지속되지 않는다는 것을 암시한다는 생각에, 이 말씀이 때로는 도움이 되기도 하였고 때로는 이 말씀으로 새로운 힘을 얻기도 하였습니다.

199. 여러 날이라면 영원이 아니라는 말이고 또 끝이 있을 것이라는 생각을 하면서, 저는 짧은 며칠간의 고통이 아니라, 여러 날 동안 고통 받을 것을 알고 있었습니다. 그래도 저는 이 고통이 영원이 아니라 여러 날 동안만 지속된다는 생각에 기뻤습니다. 다시 말하지만, 처음에 "제 마음에 떠오른" 이 말씀을 종종 회상하면서 저는 도움을 받기도 하였습니다. 저는 이 고통이 오래 지속될 것으로 알았지만, 이 고통은 가끔씩 저를 찾아왔습니다. 저는 항상 이 고통만 생각한 게 아니었고, 고통이 찾아올 때면 늘 "이 말씀에서" 도움을 받았습니다.

200. 앞에서 인용한 여러 성경 말씀들이 제 앞에 펼쳐지면서, 나의 죄도 나의 마음 문 앞에 "새롭게" 제시되었습니다. 그러는 가운데 누가복음 18장에 있는 말씀과 다른 말씀들로부터 저는 기도하고자 하는 힘을 얻게 되었습

니다. 그러자 그 유혹자는 다시 제 마음을 굉장히 아프게 하였습니다. 그는 나로 하여금 다음과 같은 생각을 하도록 하였습니다. "하나님의 은혜나 그리스도의 보혈이 나와는 전혀 상관이 없고, 이것들이 나의 죄에도 아무런 도움이 되지 않는다. '그러므로, 기도해 봐야 헛일이다.'" 이렇게 유혹자는 제게 속삭였습니다. 그래도 저는 기도해야겠다고 생각하였습니다. 그러자 유혹자는 "네 죄는 용서받을 수 없는 죄다"라고 말하였습니다. 이에 질세라 나는 "그래도 나는 기도할 테야"라고 말하자, "그딴 일은 전혀 소용없는 일이라니까"라고 유혹자가 말하였다. 그러자 나는 "그래도 나는 기도할 거야"라고 말하고서 하나님께 기도하러 나아갔습니다. 저는 기도하면서 다음과 같은 취지의 말들을 하나님께 아뢰었습니다. "주님, 사탄은 제 영혼을 구원하는데 당신의 은혜나 그리스도의 보혈로도 전혀 충분하지 않다고 말하고 있습니다. 주님, 당신은 저를 구원하실 마음과 능력이 있음을 믿고서 당신에게 최고의 영광을 돌려드려야 할까요? 아니면, 당신은 저를 구원하실 마음과 능력이 없음을 믿고서 '사탄에게' 최고의 영광을 돌려야 할까요? 주님, 저는 당신이 저를 구원하실 마음과 능력이 있음을 믿고서 당신에게 최고의 영광을 기꺼이 돌려드리고 싶습니다."

201. 주님 앞에서 이렇게 기도하는 동안, 다음과 같은 성경 말씀이 제 마음을 사로잡았습니다. "여자여 네 믿음이 크도다"(마 15:28). 제가 하나님 앞에서 무릎을 꿇고 있는 동안 누군가가 제 등을 토닥여주는 것 같았습니다. 이런 기도의 응답을 받았음에도 불구하고, 저는 거의 6개월이 지나기까지 "이 기도는 믿음의 기도였다"는 사실을 믿을 수 없었습니다. 왜냐하면 제가 믿음을 가지고 있었다거나 믿음을 따라 행할 수 있는 말씀이 제 속에 있었다고 저는 도저히 생각할 수 없었기 때문입니다. 그래서 저는 여전히 절망의 입구에 달라붙어서 옴짝달싹하지 못한 채 "서글픈 심정으로" 기분에 따라 오르락내리

락하면서 울며 부르짖었습니다. "주께서 영원히 버리실까, 다시는 은혜를 베풀지 아니하실까? 그의 인자하심은 영원히 끝났는가? 그의 약속하심도 영구히 폐하였는가?"(시 77:7-8)라고 그렇게 신음하면서도, 과연 주께서 영원히 나를 버리셨는지, 다시는 나에게 은혜를 베풀지 않으실 건지, 이런 질문들을 종종 하면서, 정말 그런 일이 나에게 일어나면 어떻게 될지 염려하며 크게 두려워하였습니다.

202. 그 당시는 이 질문에 대한 의심이 해소되기만을 갈망하였습니다. 제게도 과연 실제로 소망이 있을지 알아보고자 하는 아주 강렬한 소원이 있었습니다. 그러자 다음과 같은 말씀이 제 마음속에 들어왔습니다. "주께서 영원히 버리실까? 다시는 은혜를 베풀지 아니하실까? 그의 인자하심은 영원히 끝났는가? 그의 약속도 영구히 폐하였는가? 하나님이 그가 베푸실 은혜를 잊으셨는가? 노하심으로 그가 베푸실 긍휼을 그치셨는가?"(시 77:7-9). 이 말씀이 제 마음에 요동치는 내내, 과연 하나님께서 이 말씀대로 은혜를 중단할지 그러지 않을지 이 문제에 대한 답은 여전히 제 속에 있었습니다. 그 답은 하나님께서는 절대로 은혜를 중단하지 않으실 거라는 것이었습니다. 이 질문 안에 이미 그분께서는 우리를 지금까지 버리지 않았으며, 앞으로도 버리지 않으실 것이고, 계속해서 은혜를 베풀어 주실 것이며, 그분이 하신 약속은 취소되지 않고, 그분은 베푸실 은혜를 잊지 않으실 것이며, 노하심으로 베푸실 긍휼을 그치게 하지 않으신다는 사실이 제게는 너무나 분명하게 확증되는 것 같았습니다. 지금은 제 마음에 생각나지 않지만, 그 당시에는 이 시편 말씀과 더불어 또 다른 성경 말씀으로 인해 제 마음은 더욱더 달콤한 위로를 받았습니다. 그래서 저는 하나님의 은혜는 절대로 폐하지 않으며, 그 인자하심은 영원히 끝나지 않는다고 결론 내렸습니다.

203. 또 어떤 때는 "그리스도의 보혈이 내 영혼을 구원하기에 과연 충분한가?" 하는 질문을 다시 제기했던 기억이 납니다. 이런 의심은 제 속에서 아침부터 시작해서 밤 7시나 8시까지 계속되었습니다. 이 보혈의 능력이 혹시라도 내게 효력이 없다면 나는 어떻게 될까 하는 두려움으로, 저는 그 당시 말 그대로 완전히 탈진한 상태였습니다. 그러다가 마침내 다음과 같은 말씀이 갑작스럽게 제 심금을 울렸습니다. "그러므로 자기를 힘입어 하나님께 나아가는 자들을 온전히 구원하실 수 있으니[Wherefore he is able also to save them to the uttermost], 이는 그가 항상 살아 계셔서 그들을 위하여 간구하심이라"(히 7:25). 그런데 제 귀에는 이 "하실 수 있으니"(able)라는 말씀이 아주 큰 소리(ABLE)로 들리는 것 같았습니다. 이 단어는 매우 큰 단어로 보였습니다. 다시 말해 "이 단어는 대문자로 적힌 것처럼 보였습니다." 이 말씀이 당시 두려워하며 의심하던 제 마음을 헤집고 들어왔습니다. 그래서 그 말씀과 저는 한동안 함께 하였습니다. 이 말씀은 거의 하루 동안 저와 함께 하였는데, 이러한 경험은 제 평생에 전무후무(前無後無)한 일이었습니다.

204. 그러나 어느 날 아침, 제가 다시 기도하고 있을 때였습니다. 그 때 하나님의 그 어떤 말씀도 나를 돕지 못할 것이라는 생각이 저를 엄습하여 저는 몹시 두려워 떨었습니다. 그 순간 다음과 같은 성경 말씀 한 구절이 제 마음에 마치 단도처럼 꽂혔습니다. "내 은혜가 …… 족하도다"(고후 12:9). 이 말씀으로 인해 제게도 소망이 있을 수 있다는 생각에 다소 마음이 놓였습니다. 오, 하나님께서 이와 같이 자신의 말씀을 주시는 것은 그 얼마나 유익한 일인지 모릅니다! 거의 2주 전에 바로 이 말씀을 제가 찾아서 본 적이 있었지만, 그 때 이것은 제 영혼을 위로해 주는 말씀이 전혀 아니었습니다. "그래서, 뭐?" 저는 부루퉁한 기분으로 성경책을 바닥에 팽개쳐 버렸습니다. 그 때는 "이 말씀은 나 같은 사람까지 품을 만큼 그렇게 넉넉한 말씀이 아니라고, 절대로

그렇게 풍성한 말씀이 아니라고 생각하였습니다." 하지만 이제는 이 말씀이 넓게 벌린 은혜의 팔처럼 저뿐만 아니라 많은 다른 사람들까지도 다 품을 수 있는 말씀으로 여겨졌습니다.

205. 그 후에도 극심한 갈등이 없었던 것은 아니지만, 그래도 한 7주에서 8주 간은 이 말씀이 저를 지탱해 주었습니다. 그 기간에 제 마음에는 평안이 있기도 하다가 곧 평안이 사라지기도 하였습니다. 이런 일이 여러 번 반복되었습니다. 어떤 때는 하루에 스무 번도 넘게 이런 마음의 변화가 있었습니다. 위로를 받는가 싶더니 다시 고민에 빠졌으며, 평안을 누리는가 싶더니 얼마 지나지 않아 마음이 감당할 수 없는 두려움과 죄책감에 휩싸이기도 했습니다. 이런 일은 어쩌다 한 번 일어나는 것이 아니라, 7주 내내 겪어야만 했습니다. 하나님의 은혜가 족하다는 말씀과 에서가 장자의 명분을 판 것으로 은혜에서 단절되었다는 말씀, 이 두 말씀이 제 마음속에서 양쪽에 접시가 달린 접시저울처럼 어떤 때는 이쪽 끝이 높이 올라갔다가, 또 어떤 때는 다른 쪽 끝이 높이 올라갔다 하면서, 제 마음의 평안과 고민도 서로 교차되었습니다.

206. 그래도 저는 여전히 하나님께 나아가, 이와 같은 성경 말씀과 함께 하나님께서 제 마음에 더욱더 충만히 임해 주시기를 기도하였습니다. 다시 말해, 하나님께서 저를 도우시어 이 말씀의 전체 문장이 제게 적용되도록 기도하였습니다. "아직 제게는 미흡합니다. 하나님께서 주신 것을 저는 헤아릴 뿐이지, 그 이상 더 나아가지 못하고 있습니다." "내 은혜가 족하도다"는 말씀은 아직까지 "나를 위한 은혜도 있을 수 있겠다"는 소망, 그 정도로만 제게 도움이 될 뿐이었습니다. 그 당시 제 마음 상태는 별 진전이 없었지만, 그래도 "내게 과연 소망이 있는가?"라고 앞서 말한 그 질문에 대해, 내게도 소망이 있을 수 있겠다는 식으로 대답이 된 셈이었습니다. 하지만 "네게"란 말이

빠져 있어서, 저는 만족하지 못하고 이를 위해 하나님께 기도하였습니다. 그러던 어느 날, 저는 슬픔과 두려움으로 가득한 마음으로 하나님의 백성이 모이는 곳에 참여하였습니다. 제 두 눈에서는 눈물이 다시 왈칵 쏟아졌습니다. 내 영혼은 절대로 더 나아질 수 없으며, 내 경우는 가장 서글프고 두려운 상황이라는 생각을 하자, 다음과 같은 말씀이 큰 능력과 함께 갑작스럽게 제 마음을 뚫고 들어왔습니다. "내 은혜가 네게 족하도다. 내 은혜가 네게 족하도다. 내 은혜가 네게 족하도다." 총 세 번 씩이나 제 마음에 울려 퍼졌습니다. 오! 한 단어 한 단어가, 즉 '내' 그리고 '은혜' 그리고 '네게' 그리고 '족하도다'라는 각각의 단어들이 모두 강력하게 제게 다가왔습니다. 이 말씀은 그 당시에도 제게 강렬하였고, 지금도 때로 그렇게 강력하게 느껴지기도 합니다. 어쨌든 다른 말씀보다 이 말씀이 더욱더 강력하게 다가왔던 것은 사실입니다.

207. 그 당시 제 이성의 눈은 꽤 밝아져 있어서, 제 눈에는 주 예수님께서 하늘에서 나를 굽어 살피시면서, 이런 말씀들을 주시는 게 보이는 것 같았습니다. 이런 생각을 하니 마구 서글퍼지면서, 제 마음은 찢어지는 듯했습니다. 하지만 한편으로 제 마음은 기쁨으로 충만해지면서, 제가 땅의 먼지처럼 너무나 겸손해졌습니다. 그러나 저의 이런 상태도 오래 지속되지 않았습니다. 제가 보기에 저는 이러한 영광 가운데서 새 힘을 얻는 위로를 받았던 것 같지만, 이 또한 몇 주만 지속되었습니다. 그래도 이 경험으로 인해 저는 다시 소망을 가질 용기를 갖게 되었습니다. 하지만 능력 있는 이 역사가 제 마음에서 사라지자마자, 예전처럼 에서에 관한 말씀이 다시 제 마음에 자리를 잡기 시작하였습니다. 그래서 제 영혼은 접시저울처럼 또다시 흔들렸습니다. 어떤 때는 올라갔다가 또 어떤 때는 내려갔다가 하면서, 제 마음은 평안 가운데 있다가 이내 두려움을 느꼈습니다.

208. 이런 식으로 어떤 때는 위로를 받기도 하고 어떤 때는 고통을 받기도 하면서, 그렇게 몇 주를 보냈습니다. 특별히 어떤 때는 앞서 언급한 히브리서의 모든 말씀들이 제 눈앞에 아른거려서 아주 극심한 고통을 겪기도 하였습니다. 이 히브리서 말씀은 제가 천국에 가지 못하도록 막고 서 있는 것 같았습니다. 그러다가도 저는 제 마음에 품었던 이런 악한 생각들에 대해 다시 회개하기 시작하였습니다. 회개를 하면서도 저는 속으로, '도대체 나를 대적하는 성경 말씀들이 얼마나 많이 있는가? 아래에서 살펴볼 세 군데, 혹은 네 군데의 말씀이 있는 것 같은데, 하나님께서는 이 구절들을 못 본 체하시면서, 그 구절들에서 나를 제외시켜 줄 수는 없으신 건가?' 하는 생각을 하였습니다. 그러다가도 때로는 '오! 이런 서너 군데의 성경 말씀들이 없었더라면, 어떻게 내가 위로를 받을 수 있었을까?' 하는 생각을 다시 하면서, 이 성경 구절들을 성경책에서 빼 버렸으면 좋겠다고 바라던 어리석은 생각을 완전히 단념하기도 하였습니다.

209. 이런 생각을 하던 중, 제 눈에는 베드로와 바울과 요한과 다른 성경 기자들이 나를 경멸하고 조롱하는 것 같은 모습이 보였고, 그들이 제게 다음과 같이 말하는 것 같은 생각이 들었습니다. "우리가 한 모든 말들은 참되며, 우리가 기록한 성경 각 권마다 모두 동일한 능력을 지니고 있다. 우리가 너를 제외시킨 것이 아니라, 네 자신이 단절을 자초한 것이다. 우리가 기록한 말씀들 가운데 네가 명심해야 할 구절들은 다음과 같은 것이다. '타락한 자들은 다시 새롭게 하여 회개하게 할 수 없나니'(히 6:6). '짐짓 죄를 범한즉 다시 속죄하는 제사가 없고'(히 10:26). '의의 도를 안 후에 받은 거룩한 명령을 저버리는 것보다 알지 못하는 것이 도리어 그들에게 나으니라'(벧후 2:21). '성경은 폐하지 못하나니'(요 10:35).

210. 제 눈에는 이들이 마치 도피성의 장로들처럼 보였습니다. 나의 사정과 나를 보복하기 위해 나의 발뒤꿈치까지 쫓아온 피의 보복자를 피해, 수천 배의 두려움과 불신 가운데서도 용케 구원의 문 앞에까지 와서 나를 재판할 그들 앞에 서 있는데(수 20:3-4), 이 재판관들은 내가 이 도피성에 들어가지 못하도록 영원히 문을 닫아 버리지는 않을까 하며 저는 그들을 의심하였던 것입니다.

211. "과연 이런 성경 말씀들에도 불구하고 내 영혼의 구원이 허락될까?" 이 질문을 어떻게 충족시켜야 하는지, 또한 이를 위해 내가 어떻게 해야 할지 몰라 저는 몹시 당황하였습니다. 저는 이 사도들 앞에서 두려워 떨고 있었습니다. 왜냐하면 이들이 한 말은 참되며, 이들이 한 말은 영원히 변하지 않을 것이라는 사실을 알고 있었기 때문입니다.

212. 제가 기억하기로, 한 날의 다양한 마음 상태는 그 날 그 날 마음에 떠오르는 몇몇 특징적인 성경 구절들을 내가 어떻게 생각하느냐에 따라서 달라졌던 것 같습니다. 내 은혜가 네게 족하다는 이 은혜로운 성경 말씀이 떠오르면, 그 날 제 마음은 평온하였지만, 에서에 관한 저주의 말씀이 떠오르면, 저는 그 때부터 고통스러워지기 시작하였습니다. 그러다가 저는 주님을 앞에 두고 생각하였습니다. 만약 이 두 구절이 제 마음에 동시에 떠오른다면, 이 두 말씀 가운데 과연 어느 말씀이 제게 더 합당한 말씀일지 저는 궁금하였습니다. 그래서 저는 이 두 말씀이 제게 동시에 떠오르면 좋겠다는 생각을 하였습니다. 진실로 저는 하나님께서 그렇게 해주시기를 간절히 바랐습니다.

213. 그런데 한 이삼 일 후에 정말 그런 일이 일어났습니다. 이 두 말씀이

서로 결합되어 동시에 제 마음속에 떠오르면서, 한동안 제 속에서 기이한 갈등이 일어났습니다. 그러다 마침내 에서가 장자의 명분을 판 말씀이 서서히 힘을 잃고 누그러지면서 사라지더니 완전히 소멸해 버렸고, 그러자 은혜가 족하다는 말씀이 힘을 얻어 저는 평안과 기쁨을 누리게 되었습니다. 후에 이 일에 대해 제가 묵상하는 가운데, 다음과 같은 성경 말씀이 떠올랐습니다. "긍휼은 심판을 이기고 자랑하느니라"(약 2:13).

214. 이 일은 제게 참으로 경이로웠습니다. 진실로 저는 이것이 하나님께서 하신 일이라고 생각할 수밖에 없었습니다. 율법과 진노의 말씀은 반드시 생명과 은혜의 말씀에 자리를 내어줄 수밖에 없습니다. 왜냐하면 정죄의 말씀이 비록 영광스러운 말씀이기는 해도, 생명과 구원의 말씀은 이보다 더욱 넘치는 영광 가운데 있었기 때문입니다(고후 3:8-12; 막 9:5-7). 그리고 모세와 엘리야, 두 사람 모두 사라져야 했지만, 그리스도와 그의 성도들은 홀로 남을 것이기 때문입니다.

215. "내게 오는 자는 내가 결코 내쫓지 아니하리라"(요 6:37). 이 말씀도 제 영혼에 아주 달콤하게 다가왔습니다. 오, 저는 특히 "결코!"라는 단어에서 얼마나 큰 위로를 받았는지 모릅니다. 그분에게 나아오는 자는 그가 어떤 일을 했든 상관없이, 그분께서 그 죄인을 결단코 내쫓지 않을 것이라는 이 말씀이 주는 위로는 이 세상에서 제가 받을 수 있는 그 어떤 위로보다도 큰 것이었습니다. 그러나 사탄은 이 약속에서 저를 떼어놓으려고 얼마나 수고하며 안간힘을 썼는지 모릅니다. 다시 말해, 그리스도께서 하신 이 말씀은 나 같은 자들을 염두에 두고 하신 것이 아니라고 사탄은 말하였습니다. 이 말씀은 내가 행한 것 같은 그런 중한 죄에는 해당되지 않고, 나보다 죄질이 가벼운 죄인들에게만 적용되는 말씀이라고 사탄은 말했습니다. 그래도 저는 이렇게

말하는 사탄에게 다시 다음과 같이 대꾸했습니다. "사탄아, 이 말씀은 그렇게 예외인 사람이 이 세상에 없다는 것을 말해 주고 있단다. '내게 오는 자'는 누구나, 그분에게(HIM), 그분에게 나아가는 자는 누구나란 뜻이야. '내게 오는 자는 내가 결코 내쫓지 아니하리라.'" 지금까지도 제가 생생하게 기억하는 것은, 사탄은 내게서 이 말씀을 빼앗아가기 위해 온갖 교묘한 술책들을 다 동원했다는 것입니다. 그럼에도 불구하고 사탄은 '내가 과연 바르게 나아가고 있는가?' 하는 질문 형식의 의심만큼은 한 번도 제 마음에 제기하지 못하였습니다. 제가 생각하기에 그 이유는 아마도, 사탄이 보기에도 제가 그분에게 바르게 나아가고 있었고, 저 또한 그분에게 바르게 나아간다는 것이 어떤 것인지를 잘 알고 있었기 때문이 아닌가 합니다. 주님 앞에 바르게 나아간다는 것은 비열한 죄인이든 혹은 경건하지 않은 죄인이든 현재의 내 모습 그대로, 나 자신의 죄악을 자백하면서, 나 스스로 은혜의 발 앞에 엎드리는 것입니다. 저는 그렇게 알고 있습니다.

제 평생에 하나님께서 주신 모든 말씀 가운데, 사탄과 제가 항상 투쟁한 말씀을 꼽으라면, 저는 그리스도께서 하신 말씀, 즉 '내게 오는 자는 내가 결코 내쫓지 아니하리라'고 한 이 말씀이었다고 말할 것입니다. 항상 사탄은 이쪽 끝에, 그리고 저는 저쪽 끝에 서서 서로 대치하였습니다. 오, 우리가 얼마나 치열하게 투쟁했는지 모릅니다! 말하자면, 한 번은 사탄이 저를 잡아당겼고, 또 한 번은 제가 사탄을 잡아당겼습니다. 우리가 이렇게 밀고 당기면서 힘든 실랑이를 벌였던 이유가 바로 요한복음에 기록된 이 말씀 때문이었습니다. 하나님께 찬양을 돌릴지어다. 결국 저는 사탄을 굴복시켰습니다. 이 승리로 인해 저는 약간의 달콤함을 맛보았습니다.

216. 이 모든 도움의 손길과 복되고 은혜로운 말씀들에도 불구하고, 자신의 장자 명분을 판 에서에 관한 말씀이 여전히 저의 양심에 고통을 주었습니

다. 방금 전까지만 해도 저는 아주 달콤한 위로를 받았으나, 에서에 관한 그 말씀이 '제' 마음에 생각나면서, 저는 또다시 두려움에 사로잡혔습니다. 저는 그 두려움을 도저히 떨쳐낼 수 없었습니다. 제가 마주한 모든 날들이 다 그 러했습니다. 그래서 저는 이제 다른 방식으로 접근해 보기로 하였습니다. 다 시 말해, 이런 불경스런 생각의 본질을 곰곰이 생각해 보기로 하였습니다. 제 가 의도한 것은 이 불경스런 생각으로 표현될 수 있는 가장 광범위한 말들을 취해서, 이 말들이 가진 본질적인 영향력과 범위들을 드러내 보이고, 그 생 각 속에 들어 있는 모든 말들을 샅샅이 살펴보는 것이었습니다. 그래서 저는 이런 방식으로 불경스런 말들을 곰곰이 생각해 보았습니다. 이 말들에 대해 제대로 생각한다면 다음과 같은 결론에 도달하게 되는데, 즉 주 예수 그리스 도께서 나의 구세주가 되든 말든, 이것은 그분께서 자유롭게 선택하실 문제 라는 것이었습니다. 저는 다시 "그분이 그렇게 원하시면, 원하는 대로 하셔 야지"라는 사악한 말로 결론을 내릴 수 있었습니다. 그 때 다음과 같은 성경 말씀이 제게 새로운 소망을 주었습니다. "내가 결코 너희를 버리지 아니하고 너희를 떠나지 아니하리라 하셨느니라"(히 13:5). 그래서 저는 "오, 주님, 저는 당신을 버렸나이다"라고 말하였습니다. 그러자 다음과 같은 응답의 말씀이 주어졌습니다. "그래도 나는 너를 버리지 않을 것이다." 이 말씀을 주신 하나 님께 저는 감사를 드렸습니다.

217. 하나님께서 저를 버리지 않을 것이라는 말씀을 주셨음에도 불구하 고, 저는 몹시 두려워하였습니다. 왜냐하면 지금까지 그분을 격노케 한 것들 이 생각나서, 제가 그분을 신뢰하기란 극도로 어려운 일임을 깨닫게 되었기 때문입니다. 과거에 그분을 격노케 했던 생각이 나지 않았더라면, 하나님의 이 약속을 받고서 저는 정말 대단히 기뻐하였을 것입니다. 그 당시 저는, 과 거에 행한 나의 허물이 생각나지만 않았다면, 내가 좀 더 가벼운 마음으로 자

유를 만끽하면서 그분의 은혜를 의지하였을 것이라고 생각하였습니다. 제가 보기에, 그 때 제 마음은 요셉의 형제들이 느낀 마음과 같았습니다. 즉, 그 형제들의 마음에는 자신들이 저지른 사악한 죄악으로 인해 죄책감이 가득했고, 따라서 자기 형제 요셉이 결국에는 자신들을 경멸할 것이라는 두려움이 많았는데(창 50:15-17), 이 마음이 바로 그 당시 제 마음이었던 것입니다.

218. 그래도 그 당시 제 마음에 가장 큰 위로를 준 말씀은 뭐니 뭐니 해도 여호수아 20장으로, 도피성을 찾아 도망쳐 온 살인자에 관한 말씀이었습니다. 피의 보복자가 그 살인자를 쫓아온다 해도, 모세는 다음과 같이 말하였습니다. "피의 보복자가 그의 뒤를 따라온다 할지라도, 그들은 그 살인자를 그의 손에 내주지 말지니, 이는 본래 미워함이 없이 부지중에 그의 이웃을 죽였음이라"(수 20:5). 오, 이 말씀을 하신 하나님은 얼마나 복된 분인지 모릅니다. 저는 제 자신이 살인자라고 확신하고 있었고, 따라서 피의 보복자가 저를 따라오고 있다고 확신하고 있었으며, 그로 인해 큰 두려움을 느꼈습니다. 이제 남은 문제는 내가 과연 이 도피성에 들어갈 수 있는 권리가 있는지를 묻는 것뿐이었습니다. 그러다가 저는 기회를 엿보면서 고의로 피를 흘리게 한 자는 이 도피성에 절대로 들어갈 수 없다는 것을 알게 되었습니다. '고의적인 살인이 아니라' 부지중에 그의 이웃을 죽인 자만이 도피성에 들어갈 수 있으며, '원한이나 악의나 적의 없이', 그러니까 본래 미워함이 없이 그의 이웃을 죽인 자만이 도피성에 들어갈 수 있다는 것을 깨닫게 되었던 것입니다.

219. 그래서 저는 나야말로 이 도피성에 마땅히 들어갈 만한 사람이라는 생각을 하게 되었습니다. 왜냐하면 저는 본래 미워함이 없이 부지중에 나의 이웃을 죽였기 때문입니다. 저는 본래 미워함이 없었습니다. 저는 절대로 그러지 않았습니다. 저는 그분에게 기도하였을 뿐만 아니라, 그분을 대적하여

죄를 짓는 일에 아주 민감하였습니다. 그렇습니다. 저는 이 사악한 유혹을 대적하기 위해 이전에도 열두 달씩 투쟁하였습니다. 맞습니다. 이런 자신 있는 생각을 할 수 없는 저의 여러 상황들이 있었음에도 불구하고, 제 마음에 든 이런 소망의 생각은 확고하였습니다. 그래서 저는 이 도피성에 들어갈 수 있는 권리가 있다고 생각하였습니다. 그리고 사도들인 장로들도 저를 피의 보복자의 손에 넘겨주면 안 된다고 생각하였습니다. 이런 생각들이 제게 큰 위로가 되었고, 제 마음에 소망의 근거를 많이 제공해 주었습니다.

220. 그럼에도 불구하고 저는 아주 비판적이었습니다. 제가 가진 건방진 성격으로 인해, 제가 가진 소망을 지탱시켜 줄 확실한 근거가 어떤 것인지를 도무지 알지 못하였습니다. 그 당시 제게는 영혼을 다해 해결하고 싶은 아주 간절한 바람이 하나 있었습니다. 그것은 다음과 같은 질문의 답을 찾는 것이었습니다. 즉, "그리스도를 통해 주시는 하나님의 참된 영적 위로를 아주 조금이라도 받은 어떤 영혼이 그 이후에, 진실로 용서받지 못할 죄를 과연 범할 수 있을까?" 하는 가능성의 문제였습니다. 아주 많은 생각을 한 후에, 저는 다음과 같은 답을 얻었습니다. "범할 수 없습니다." 그 영혼들은 절대로 그럴 수 없습니다. 그것은 다음과 같은 이유들 때문입니다.

221. 첫째, 그런 용서받지 못할 죄를 지은 자들은 그리스도의 보혈에 참여하는 것에서 제외되어 그 보혈에 들어가지 못하기 때문에, 이들에게는 소망의 근거가 조금도 없으며 영적 위로도 전혀 받지 못하는 것이 분명합니다. 그들에게 해당되는 말씀은 "진리를 아는 지식을 받은 후 짐짓 죄를 범한즉 다시 속죄하는 제사가 없고"(히 10:26)라는 말씀입니다. 둘째, 그들에게는 생명의 약속에 참여하는 것이 거부되었기 때문입니다. 그들에게는 "이 세상과 오는 세상에서도 사하심을 얻지 못하리라"(마 12:32)는 말씀이 해당됩니다. 셋째,

하나님의 아들은 거룩한 자기 아버지 앞과 하늘에 있는 복된 천사들 앞에서 이들을 자기 사람으로 시인하는 것을 영원히 부끄러워하시어, 그분의 복된 중보 사역에 참여할 수 없게 되기 때문입니다(막 8:38).

222. 저는 이 문제를 아주 심사숙고하면서 묵상한 결과, 제가 이런 사악한 죄악을 범했어도, 주님께서는 저를 위로해 주셨다고 결론 내릴 수밖에 없었습니다. 그래서 저는 지금까지 저를 두렵게 하던 그토록 무섭고 끔찍한 성경 구절들, 다시 말해 이전에는 감히 눈을 들어 차마 읽을 수조차 없어, 성경책에서 삭제되었으면 좋겠다는 생각을 수도 없이 하면서 야단법석을 떨었던 그 성경 구절들을 이제는 감히 가까이할 수 있게 되었습니다. 예전에는 이런 성경 구절들이 나를 멸망시키려는 말씀이라고 저는 생각하였습니다. 그러나 이제는 이 말씀들에 가까이 다가가, 이 말씀이 주는 격려들을 받기 위해 이 말씀을 읽고 묵상하면서, 이 말씀의 의도와 취지 등을 가늠해 보기 시작하였습니다.

223. 실제로 말씀들을 이렇게 가까이 대하기 시작하면서, 이 말씀에 대한 제 시각이 변하는 것을 느낄 수 있었습니다. 왜냐하면 이 말씀들은 제가 예전에 생각했던 것처럼 무섭게 보이지 않았기 때문입니다. 먼저 제가 읽게 된 말씀은 히브리서 6장이었습니다. 혹시 이 말씀이 나를 타격하지는 않을까 하는 생각에 심히 두려워 떨면서 저는 이 말씀을 묵상하였습니다. 그 결과 첫 번째로 저는 이 본문에서 말씀하는 타락이 완전히 떨어져 나가는 타락이 아니라는 것을 깨닫게 되었습니다. 다시 말해, 이 타락은 그리스도께서 행하신 사죄의 복음을 절대적으로 부인하고, 이 복음에서 타락하는 것으로 이해하게 되었던 것입니다(1-3절). 두 번째로 제가 알게 된 사실은, 이 타락은 공개적으로 심지어 세상이 다 보는 가운데서, "하나님의 아들을 다시 십자가에 못

박아 드러내 놓고 욕되게"(히 6:6) 한 것이라는 점이었습니다. 제가 알게 된 세 번째 사실은 이 본문이 말하는 타락한 자들은 마음의 눈이 어두워지고 완고 해져서 회개할 수 없게 된 자들이라는 점이었습니다. 다시 말해, 이들은 회 개하여 다시 새로워질 가능성이 전혀 없는 자들이라는 것이었습니다. 이 모 든 것들을 하나하나 구체적으로 살펴보면서, 저는 하나님을 영원히 찬양할 수밖에 없었습니다. 왜냐하면 저의 죄는 히브리서 6장이 말하는 그런 죄가 아닌 것을 깨달았기 때문입니다.

첫째로, 솔직히 말하자면 저는 타락하였습니다. 하지만 완전히 타락한 것 은 아닙니다. 다시 말해, 예수님을 믿음으로 영생에 이르는 신앙 고백을 하 지 않을 정도로 제가 완전히 타락한 것은 아니라는 것입니다. 둘째로, 솔직 히 말하자면 제가 범한 죄악으로 예수 그리스도를 제가 욕되게 한 것은 사실 입니다. 하지만 저는 드러내 놓고 그분을 욕되게 하지는 않았습니다. 저는 여 러 사람들 앞에서 그분을 부인하지도 않았고, 그분을 무익하다고 세상 앞에 서 정죄하지도 않았습니다. 셋째로, 제가 눈물과 회개로 진정 그분에게 나아 가는 것이 정말 힘든 일이라는 것을 알게 되었으나, 하나님께서는 제가 그분 에게 나아가는 것을 막거나 거부하지 않으신 것도 저는 알게 되었습니다. 이 런 측량 못할 은혜를 베풀어 주신 하나님을 저는 찬송합니다.

224. 그 후에 저는 히브리서 10장 말씀을 묵상하면서, 그 본문에서 언급된 고범(故犯)죄는 고의로 저지르는 모든 죄가 아니라, 먼저 그리스도를 경멸한 후에 뒤이어 그분이 주신 계명들까지 경멸하는 죄를 말한다는 것을 깨닫게 되었습니다. 이와 함께 두 번째로 깨달은 사실은, 모세의 율법을 경시한 죄 도 반드시 두세 증인이 보는 앞에서 공개적으로 자행된 범행에만 해당된다 는 것이었습니다(28절). 세 번째로 알게 된 사실은, 이러한 죄악은 웬만해서 는 범할 수 없다는 것이었습니다. 다시 말해, 은혜를 베푸시는 성령님을 크

게 경멸하고 죄악에 대한 만류를 무시하며, 선행에 대한 권면까지 무시한 자들만이 범할 수 있는 죄악이었습니다. 제가 행한 죄악들이 물론 극악무도하기는 했지만, 그럼에도 저의 이 죄악이 위에서 언급된 그 정도는 아니라는 것을 주님께서도 알고 계실 것입니다.

225. 그러고 나서 저는 에서가 자신의 장자의 명분을 판 것과 관련된 말씀이 있는 히브리서 12장을 살펴보았습니다. 이 본문은 저를 대적하여 겨누고 있는 창처럼 저를 죽이려고 덤벼드는 말씀이었습니다. 그래도 저는 그 말씀을 묵상하고서 다음과 같은 사실들을 깨닫게 되었습니다. 첫째, 에서의 범죄는 성급하게 생각하고서 저지른 것이 아니라, 마음으로 계속해서 생각하고 동의한 후에 이를 실행에 옮긴, 그야말로 충분한 숙고 후에 자행된 범죄였다는 것입니다(창 25). 둘째, 이 범죄는 비록 많은 사람들 앞에서 저지른 것은 아니었으나 자기 동생 앞에서 행해진 노골적이며 공개적인 죄악이었다는 것입니다. 바로 이 사실로 인해, 그의 범죄는 다른 범죄들과는 달리 본질적으로 더욱더 극악무도했습니다. 셋째, 에서는 계속해서 자신의 장자 명분을 경시하였습니다. "야곱이 떡과 팥죽을 에서에게 주매 에서가 먹으며 마시고 일어나 갔으니 에서가 장자의 명분을 가볍게 여김이었더라"(창 25:34). 장자의 명분을 경시하는 이런 태도는 20년이 지난 뒤에도 여전하였습니다. "에서가 이르되 내 동생아 내게 있는 것이 족하니 네 소유는 네게 두라"(창 33:9).

226. 그 후에 에서가 "회개할 기회를 얻지 못하였느니라"(히 12:17)는 이 말씀도 묵상하면서, 저는 다음과 같은 것들을 생각하였습니다. 첫째, 에서가 회개할 기회를 얻지 못한 이유는 그가 장자의 명분을 빼앗겼기 때문이 아니라, 복을 빼앗겼기 때문입니다. 그가 회개할 기회를 얻지 못했다는 것은 히브리서 기자의 말에 따르면 분명한 사실이고, 에서 자신이 말한 사실에서도 분명

히 드러납니다. "전에는 나의 장자의 명분을 빼앗고, 이제는 내 복을 빼앗았 나이다"(창 27:36). 둘째, 생각이 여기까지 미치자 저는 에서의 죄악을 바라보 시는 하나님의 마음이 어떠하실지 알아보기 위해, 신약 중에서도 사도들이 쓴 글들의 의미들을 통해 다시 살펴보았습니다. 제가 이해하고 있는 한에서 말하자면, 장자의 명분은 거듭남이며 영원한 유업이라는 축복을 의미하고 있었습니다. 이것이 하나님의 마음이었습니다. 사도의 말씀들도 이를 암시 하고 있는 듯합니다. "음행하는 자와 혹 한 그릇 음식을 위하여 장자의 명분 을 판 에서와 같이 망령된 자가 없도록 살피라"(히 12:16). 히브리서의 말씀은 현재 하나님으로부터 받은 은혜, 즉 새롭게 거듭날 수 있도록 하나님께서 시 작하게 하신 그 복들을 모두 던져 버려서, 후에 그 복들을 유업으로 받아야 할 때 거절당한 에서와 같은 자들이 너희 가운데는 없도록 하라는 뜻을 담고 있습니다.

227. 은혜와 자비의 날에 천국으로 갈 수 있는 진정한 장자의 명분을 멸시 한 자들은 그들에게 임한 심판의 날에 "주여 주여 우리에게 열어 주소서"(마 25:11)라고 말하면서 크게 울부짖을 것입니다. 그런 자들이 많이 있을 것입니 다. 에서도 마찬가지였을 것입니다. 이삭이 에서에게 한 말, 즉 "네가 오기 전 에 내가 다 먹고 그를 위하여 축복하였은즉 그가 반드시 복을 받을 것이니 라"(창 27:33)는 말을 이삭은 결코 후회하지 않았을 것이며, 마찬가지로 성부 하나님께서도 에서와 같은 자들에게 "행악하는 모든 자들아 나를 떠나 가 라"(눅 13:25-27)고 말씀하실 것입니다.

228. 저는 이런 여러 성경 말씀들을 묵상하면서, 이 말씀들이 다른 성경 말씀과 서로 배치(背馳)되지 않고 오히려 조화를 이룬다는 것을 알게 되었습 니다. 이 사실 또한 제게 많은 위로와 격려가 되었습니다. 이 사실은 또한 제

영혼의 구원에 관련해서 결코 동의할 수 없을 것 같은 여러 반대구절들에 큰 타격을 가했습니다. 저를 향해 쳐대던 우레들도 제게서 사라지고 태풍의 끝자락만 남았을 뿐이었으며, 빗방울만 한두 방울 이따금씩 제 위에 떨어질 뿐이었습니다. 지금까지 저를 괴롭히던 두려움과 고통들은 아주 쓰라리고 심했기 때문에, 마치 화상을 당했다가 나을 때처럼, 비록 큰 고통은 아니었어도 여전히 고통들은 제게 남아 있었습니다. 제 귀에는 모든 음성들이 "불이야, 불이야" 하는 것처럼 들렸고, 나의 연약한 양심은 살짝 건드리기만 해도 상처를 받곤 하였습니다.

229. 그래도 모든 것이 다 끝난 것은 아니라는 생각에 두려워하면서, 들판을 거닐던 어떤 날이었습니다. 갑자기 어떤 생각이 제 양심을 치고 들어왔습니다. 다음과 같은 한 문장이 제 영혼을 사로잡았던 것입니다. "네 의는 하늘에 있느니라." 그리고 동시에 예수 그리스도가 하나님 오른편에 계신 모습이 영혼의 눈에 보이는 것 같았습니다. 제가 말하건대, 제 의는 하늘에 있습니다. 제가 어디에 있든, 제가 어떤 야단법석을 떨든, 하나님께서는 저의 의가 부족하다는 말씀을 하실 수 없습니다. 왜냐하면 저의 의는 바로 그분 앞에 있기 때문입니다. 게다가 저의 마음상태가 양호하다고 해서 저의 의가 더 나은 것도 아니고, 저의 마음상태가 나쁘다고 해서 저의 의가 더 악화되는 것도 아니라는 사실을 저는 알게 되었습니다. 저의 의는 "어제나 오늘이나 영원토록 동일하신 예수 그리스도"(히 13:8) 그분 자신이기 때문입니다.

230. 저의 두 다리를 묶고 있던 사슬들이 이제는 정말 풀어졌습니다. 저의 고통과 저를 얽어매던 차꼬로부터 저는 해방되었고, 저를 유혹하던 것들도 제게서 사라졌습니다. 그렇게도 끔찍하게 여겨지던 하나님의 성경 말씀들이 이때부터는 더 이상 저를 괴롭히지 않았습니다. 그래서 저는 기쁜 마음으

로 집에 돌아갔습니다. 이것은 모두 하나님의 은혜와 사랑 때문이었습니다. 집에 도착해서는 "네 의는 하늘에 있느니라"는 말씀을 성경책에서 찾아보았습니다. 하지만 저는 그 말씀을 찾을 수 없었습니다. 그러자 제 마음은 또 가라앉기 시작하였습니다. 바로 그 때 다음과 같은 성경 말씀이 기억났습니다. "너희는 하나님으로부터 나서 그리스도 예수 안에 있고 예수는 하나님으로부터 나와서 우리에게 지혜와 의로움과 거룩함과 구원함이 되셨으니"(고전 1:30). 이 말씀으로 인해 저는 제 마음에 떠올랐던 다른 말씀들도 참되다는 것을 알게 되었습니다.

231. 이 성경 말씀으로 인해, 예수 그리스도는 인성을 입으셨지만 육체로 임재하신 그분을 우리가 만져본다면 그분은 우리와 구별되는 것처럼, 예수 그리스도는 하나님 앞에서 우리의 의이며, 우리를 의롭다 칭해 주시는 분임을 저는 알게 되었습니다. 이 깨달음으로 말미암아 저는 한동안 그리스도를 통한 하나님과의 평강을 아주 달콤하게 누리며 살아갔습니다. 오, 그리스도! 그리스도! 제 생각에 그리스도 외에는 아무도 없는 것 같았으며, 제 눈앞에는 그리스도만 있는 것 같았습니다. 이제 저는 그리스도의 이런저런 유익들, 다시 말해 그리스도의 보혈의 유익이나 장사지낸 바 된 유익이나 부활의 유익 등을 별개로 추구하지 않고, 그분을 총체적인 그리스도로 생각하였습니다! 이 모든 유익들 가운데 계신 그리스도, 그분의 모든 덕들과 관계와 직무와 사역 등이 한데 어우러져, 하늘에 계신 하나님 우편에 '앉아 계신' 분으로 저는 생각하기 시작하였습니다.

232. 그분의 높아지심과 그분께서 베풀어 주신 모든 유익들의 가치와 탁월함 등을 보는 것이 제게는 영광스러운 일이었습니다. 왜냐하면 이제야 저는 제 자신에게서 눈을 돌려 그분을 바라볼 수 있게 되었으며, 지금도 제 속

에서 생생한 하나님의 그 모든 은혜들은, 단지 금이 간 은화에 불과하다고 여기게 되었기 때문입니다(이런 표현을 통해서 우리는 저자가 자신에 대해 극도로 자제하는 겸손의 모습을 보게 된다. 그는 모종의 보물을 자신의 육체인 '흙으로 만들어진 용기'에 가지고 있지만, 이 보물은 그리스도 안에 담긴 보물과 대조된다. 그리스도 안에 있는 그 풍성한 보물에 비교하자면, 그가 맛본 은혜는 다량의 순금 옆에 있는 몇 개의 금이 간 은화에 불과할 따름이다—원주). 자기 집에 있는 가방 속에 금을 넣어 두고 사는 부자들도 지갑 안에는 금이 간 은화들 몇 개씩만 가지고 다닐 테니 말입니다! 오, 저는 집안 가방에 들어 있는 금을 보았습니다! 나의 주님이자 구세주이신 그리스도 안에 이 보화가 있었습니다! 이제 그리스도가 모든 것이 되었습니다. 그리스도는 저의 모든 지혜이며, 저의 모든 의이며, 저의 모든 칭의이며, 저의 모든 구속이십니다.

233. 더 나아가 주님께서는 저를 하나님의 아들과 하나가 되는 신비로운 상태까지 인도해 주셨습니다. 저는 그분에게 연합되어, 그분의 살 중의 살이요, 뼈 중의 뼈가 되었습니다. 그래서 "우리는 그 몸의 지체임이라"(엡 5:30)는 말씀이 아주 달콤한 말씀으로 제게 다가왔습니다. 이 말씀으로 인해, 그분을 저의 의로 믿는 저의 믿음은 더욱더 확실하게 확증되었습니다. 왜냐하면 그분과 제가 하나라면, 그분의 의 또한 저의 것이며, 그분의 공로 또한 저의 것이고, 그분의 승리 또한 저의 것이기 때문입니다. 비로소 저는 하늘에 있는 저 자신과 땅에 있는 저 자신을 동시에 볼 수 있게 되었습니다. 비록 이 땅에서는 제 자신이 육신과 인성으로 유지되고 있었지만, 하늘에서는 저의 의이자 생명이며 머리되신 그리스도로 말미암아 제 자신이 유지되고 있는 것을 저는 볼 수 있었습니다.

234. 제가 또 알게 된 사실은, 예수 그리스도는 하나님께서도 예의주시한

분이시기에, 우리도 그분을 평범하지만 공적인 분으로 바라보아야 한다는 것이었습니다. 다시 말해서, 하나님께서 선택한 모든 육체들은 그분 안에서 항상 돌보심을 받고 주목을 받고 있다는 것입니다. 그러므로 우리는 그분으로 인해 율법이 성취되고, 그분으로 인해 우리가 죽고, 그분으로 인해 우리가 죽은 자들 가운데서 다시 살아나고, 그분으로 인해 우리가 죄와 사망과 마귀와 지옥을 이겼으며, 그분이 죽었을 때 우리 또한 죽었고, 그분의 부활로 우리 또한 부활하게 된다는 것을 깨닫게 되었습니다. 그분께서는 "주의 죽은 자들은 살아나리니, 그들이 나의 죽은 몸과 함께 일어나리이다"(사 26:19 KJV, "주의 죽은 자들은 살아나고 그들의 시체들은 일어나리이다"[개역개정])라고 말씀하셨을 뿐만 아니라, "여호와께서 이틀 후에 우리를 살리시며, 셋째 날에 우리를 일으키시리니 우리가 그의 앞에서 살리라"(호 6:2)고도 말씀하셨습니다. 구약의 이 말씀들은 "허물로 죽은 우리를 그리스도와 함께 살리셨고 (너희는 은혜로 구원을 받은 것이라) 또 함께 일으키사 그리스도 예수 안에서 함께 하늘에 앉히시니"(엡 2:5-6)라고 에베소서에 기록된 바와 같이, 하늘에 있는 존귀하신 그분의 오른편에 인자께서 앉으심으로 성취되었습니다.

235. 아! 이사야, 호세아, 에베소서 등 이렇게 복된 성경 말씀과 이와 비슷한 유의 다른 말씀들과 함께 그 말씀들을 묵상함으로써 그 당시 제 눈은 반짝였습니다. '그래서 저는 다음과 같이 말하지 않을 수 없었습니다.' "할렐루야 그의 성소에서 하나님을 찬양하며 그의 권능의 궁창에서 그를 찬양할지어다. 그의 능하신 행동을 찬양하며 그의 지극히 위대하심을 따라 찬양할지어다"(시 150:1-2).

236. 이처럼 저는 저의 사악한 생각들로 인해 죄책감과 두려움에 휩싸여 있으면서, 그로 인해 영혼의 슬픔과 고통을 맛보았습니다. 지금까지 저는 제

가 겪은 그 고통과 슬픔을 간단하게나마 여러분에게 보여드렸습니다! 그리고 또한 거기서부터 제가 벗어나게 된 감동적인 이야기들, 다시 말해 그 슬픔과 고통 이후에 제게 임한 그 달콤하고 복된 위로들에 대해서도 저는 간단히 여러분에게 말씀드렸습니다. 저는 그 이후로 제 마음에 임한 이 위로를 거의 열두 달 동안 누리면서 지냈습니다. 그 위로는 제가 이루 말할 수 없을 정도로 감동적이었습니다. 이에 대해 좀 더 말하기 전에, 저는 먼저 이러한 유혹의 원인으로 제 마음에 생각나는 것들에 대해 한두 마디 더 한 다음에, 이 유혹이 마침내 제 영혼에 얼마나 유익하였는지를 설명하고자 합니다. 이런 방식으로 이야기하는 것을 하나님께서도 기뻐하실 것 같습니다.

237. 제가 생각하기에 유혹을 받은 이유는 기본적으로 두 가지 이유 때문인 것 같습니다. 제가 고난을 겪는 내내 이 두 가지가 항상 제 마음 깊은 곳에서 생각났습니다. 첫째 이유는 제가 일단 유혹에서 건짐을 받고난 후에, 앞으로 장차 임할 유혹에서도 저를 다시 지켜 주시기를 하나님께 계속해서 간구하지 않았기 때문입니다. 사실, 솔직히 말해서 제가 이러한 유혹에 사로잡히기 전에도, 제 영혼은 많은 기도를 하였습니다. 하지만 그 때 드린 기도는 대부분 기본적으로 그 당시 당면했던 고난을 없애 달라는 것과 그리스도 안에 있는 '그분의' 사랑을 새롭게 발견하게 해 달라는 것이었습니다! 그 이후에 저는 이런 기도만으로는 충분하지 않다는 것을 알게 되었습니다. 장차 임할 악에서 저를 지켜 달라는 기도를 위대한 하나님께 드려야 했는데 저는 그 당시에 그러지 않았던 것입니다.

238. 이에 대해서는 거룩한 다윗이 드린 기도를 통해서 큰 깨달음을 얻었습니다. 즉, 다윗은 현재 은혜를 누리면서도, 장차 임할 죄악과 유혹으로부터 자신을 지켜 달라고 하나님께 기도하였던 것입니다. "또 주의 종에게 고

의로 죄를 짓지 말게 하사 그 죄가 나를 주장하지 못하게 하소서 그리하면 내가 정직하여 큰 죄과에서 벗어나겠나이다"(시 19:13). 제가 겪은 아주 오랜 유혹의 기간 동안, 바로 이 말씀이 제게 큰 책망의 말씀이 되어 제 마음은 비통했습니다.

239. 계속해서 기도해야 할 의무를 게을리한 저의 어리석음을 크게 책망한 말씀이 또 있었습니다. "그러므로 우리는 긍휼하심을 받고 때를 따라 돕는 은혜를 얻기 위하여 은혜의 보좌 앞에 담대히 나아갈 것이니라"(히 4:16). 저는 이 말씀대로 행하지 않았습니다. 그래서 "시험에 들지 않게 일어나 기도하라"(눅 22:46)는 말씀을 따르지 않은 결과, 죄와 타락 가운데서 고난을 받았던 것입니다. 진실로 바로 이 문제는 지금까지도 큰 두려움으로 저를 압도하고 있습니다. 그래서 장차 임할 유혹에 대해 도움과 은혜를 하나님께 간구하기 이전까지 저는 감히 주님 앞에 나아가 무릎을 일으켜 펼 수 없었습니다. 저는 독자 여러분들에게 간청합니다. 저는 이 의무를 소홀히 함으로써 수일, 수개월, 수년을 슬퍼하며 고통을 겪었습니다. 여러분은 제 경우를 반면교사(反面教師)로 삼아, 장차 임할 유혹을 위해 기도해야 하는 의무를 게을리하지 않도록 주의하십시오.

240. 제가 유혹을 받았던 또 다른 이유는 하나님을 시험했기 때문입니다. 저는 다음과 같은 식으로 하나님을 시험하였습니다. 제 아내가 아이를 임신하여 몸이 부어 있을 때였습니다. 몸을 풀 막달이 되기도 전에 아내에게는 보통 여인들이 출산할 때 겪는 극렬하고 모진 고통이 엄습하였습니다. 아내는 출산예정일이 되지 않은 상태에서 곧 조산(早産)이라도 할 것 같았습니다. 바로 그 때 그 일이 일어났습니다. 즉, 저는 하나님의 존재를 아주 강하게 의심하는 시험을 해보고 싶었습니다. 옆에서 아내가 고통으로 울부짖고 있는 가

운데, 저는 아주 은밀하게 마음으로 다음과 같이 생각하였습니다. "주님, 당신께서 원하시어 제 아내가 겪고 있는 이 처절한 고통을 지금 당장 없애주셔서 오늘 밤 그녀가 더 이상 고통을 받지 않게 된다면, 그렇게만 해주신다면, 당신은 마음에 있는 가장 은밀한 생각들까지도 헤아릴 수 있는 분이심을 제가 알겠습니다."

241. 제가 마음속으로 이렇게 말하자마자, 아내는 고통에서 벗어나 깊은 잠에 빠져서 다음날 아침까지 잠을 잤습니다. 이런 모습을 보고서 저는 너무나 놀라 이에 대해 어떻게 생각해야 할지 몰랐습니다. 저는 밤에 일어나 한참을 깨어 있었지만 아내가 울부짖는 소리를 더 이상 들을 수 없었습니다. 그러다 저도 잠이 들고 말았습니다. 다음날 아침, 잠에서 깨어난 저는 지난밤에 제가 마음속으로 했던 말을 다시 생각해 보았습니다. 주님께서는 저의 은밀한 생각들을 알고 계신다는 사실을 그렇게 생생하게 보여주셨던 것입니다. 이 사건으로 인해 제가 받은 큰 충격은 그 이후로도 몇 주간 계속되었습니다.

242. 그런데 이 일이 있은 후 대략 1년 반 정도의 시간이 지나자, 제가 앞에서 말했던 그 사악한 나쁜 생각이 이 사악한 마음에 다시 떠올랐습니다. 즉, 제 마음에 "그리스도께서 그렇게 원하시면, 원하는 대로 하셔야지"라는 생각이 들었던 것입니다. 이런 생각을 하는 나 자신에 대한 죄책감에 시달릴 때, 제 마음에는 그와는 또 다른 생각들이 떠올랐습니다. 그 결과, 서로 상반된 생각들이 제 마음속에서 치고받으면서 서로를 책망하고 있었습니다. "하나님께서는 마음에 있는 가장 은밀한 생각들까지도 알고 계신다는 사실을 이제 너는 알게 되었을 것이다."

243. 이런 생각과 함께, 주님과 그의 종 기드온 사이에서 오고갔던 대화를 기록한 성경 말씀들도 제 마음에 떠올랐습니다. 기드온은 하나님의 말씀을 믿어야 했지만 그러지 못하고 마른 양털과 젖은 양털로 감히 그분의 말씀을 시험해 보려고 하였습니다. 그러자 주님께서도 그를 시험해 보고자 하셨습니다. 주님께서는 그 일이 있은 후 겉으로 드러나는 눈에 보이는 도움이나 능력을 주지 않은 채, 무수한 원수들의 무리를 기드온에게 보내셨습니다(삿 6, 7). 주님께서는 저에게도 이런 식으로 대하셨습니다. 사실 주님의 이런 처사는 정당한 것이었습니다. 왜냐하면 저는 그분의 말씀을 믿어야 했고, 모든 것을 꿰뚫어보시는 하나님에게 '만약'이라는 말을 붙이지 않아야 했지만, 저는 그렇게 하지 않았기 때문입니다.

244. 이제는 이러한 유혹으로부터 제가 얻게 된 유익에 대해 말하고자 합니다. 먼저, 저는 이런 유혹을 통해서 하나님과 그분의 사랑하는 아들이 존재한다는 것과 그분들의 영광에 대한 아주 놀라운 감각을 제 영혼에 지속적으로 갖게 되었습니다. 앞에서 '이미 제가 겪은' 유혹을 통해 제 영혼은 불신앙, 신성모독, 완고한 마음, 하나님과 그리스도의 존재에 대한 의심, 진리의 말씀에 대한 의심, 내세의 확실성에 대한 의심 등으로 어찌할 바를 몰랐습니다. 제가 말하건대, 그 당시 저는 무신론으로부터 극심한 공격을 받아 고통을 당하고 있었고, 그러다가 상황이 완전히 달라지기도 하였습니다. 하나님과 그리스도는 지속적으로 제 앞에 계셨지만, 여전히 제게는 그분이 제게 위로를 주는 것이 아니라 극도의 두려움과 공포의 대상으로 보였습니다. 거룩한 하나님께서 보여주신 영광이 이번에는 저를 산산조각 내었고, 그리스도께서 보여주신 육신과 자비는 형차(刑車)처럼 저를 부서뜨렸습니다. 왜냐하면 저는 그분을 버림받고 배척당한 그리스도로만 알 수밖에 없었기 때문입니다. 그 때를 생각하면 지금도 제 뼈가 으스러지는 것 같습니다.

245. 성경 말씀 또한 제게는 경이로운 대상이었습니다. 성경 말씀에 나타난 참된 진리가 천국 문을 여는 열쇠라는 사실을 저는 알게 되었습니다. 성경의 맛을 아는 '사람들'은 반드시 복을 유업으로 받게 되지만, 그 말씀을 반대하고 비난하는 '사람들'은 틀림없이 영원히 멸망하게 된다는 것도 저는 알게 되었습니다. "성경은 폐하지 못하나니"(요 10:35)라는 말씀이 제 마음을 얼마나 갈기갈기 찢어 놓았는지 모릅니다. "너희가 누구의 죄든지 사하면 사하여질 것이요 누구의 죄든지 그대로 두면 그대로 있으리라 하시니라"(요 20:23)는 말씀도 마찬가지였습니다. 제 눈에는 사도들이 도피성의 장로들처럼 보였습니다(수 20:4). 이들이 받아들인 '사람들'은 영생을 얻게 되지만, 이 사도들이 문을 걸어 잠그고 들여보내 주지 않은 자들은 피의 보복자에게 잡혀 죽게 됩니다.

246. 오! 성경에 기록된 한 문장 한 문장은 제 마음을 더욱더 고통스럽게 하고, 더 큰 두려움으로 저를 몰아갔습니다. 저를 대적하는 말씀들을 보고 있노라면, 이 모든 구절들은 저를 대적하기 위해 올라오는 4만 명의 병사들보다 더 고통스럽고 무섭다는 생각이 들 때도 있었습니다. 성경 말씀에 굴복하지 않는 자들에게는 화가 있으리로다.

247. 이런 유혹으로 인해 저는 약속의 본질을 예전보다 더욱더 분명히 '볼 수 있게' 되었습니다. 저는 강한 하나님의 손에 두려워 떨었으며, 그분의 의로운 우렛소리에 제 마음은 계속해서 찢기고 부서졌습니다. 이런 일을 겪으면서, 신중한 마음과 주의하는 눈빛으로 아주 진지하게 성경의 한 쪽 한 쪽을 살펴보았습니다. 즉, 두려운 마음이 가시지 않은 채, 성경에 기록된 모든 문장들을 그 말씀이 가진 본래적인 힘과 능력을 생각하면서 아주 성실하게 묵상하였습니다.

248. 지금까지 저는 약속의 말씀이 마음에 떠오를 때마다 아무렇지도 않게 생각하였습니다. 하지만 유혹을 받고난 후부터는, 지금까지의 이런 어리석은 습관들을 완전히 내버리게 되었습니다. 예전에도 그랬고 그 당시도 마찬가지로, 약속에서 우러나오는 그 달콤한 위로들을 제가 먹을 수는 없었지만, 그래도 한 사람의 추락하는 영혼으로서 마치 물에 빠진 사람처럼 눈에 보이는 것은 무엇이든 붙잡으려고 하는 심정이 되었습니다. 예전에는 그 약속에서 위로를 받지도 못하면서 그 약속에 대해 이러쿵저러쿵 말들을 하였지만, 이제는 그렇게 한가하게 노닥거릴 시간이 없었습니다. 피의 보복자가 저를 계속해서 추격해오고 있었기 때문입니다.

249. 여전히 저에 대해 마음의 문을 닫은 것 같은 그 약속의 말씀 앞에서 저는 두려워하였습니다. 제게는 그 약속을 소유할 근거나 권리가 없었습니다. 그래서 그 약속의 품 안으로 뛰어들기조차 두려웠습니다. 그래도 저는 그 말씀을 기쁜 마음으로 붙들었습니다. 이제 저는 하나님께서 기록해 두신 그 말씀의 한 음절 한 음절이 지닌 본래의 힘을 조금도 제한하지 않고, 그 말씀 그대로 받아들이고자 하는 수고를 기꺼이 감내하였습니다. 오, 그러다가 요한복음 6장에서 얼마나 복된 말씀을 보았는지 모릅니다. "내게 오는 자는 내가 결코 내쫓지 아니하리라"(요 6:37). 제가 하나님을 영접하기 위해서는 큰 마음을 가져야 할 것 같았습니다. 그런데 하나님은 "내게 오는 자는 내가 결코 내쫓지 아니하리라"는 대단한 말씀을 하셨으니, 그분은 제 마음보다 더 큰 입을 가지고 계신 듯합니다. 그분께서는 성급하게 말씀하지 않으시고, 경솔하게 열을 내지 않으십니다. 오히려 그분은 무한한 지혜와 판단력으로 신실하게 아주 참된 말씀만 하신다고 저는 생각하였습니다(삼하 3:18).

250. 그 당시에 저는 이따금씩 아주 극심한 고통을 겪었습니다. 마치 진흙

구덩이에 빠진 말이 마른땅으로 나아가려고 안간힘을 쓰듯, 저 또한 모든 것이 뒤죽박죽이 되어 버린 궁지에서, 두려움 때문에 자신의 지혜를 거의 다 잃은 사람과 같이 되었지만, 그래도 약속을 향해 나아가려고 발버둥을 쳤습니다. 저는 이 약속을 의지하고 이 약속 안에 머무르면서, 이 약속의 성취 여부는 이 약속을 한 장본인인 하늘의 하나님에게 맡기기로 결론을 내렸습니다. 오! 요한복음 6장에 기록된 이 복된 말씀을 놓고서, 제 마음과 사탄은 얼마나 많이 실랑이를 벌였는지 모릅니다. 다른 때와 마찬가지로 그 당시에도 저는 기본적으로 위로를 찾지 않았습니다. 그래도 오, 그 말씀이 지금까지 얼마나 저를 환대해 주었는지 모릅니다! 저처럼 지친 영혼이 영원히 가라앉지 않도록 '제가 갈망했던 것이' 바로 그분의 한 말씀, 그 한 말씀에 의지하는 것이었습니다.

251. 진실로 저는 가끔 이 약속을 향해 진력해 보았으나, 제가 보기에 주님께서는 제 영혼을 영원히 거절하시는 것만 같았습니다. 저는 가끔씩 산꼭대기를 향해 뛰어 올라가 보기도 했으나, 주님께서는 불 칼로 저를 가로막고 밀쳐내는 것만 같았습니다. 그 당시 저는 왕에게 간구하기 위해 규례를 어기고 왕에게 나아간 에스더(에 4:16)도 생각났고, 원수들로부터 긍휼을 얻기 위해 자기 머리에 밧줄을 묶은 벤하닷의 종들(왕상 20:31)도 생각났습니다. 또한 그리스도로부터 개라고 불려도 전혀 개의치 않은 가나안 여인(마 15:20-28)과 밤중에 떡을 꾸기 위해 나아온 어떤 사람(눅 11:5-8)도 제게 큰 용기를 주었습니다.

252. 예전에도 저는 주님의 은혜와 사랑과 자비하심을 알고 있기는 하였습니다. 하지만 이런 유혹을 경험하고 나서야 비로소 이 은혜와 사랑과 자비하심이 얼마나 높고 깊은지를 알게 되었습니다. 큰 죄악들에 큰 은혜가 주어

지고, 죄책감이 가장 강렬하고 극심한 곳에 바로 그 곳에 그리스도 안에 있는 하나님의 은혜가 주어집니다. 영혼들에게 보여주시는 그 은혜가 그런 곳에서 가장 높고 강력하게 나타납니다. 욥도 자신의 곤경을 잘 헤쳐 나갔을 때, "여호와께서 욥에게 이전 모든 소유보다 갑절이나"(욥 42:10) 더 주셨습니다. 우리 주 예수 그리스도를 주신 하나님을 찬송할지어다. 제가 이 자리에서 말씀드린 것 외에도 다른 일들이 많이 있었지만, 이 정도로 간략하게 전했습니다. 이번에는 많은 부분들을 생략하고 말씀드리고자 합니다. 제가 하나님께 간구하는 기도 제목은 제가 행한 해악들을 다른 사람들이 보고서, 그들은 죄를 범하는 것을 두려워하여, 제가 '메었던 철 멍에'를 그들은 메지 않았으면 하는 것입니다.

'하나님께서 이런 유혹에서 허덕이는 저를 건져 주실 무렵, 저는 그리스도의 은혜에 사로잡히는 아주 낯선 경험을 두세 번 하였습니다. 그 경험은 이루 상상하지 못할 만큼 아주 놀라운 것이어서, 저는 감당할 수 없었습니다. 저는 그 정도는 감당할 수 있으리라 예전부터 생각했으며, 그 당시에도 그렇게 생각했습니다. 하지만 이런 아주 강력한 경험이 제게 조금만 더 오래 지속되었더라면, 저는 아무 일도 할 수 없는 무능한 사람이 되고 말았을 것입니다.'

제4장

베드포드에 있는 그리스도의 교회와
교제를 나누기 시작하다
후에 번연은 이 교회에서 목양하는 장로가 되었다

(제253절~제264절)

253. 이제부터는 주님께서 저를 어떻게 대해 주셨는지, 즉 그 당시 제가 맞닥뜨렸던 유혹과 함께 몇 번의 특별한 순간에 그분께서 저를 어떻게 대해주셨는지에 대해 여러분에게 말씀드리려고 합니다. 먼저 저는 베드포드에 있는 하나님의 백성들과 교제를 나누기 위해 그 교회에 가입했습니다. 그 때 제가 겪었던 일부터 시작해서 여러분에게 말씀드리고자 합니다. 저는 그리스도의 명령과 규례를 그들과 더불어 준행하고, 그 공동체에 가입하기를 원한다는 것을 분명하게 교회 앞에서 공개적으로 말하였습니다. 그리스도께서 돌아가시기 전에 제자들과 함께 나누신 마지막 만찬인 그리스도의 복된 규례를 생각하다가, 이 규례를 제정하며 하신 말씀, 즉 "너희가 이를 행하여 나를 기념하라"(눅 22:19)는 말씀이 아주 귀한 말씀으로 제게 와 닿았습니다. 이 말씀으로 그분의 죽음이 저의 죄를 위한 것이라는 깨달음과 함께, 주님께서는 제 양심에 다가오셨습니다. 그 때 저는 주님께서 이루신 바로 그 덕스러운 사역에 저를 밀어넣으시는 것 같은 인상을 받았습니다. 그러나 보십시오. 저는 이 규례에 오랫동안 참여하지 않았기에, 이 규례를 모독하고 싶었을 뿐

아니라, 이 성찬에 참여하여 먹도록 제공되는 빵과 잔에도 치명적인 모욕을 끼치고 싶은 마음이 들었습니다. 이런 잔인하고 서글픈 유혹이 가끔 제 마음에 생겼습니다. 이런 사악하고 두려운 생각에 따라가는 죄악을 언제나 범하지 않으려고, 이런 신성모독적인 죄악에서 저를 지켜 달라고 저는 하나님께 기도하였으며, 성찬에 참여한 모든 사람들의 입으로 들어가는 빵과 잔을 축복해 달라고 저는 하나님께 울면서 부르짖었습니다. 저는 전심으로 이런 간구를 할 수밖에 없었습니다. 제가 이런 유혹을 왜 받는지 한번 생각해 보았습니다. 그것은 아마도 성찬에 처음으로 나아가 참여할 때 '제가 가졌던 그 마음', 다시 말해 첫 성찬을 대할 때만큼 성찬에 대한 경외심이 제게 없었기 때문이 아닌가 합니다.

254. 일 년에 거의 아홉 달 정도 이런 상태가 지속되면서, 저는 어떤 안식이나 평안도 누릴 수 없었습니다. 그러다 마침내 주님께서는 예전에 저를 찾아오셨던 바로 그 동일한 성경 말씀으로 제 영혼을 찾아와 주셨습니다. 그 이후로 저는 그 복된 성례에 참여할 때마다 매번 너무나 좋았고 큰 위로를 받았습니다. 제 생각에, 이 예식에서 저는 주님의 몸이 저의 죄를 위해 찢기셨고, 그분의 귀한 보혈은 저의 허물을 위해 흘린 것이라는 사실을 분별하게 되었던 것 같습니다.

255. 어느 해 봄에는 아마도 폐병인 것 같은 질병에 걸려서, 이러다가는 내가 더 이상 못살 것 같다는 생각이 들 정도로 병세가 악화되어, 겉 사람(outward man)이라고 할 수 있는 몸 상태가 아주 많이 쇠약해져 있었습니다. 병마는 갑자기 강력하게 저를 엄습하였습니다. 그래서 저는 저의 상태나 조건들이 내세에 합당한지 저 자신을 진지하게 한 번 더 새롭게 검토하였습니다. 다시 말해, 장차 임할 복된 세상에 합당한 증거를 내가 과연 내놓을 수 있을지를 살

펴보았던 것입니다. 사실 이 대목에서 저는 하나님의 이름을 찬양합니다. 왜 냐하면 저는 장차 임할 생명에 대한 관심을 저버리지 않았으며, 그 생명이 언 제라도 제 눈앞에 생생하게 하였기 때문입니다. 특히 저는 고난의 날에도 항 상 이 생명에 관심을 가졌기에, 이런 관심은 지금까지 저의 일상사가 되어 버 렸습니다.

256. 예전에도 저는 제 영혼에 임한 하나님의 선하심을 경험하곤 하였습 니다. 제가 마음으로 이런 예전 경험들을 회상하자마자, 그 수를 헤아릴 수 없을 정도로 나의 죄와 허물들이 무더기로 제 마음에 떠올랐습니다. 그 많은 죄악들 가운데 이번에 제 마음에 생각난 것들은 제 마음을 가장 아프게 한 것 들이었습니다. 즉, 거룩한 의무에 대해 죽은 것 같은 상태, 둔감한 상태, 냉담 한 상태 등이 제 마음을 가장 아프게 하였습니다. 종잡을 수 없는 저의 마음 상태, '그 중에서도' 선한 모든 것들에 대한 저의 싫증, 하나님과 그분의 방식 과 그분의 백성들을 사랑하는 마음이 부족한 것, 이 모든 것들이 결국은 다 음과 같은 한 가지 질문으로 귀결되었습니다. "이런 것들이 기독교인의 열매 인가? 이런 것들이 복 받은 사람의 증표란 말인가?"

257. 이런 것들을 마음에 생각하자, 제가 앓고 있던 병세는 배나 악화되었 습니다. 제 영혼은 죄책감에 시달리면서 이제는 겉 사람뿐 아니라, 속 사람 (inward man)까지도 병이 들어 버렸습니다. 저를 향한 하나님의 선하심을 맛 보았던 그 옛 체험도 이제는 제 마음에서 완전히 사라져 버렸습니다. 한 번 도 존재하지 않았던 것처럼, 한 번도 보이지 않았던 것처럼, 그 경험들은 제 시야에서 완전히 감춰졌습니다. "나는 꼭 살아야만 하는가?" 하는 생각과 "감히 내가 죽으려는 생각을 해?"라는 이 두 질문들 사이에서 진지하게 생각 하면서, 제 영혼은 극도로 야위어만 갔습니다. 이제 제 영혼은 가라앉아 바

닥까지 떨어졌으며, 모든 것을 포기하고서 잃어버림을 당한 자가 되었습니다. 이렇게 너무 참담한 심정으로 집 안을 오르락내리락 하던 중에, 하나님의 말씀이 제 마음을 사로잡았습니다. 너는 "그리스도 예수 안에 있는 속량으로 말미암아 하나님의 은혜로 값 없이 의롭다 하심을 얻은 자 되었느니라"(롬 3:24). '오, 나에게도 이런 대반전이 일어나다니!'

258. 그 때 저는 일종의 괴로운 악몽에서 깨어난 사람과 같았으며, 제 귀에는 하늘의 음성이 들리는 것 같았습니다. 제 귀에 들린 그 음성은 제 마음에 다음과 같이 해석되었습니다. "죄인아, 너는 네가 지은 죄와 연약함으로 인해, 내가 네 영혼을 구원할 수 없으리라 그렇게 생각하고 있느냐? 그러나 한번 생각해 보아라. 나의 아들이 내 곁에 있으며, 나는 너를 보는 것이 아니라 내 아들을 보고 있느니라. 나에게는 내 아들을 보는 것이 기쁨이기에, 그 기쁜 마음으로 너를 대할 것이니라." 이런 생각이 들자 제 마음은 크게 밝아지면서, 하나님께서는 언제 어떤 죄인이라 해도 그를 의롭게 하실 수 있다는 사실을 깨닫게 되었습니다. 이는 '그분께서는' 오직 그리스도만 바라보시며, 그분은 또한 이 그리스도의 공로를 우리에게 전가하시고, 그 전가된 공로는 지체 없이 효과를 발휘하기 때문입니다.

259. 이런 생각을 골똘히 하고 있을 때, 다음과 같은 성경 말씀이 큰 능력으로 제 영혼에 임했습니다. "하나님이 우리를 구원하사 거룩하신 소명으로 부르심은 우리의 행위대로 하심이 아니요 오직 자기의 뜻과 영원 전부터 그리스도 예수 안에서 우리에게 주신 은혜대로 하심이라"(딤후 1:9; 딛 3:5). 이제 저는 높은 곳에 앉아 있는 것 같았습니다. 제 눈에는 은혜와 자비의 품 안에 안겨 있는 저의 모습이 보였습니다. 예전에는 임종할 때를 생각하기만 해도 무서웠지만, 이제는 "저는 죽어도 좋습니다"라고 외칠 수 있게 되었습니다.

제 눈에는 죽음이 사랑스럽고 아름다워 보이기까지 하였습니다. 왜냐하면 사실 우리는 저 세상으로 가서야 비로소 삶다운 삶을 살 수 있지, 그전까지는 그런 삶을 결코 살 수 없다는 것을 알았기 때문입니다. 오, 제 생각에 이 땅에서의 삶은 천국에서의 삶과 비교해 보자면 한갓 선잠을 자는 것에 불과한 것 같았습니다. 이 무렵 저는 "하나님의 상속자"(롬 8:17)라는 말도 알게 되었습니다. 제가 이 세상을 살아가는 동안 이 말보다 더 저에게 감동을 준 말은 없었던 것 같습니다. "하나님의 상속자!" 하나님께서 친히 성도들의 분깃이 되십니다. 저는 이 사실을 알고 놀랐습니다. 하지만 저는 제가 알게 된 것을 여러분에게 말할 능력이 없습니다(일찍이 작가의 길에 들어선 번연이, 이 거룩한 기쁨들을 접하고서 자신이 알고 느꼈던 바를 말할 수 없다는 말에 많은 사람들은 놀랄 것이다. 하지만 이와 유사한 감정을 가졌던 모든 사람들은, 자신들이 경험한 것도 이루 말할 수 없을 정도로 위대하고 영광이 가득한 것이어서 이 번연의 말에 동의를 할 것이다—원주).

260. 그 이후에도 저는 또다시 몸이 몹시 아파 연약한 가운데 있었습니다. 그런데 아픈 시간 내내 유혹자인 사탄은 저를 아주 지독하게 못살게 굴었습니다. 왜냐하면 저도 알고 있는 사실이지만, 한 영혼이 무덤에 가까워지기 시작할 때야말로 그 영혼에게 총공격을 퍼붓기에 가장 좋을 때이기 때문입니다. 그래서 유혹자는 제가 질병으로 고생하는 그 때를 기회로 삼고는 하나님의 선하심을 맛본 예전의 그 경험을 저에게서 감추고, 사망의 공포와 하나님의 심판에 대한 공포를 제 앞에 두고자, 온갖 수고를 아끼지 않았습니다. 유혹자가 감행한 이번 공격이 어느 정도였는가 하면, 영원히 멸망할지도 모른다는 제가 가진 두려움 때문에, 내가 반드시 죽게 될 거라는 생각을 하게 되면서, 죽음이 오기도 전에 이미 저는 죽은 자와 같이 되어 버렸고, 이미 지옥 구덩이로 내려가고 있는 것 같은 감정을 제 자신이 느낄 수 있었습니다. 그래서 저는 "이제 내게는 다른 길이 없다. 나는 틀림없이 지옥으로 떨어지는

수밖에 없다"라고 말했던 기억이 납니다. 하지만 보십시오. 제가 이런 두려움들 한중간에 둘러싸여 있을 바로 그 때, 나사로를 인도하여 아브라함의 품에 안기게 한 천사들의 다음과 같은 말들이 마치 단도(短刀)처럼 제게 박혔습니다. 그들은 제게 다음과 같이 말하는 것 같았습니다. "네가 이 세상을 떠날 때에 너도 이 나사로처럼 될 것이다." 이 말씀으로 인해 제 영혼은 달콤한 생기를 되찾았고, 제가 하나님께 소망을 갖는데 큰 도움이 되었습니다. 이런 생각에 잠겨 잠시 위로를 받고 있을 때, 다음과 같은 말씀이 큰 무게로 제 마음을 압도하였습니다. "사망아 너의 승리가 어디 있느냐? 사망아 네가 쏘는 것이 어디 있느냐?"(고전 15:55). 이 말씀을 듣자마자 즉시 저의 몸뿐만 아니라 마음까지도 씻은 듯이 건강하게 되었습니다. 제 몸에서 아프던 것이 즉시 사라지자, 저는 상쾌한 기분으로 하나님을 위한 사역을 다시 감당할 수 있게 되었습니다.

261. 또 한 번은 제 영혼이 회복되어 다시 활기를 찾으려고 하는 찰나에, 갑자기 큰 흑암의 구름이 저를 덮치는 일이 있었습니다. 그로 인해 하나님과 그리스도에 관한 모든 것들이 제게서 완전히 가려지게 되었습니다. 그 때 저는 하나님과 그리스도에 관한 것들은 평생토록 한 번도 보지도 못했고 알지도 못한 사람처럼 되어 버렸습니다. 제 영혼은 의식을 잃은 상태가 되었으며, 제 마음도 완전히 기력을 잃었습니다. 그래서 저는 제 영혼이 그리스도께서 주시는 은혜와 생명을 얻기 위해 움직이거나 분발하는 느낌을 전혀 가질 수 없었습니다. 저는 마치 허리가 부러진 사람 같았고, 제 손과 발은 사슬에 단단히 결박된 것 같았습니다. 하필이면 이런 때에 저의 겉 사람 '또한' 나약함에 사로잡혀 있다는 느낌이 들었습니다. 그래서 그런지 다른 고통들마저 '제게는' 더욱 무겁고 불쾌하게 느껴졌습니다.

262. 한 사나흘 정도 이런 상태로 지내면서, 어느 날 저는 화로 옆에 앉아 있었습니다. 그 때 갑자기 "나는 예수님에게 반드시 가야만 해"라는 음성이 제 마음에 울려 퍼지는 것을 느꼈습니다. 이 음성으로 인해 지금까지 제 마음에 드리워져 있던 흑암과 무신론이 사라지고, 천상의 복된 것들이 제 시야에 들어왔습니다. 이런 갑작스러운 일로 놀라움이 채 사라지기도 전에, 저는 제 아내에게 "여보, '나는 예수님에게 반드시 가야만 해'라는 말씀이 성경에 있소?"라고 물었습니다. 아내는 자기도 잘 모르겠다고 말하였습니다. 그래서 저는 이 말씀을 상고하면서, 이것이 성경 어디에 기록되어 있는지 찾아보기 위해 자리에 앉았습니다. 앉아서 한 2~3분 정도 성경책을 뒤적거린 것 같은데, 느닷없이 "천만 천사와"(히 12:22)라는 말씀과 함께 히브리서 12장에 기록된 시온 산의 광경이 제 눈앞에 펼쳐졌습니다(히 12:22-24).

263. 그러자 저는 아주 기뻐서 아내에게 말했습니다. "오, 이제 알았소. 이제 내가 알았소!"라고 말입니다. 그날 밤은 제게 아주 유익한 밤이었습니다. 지금까지 살면서 그 날 밤보다 더 좋았던 밤은 없었던 것 같습니다. 하나님의 백성들 가운데 몇몇 사람을 만나, 하나님께서 제게 보여주신 바를 그들에게 말해 주고 싶은 마음이 간절하였습니다. 그날 밤 그리스도는 제 영혼에 너무나 귀한 그리스도였습니다. 그리스도로 말미암은 기쁨과 평안과 승리 때문에 저는 잠자리에 누웠으나 쉽게 잠들지 못했습니다. 이 큰 영광이 다음날 아침까지 지속되지는 않았으나, 그래도 히브리서 12장을 쓴 기자의 말씀(히 12:22-23)은 그 후로도 며칠 동안 제게 복된 말씀이었습니다.

264. 그 말씀은 다음과 같습니다. "그러나 너희가 이른 곳은 시온 산과 살아 계신 하나님의 도성인 하늘의 예루살렘과 천만 천사와 하늘에 기록된 장자들의 모임과 교회와 만민의 심판자이신 하나님과 및 온전하게 된 의인의

영들과 새 언약의 중보자이신 예수와 및 아벨의 피보다 더 나은 것을 말하는 뿌린 피니라"(히 12:22-24). 이 복된 말씀을 통해 주님께서는 여러 번 저를 인도해 주셨습니다. 처음에는 이런 말씀으로, 그 다음에는 저런 말씀으로 저를 인도하시면서, 이 모든 말씀들 가운데 있는 놀라운 영광들을 제게 보여주셨습니다. 이 모든 말씀들은 그 이후로 지금까지 제 영혼에 새 힘을 주었습니다. 이와 같은 은혜를 베풀어 주신 하나님께 찬송을 돌려드립니다.

제5장

저자가 목회 사역으로 부르심을 받게 된 것에 대한 간단한 설명

(제265절~제317절)

265. 지금까지 저는 제가 경험한 바를 여러분에게 말씀드렸습니다. 이제 부터는 제가 하나님의 말씀을 전한 일에 대해서, 특히 제가 하나님의 말씀을 전할 때 하나님께서 저를 어떻게 대해 주셨는지에 관해서 여러분에게 한두 말씀 드리고자 합니다. 제가 신앙의 각성을 하고서, 우리 주 예수 그리스도의 필요성뿐만 아니라 그 가치를 '스스로' 알게 되고, '또한' 그분에게 제 영혼을 감히 내어맡길 정도가 된 지 한 5~6년이 지나자, 우리와 함께 한 성도들 가운데 가장 명망 있는 몇몇 사람들이 저를 눈여겨보았습니다. 말하자면 그들은 거룩한 생활을 하고 바른 판단을 할 수 있는 아주 능력 있는 자들이었습니다. 그런데 그들이 저에 대해 느끼기를, 하나님께서 거룩하고 복된 말씀 안에 있는 그분의 뜻을 저로 하여금 깨닫게 하셨다고 여기고는, 다른 성도들에게 덕을 끼치기 위해 제가 본 바를 그들에게 다소나마 말로 전할 기회를 주었습니다. '그리하여' 그들이 아주 간절한 마음으로 저를 원했기에, 때가 되면 한 모임에서 그들을 권면하는 말씀을 전해야겠다고 저는 마음먹고 있었습니다.

266. 처음에 제의를 받았을 때 제 마음은 당황하고 부끄러웠지만, 그들의 간곡한 바람과 요청에 못 이겨 응하게 되었습니다. 그래서 두 개의 서로 다른 모임에서 두 번 말씀을 전하였습니다. 저는 개인적으로 약점과 연약함이 많은 사람입니다. 하지만 이런 단점들에도 불구하고 저는 하나님의 말씀을 전하면서 제 은사를 발견하게 되었습니다. 성도들은 제가 전한 말씀에 감동을 받았을 뿐만 아니라 위로까지 받았으며, 제게 부어주신 은혜로 인해 자비로우신 아버지 하나님께 감사를 돌려드리는 것 같았습니다. 그들은 제가 보기에도 그랬을 뿐 아니라, 위대한 하나님께서도 그렇게 보셨을 것이라고 저는 믿습니다.

267. 이 일이 있은 후에, 그들 가운데 몇몇이 성도들을 가르치기 위해 시골로 가는 일이 있었는데, 그럴 때 가끔 저도 함께 갔으면 좋겠다고 말했습니다. 그런데 저는 이 은사를 지금까지 한 번도 공개적으로 사용한 적이 없었고, 또한 감히 그럴 수도 없었습니다. 그래도 저는 그런 시골 같은 곳에 가서 선한 성도들에게 지금까지 제가 하던 것처럼 좀 더 비공식적으로 제 은사를 사용하고 싶었습니다. 저는 가끔씩 그들에게 권고의 말씀을 전했는데, 그들 또한 다른 성도들과 마찬가지로 하나님께서 제게 베풀어 주신 은혜를 기뻐하며 제가 전한 말씀을 받아들였습니다. 그러고는 제가 전한 말씀이 자신들의 영혼에도 큰 유익이 되었다고 말해 주었습니다.

268. 그 이후의 상황을 간단히 말씀드리겠습니다. 그 일이 있은 후로도 계속해서 교회의 간곡한 부탁이 있었습니다. 그래서 저는 금식하면서 주님 앞에 간절한 기도를 몇 번 드리고 난 후, 마침내 좀 더 구체적인 부르심을 받게 되었습니다. 다시 말해, 저는 믿는 자들 가운데서 성도들을 대상으로 통상적이며 공적인 말씀 선포 사역을 감당할 뿐만 아니라, 복음 신앙을 아직 받아

들이지 않은 자들에게 복음을 전하는 사역까지 감당하도록 임명을 받았던 것입니다. 그 당시 제 마음에 분명히 확신할 수 있었던 것은 이 사역과 관련하여 제게 마음의 은밀한 가책이 있었다는 사실입니다. 물론 헛된 영광을 바라며 이 사역을 감당한 것이 아니었다는 사실로 인해 저는 하나님께 감사를 드리지만, 그래도 그 때 제 자신은 저의 영원한 상태를 두고 마귀가 쏘아대는 불화살로 인해 아주 극심한 고통을 겪고 있었습니다.

269. 제 은사가 제대로 활용되지 않았더라면, 그런 상황을 당연히 저도 만족할 수 없었을 것입니다. 하지만 경건한 성도들의 계속된 바람과 사도 바울이 고린도교회에 했던 다음과 같은 말씀으로 인해 저는 큰 힘을 얻게 되었습니다. "형제들아 스데바나의 집은 곧 아가야의 첫 열매요 또 성도 섬기기로 작정한 줄을 너희가 아는지라 내가 너희를 권하노니 이 같은 사람들과 또 함께 일하며 수고하는 모든 사람에게 순종하라"(고전 16:15-16).

270. 이 성경 말씀을 통해, 성령님께서 어떤 사람에게 은사와 능력을 주신 것은 그 사람이 자신이 받은 은사와 능력을 땅 속에 묻어두도록 주신 것이 아니라, 오히려 언제든 어떤 일이든 "성도를 섬기기로 작정"할 마음이 생긴 성도들을 칭찬해 주시기 위함인 줄 저는 알게 되었습니다. 그 당시 이 성경 말씀은 제 마음에 지속적으로 늘 함께 하면서, 하나님을 섬기는 이 사역을 하는 저에게 힘과 용기를 주었습니다. 저는 이 말씀 외에도 몇몇 다른 성경 말씀들과 다른 옛 역사들을 통해서 힘을 얻기도 하였습니다(행 8:4; 18:24-25; 벧전 4:10; 롬 12:6, 「폭스의 순교자 열전」[Foxe's Book of Martyrs, 영국 개신교 순교자들의 역사를 다룬 영국 순교사가 존 폭스<John Foxe, 1517-1587>의 1563년 작품]—역주).

271. 비록 제가 모든 성도들 가운데 가장 가치 없는 자로서, 제 자신의 연

약함을 보고서 크게 두렵고 떨리는 마음으로 이 사역을 시작했다 해도, 저는 제 은사와 믿음의 분량에 따라 하나님께서 거룩한 진리의 말씀 안에서 제게 보여주신 그 복된 복음을 전하였습니다. 제가 말씀을 전한다는 소문이 시골 전역에 널리 알려지자, 사람들은 하나님의 말씀을 듣고자 수백 명씩 몰려왔습니다. 각기 서로 다른 이유에서 오기는 하였으나, 마을 전역에서 사람들은 제가 전하는 말씀을 듣고자 나아왔습니다.

272. 하나님께 감사하는 점은, 제가 이 영혼들을 마음속 깊은 곳에서부터 불쌍히 여기는 마음을 하나님께서 주셨다는 사실입니다. 다시 말해, 이들을 축복해 주시고자 하는 하나님의 뜻 안에서 이들의 양심을 부여잡고 그 양심을 일깨우는 말씀들을 찾기 위해, 제가 가진 온 힘을 다해 성실함과 진지함으로 수고하고 싶은 마음을 제게 주셨다는 것입니다. 그 결과 선한 주님께서는 그분의 이 선한 종의 바람을 귀히 여겨 주셨습니다. 즉, 제가 말씀을 전한지 오래지 않아, 어떤 이들이 말씀에 감동을 받기 시작하면서, 자신들의 죄가 얼마나 큰 죄악인지, 자신들에게 예수 그리스도가 얼마나 필요한 존재인지 등을 깨닫고, 그들은 마음에 큰 괴로움을 느끼기 시작하였던 것입니다.

273. 사실, 처음에는 하나님께서 저를 통해 사람들의 마음에 말씀을 하신다는 사실을 믿을 수가 없었습니다. 그러면서 여전히 저는 제 자신을 가치 없는 사람으로 여겼습니다. 그러나 제가 전한 말씀을 듣고 감동을 받아 저를 사랑하고, 저를 특별히 존경하는 자들이 생겨났습니다. 그들이 저로 말미암아 각성하게 되었다는 사실을 제가 주입한 것도 아닌데, 그들은 이 사실을 고백했을 뿐만 아니라, 하나님의 성도들 앞에서도 이 사실을 공공연하게 말하였습니다. 그래서 그들은 저로 인해 하나님을 찬양하게 되었습니다. 왜냐하면 하나님께서 저처럼 가치 없고 곤고한 사람을 하나님의 도구로 삼아, 구원의

도리를 그들에게 보여주셨기 때문입니다.

274. 그들의 말과 행동이 너무나 한결같고, 그들의 마음은 예수 그리스도에 대한 지식을 간절히 사모하며, 하나님께서 자기들이 있는 곳에 저를 보내셨다는 사실을 기뻐하는 그들의 모습을 바라보면서, 저는 하나님께서 과연 저처럼 이렇게 어리석은 자를 자신의 사역을 위해 들어 쓰셨다고 결론을 내리게 되었습니다. 그러자 다음과 같이 새 힘을 주는 아주 달콤한 하나님의 말씀이 제 마음에 다가왔습니다. "망하게 된 자도 나를 위하여 복을 빌었으며 과부의 마음이 나로 말미암아 기뻐 노래하였느니라"(욥 29:13).

275. 이 성경 말씀으로 인해 저는 기뻤습니다. 진실로 하나님께서 제 설교를 통해 일깨우신 그들의 눈에서 흘러내리는 눈물은 제게 위로와 격려가 되었습니다. 왜냐하면 다음과 같은 말씀들이 생각났기 때문입니다. "내가 너희를 근심하게 한다면 내가 근심하게 한 자밖에 나를 기쁘게 할 자가 누구냐?"(고후 2:2). "다른 사람들에게는 내가 사도가 아닐지라도 너희에게는 사도이니 나의 사도 됨을 주 안에서 인친 것이 너희라"(고전 9:2). 이런 말씀들이 하나님께서 저를 이 사역으로 부르시고 세우셨다는 또 다른 증거가 되었습니다.

276. 하나님의 말씀을 전하면서, 저는 다음과 같은 한 가지 사실에 특별히 주목하게 되었습니다. 즉, 주님께서는 그분의 말씀이 죄인들과 더불어 시작하는 그 곳으로 저를 인도하셨다는 사실입니다. 말하자면 그분께서는 저로 하여금 모든 육신적인 것을 정죄하게 하시고, 율법으로 말미암는 하나님의 저주가 죄로 인해 세상에 태어난 모든 자들에게 있을 뿐만 아니라, 그 모든 자들을 장악하고 있다는 사실을 공개적으로 단언하게 하셨습니다. 율법의 공포, 내가 범한 허물로 인한 죄책감, 내 양심을 짓누르는 중압감, 이 모든 것

들을 극도로 느껴본 저였기에, 제가 전하는 사역 가운데 이런 부분의 말씀은 제가 더 잘 감당할 수 있었습니다. 저는 제가 느꼈던 것, 특별히 불쌍한 제 영혼이 신음하며 놀라 두려워 떨면서 비통하게 느꼈던 그것들을 설교하였습니다.

277. 사실 저는 죽은 자들 가운데서 그들에게 보내심을 받은 자와 같았습니다. 사슬에 결박을 당한 제 자신이 사슬에 결박당한 그들에게 말씀을 전하기 위해 갔던 것입니다. 저는 또한 제 양심에 붙은 불을 가지고 가서, 그들에게 경각심을 불러일으켰습니다. 숨기지 않고 솔직히 말하자면, 제가 말씀을 전하러 갈 때, 그 때는 강단 앞에 이르기까지 죄책감과 공포에 완전히 질려 있기도 하였습니다. 하지만 설교가 시작되고, 제가 감당해야 할 설교 사역이 끝날 때까지 제 마음에는 자유가 있었습니다. 그러나 제가 설교단에서 내려오자마자 이내 제 마음은 예전과 마찬가지로 좋지 않은 상태로 다시 돌아가곤 하였습니다. 그래도 하나님께서는 저와 함께 하셨고 강한 손으로 저를 단단히 붙들어 주셨습니다. 죄책감이나 지옥의 공포 등 그 어떤 것도 제가 하는 이 사역을 막을 수는 없었습니다.

278. 2년이라는 시간 동안, 인간의 죄와 이 죄로 인한 인간의 끔찍한 상태에 대해 저는 큰 소리로 그들에게 외쳤습니다. 그 이후로 하나님께서는 그리스도로 말미암는 어느 정도 확고한 평안과 위로를 제 영혼에 주셨습니다. 하나님께서는 그리스도로 말미암는 그분의 복된 은혜가 주는 달콤함을 제가 많이 발견할 수 있도록 해주셨던 것입니다. 그 때부터 제 설교가 바뀌기 시작하였습니다. 물론 여전히 제가 보고 느낀 바를 설교하긴 하였지만, 그리스도로 말미암는 이 달콤한 유익들을 맛본 이후로는 예수 그리스도께서 맡으신 모든 직분들과 관계들과 세상에 끼친 유익들을 알리는데 많은 수고를 하

였습니다. 그러면서도 여전히 세상 사람들이 의지하다가 넘어져 멸망하고 마는 거짓 버팀대와 지지대(支持臺) 등을 찾아내 정죄하고 제거하는 일을 게을리하지 않았습니다. 저는 이러한 주제들을 다른 주제들과 마찬가지로 오랫동안 확실하게 다루었습니다.

279. 이 일이 있은 후, 하나님께서는 그리스도와의 어떤 신비한 연합으로 저를 인도하셨습니다. 이 연합을 깨닫고 저는 이것을 성도들에게도 보여주었습니다. 이렇게 해서 저는 하나님의 말씀에 담긴 세 가지 주요 주제들을 거의 5년 넘게 두루 전하다가, 여느 때처럼 습관을 좇아 말씀을 전하던 중에 붙잡혀 투옥되었습니다. 지금까지 많은 세월 동안 저는 설교라는 방식으로 성경 말씀을 증언해 왔지만, 이제부터는 고난이라는 방식으로 지난날의 시간 못지않은 긴 세월 동안, 제가 앞서 전한 그 진리를 이 감옥에서 다시 확증하게 되는 시간을 갖게 되었습니다.

280. 지금까지 제가 말씀을 전할 수 있었던 것에 대해 저는 하나님께 감사드렸습니다. 저는 항상 아주 간절한 마음으로 이런 설교 저런 설교를 하면서, 이 말씀이 영혼들에게 효과적인 구원을 줄 수 있는 말씀이 될 수 있도록, 다시 말해 말씀을 받아들인 영혼들의 양심 속에 있는 이 말씀을 원수들이 빼앗아가서, 이 말씀이 혹시라도 열매를 맺지 못하면 어떡하나 하는 근심으로 이런 일이 절대로 일어나지 않도록, 저는 종종 하나님께 부르짖었습니다. 또한 제가 전하는 말씀으로 인해 가능하다면 자신이 지은 죄를 구체적으로 깨닫고, 자신이 죄인인 것을 구체적으로 깨달을 수 있도록, 저는 이 목적을 위해 하나님의 말씀을 전하는 수고를 아끼지 않았습니다.

281. 이런 마음으로 말씀을 전하던 중, 이제는 하나님의 말씀이 메마른 돌

밭을 적시는 반가운 비처럼 청중들의 마음에 임해야 한다는 생각이 스쳐지나가면서, 제 마음에는 다음과 같은 바람이 생겼습니다. "오, 오늘 내 설교를 들은 자들이 죄와 사망과 지옥과 하나님의 저주를 내가 본 것처럼 보게 될 뿐만 아니라, 하나님으로부터 여전히 소원한 관계에 있는 그들이 현재 자신들이 처한 상황을 알고, 그리스도로 말미암는 하나님의 은혜와 사랑과 자비하심 등도 깨닫게 된다면 얼마나 좋을까!" 진실로, "내가 그들을 깨우는 수단이 되어, 그들을 진리 안에 굳게 세워 줄 수만 있다면, 그들이 두 눈으로 보는 가운데 지금 당장 내가 교수형을 당한다 해도, 나는 만족하며 기뻐할 것이다"라는 생각을 주님 앞에서 마음속으로 자주 되뇌기도 하였습니다.

282. 제가 말씀을 전할 때는, 특히 인간의 공로 없이 그리스도로 말미암는 영생의 교리를 집중해서 설교할 때는, 하나님의 천사가 제 등 뒤에서 저를 격려하기 위해 서 있는 것 같았습니다. 오, 제가 이 진리를 다른 사람들의 양심에 드러내 보이고 설명하며 확고히 하는 동안, 강력한 능력과 하늘의 증거들이 제 영혼 위에 얼마나 힘 있게 임했는지 모릅니다. 그래서 저는 "이렇게 나는 믿고 있습니다" 혹은 "이 교리를 나는 확신합니다"라고 말하는 것으로 만족할 수 없었습니다. 제 생각에 제가 전하고 싶었던 것은 저의 확신 그 이상이었습니다. 그래서 그 당시 제 자신을 합당하게 표현하자면, "내가 말하는 것들은 참으로 맞는 말입니다" 정도로 표현될 수 있을 것입니다.

283. 제가 말씀을 전하기 위해 처음으로 외지(外地)로 나갔을 때, 그 지역의 신학교 교수들과 성직자들은 노골적으로 저를 비판하였습니다. 하지만 저는 마음에 확신하고 있는 바가 있었습니다. 그것은 서로 간에 퍼붓는 매도(罵倒)를 자제하고, 육신에 속한 그 많은 신앙 고백자들이 율법에 얽매인 자신들의 비참한 상태를 알고 그런 그들에게 그리스도가 얼마나 필요하며 얼

마나 가치 있는 분인지를 납득시키는 것이 중요하다는 생각이었습니다. 그들이 장차 제가 한 말들을 그들의 목전에서 빌려 쓰게 될 때, 즉 앞으로 다가오는 그 때 비로소 그들은 제게 제대로 된 대답을 하게 될 것이라고 저는 생각하였습니다(창 30:33).

284. 저는 성도들 간에 논란이 되는 문제들, 특히 가장 저급한 본성에서 제기되는 논쟁들에 대해 참견하지도 않고 신경 쓰지도 않았습니다. 물론 예수님의 고난과 죽음으로 인한 죄의 용서와 믿음을 불러일으키는 말씀에 대해서는 매우 치열한 논쟁도 기쁜 마음으로 마다하지 않았습니다. 하지만 단언컨대 그 이외의 것들에 대해서는 제가 내버려 두었습니다. 왜냐하면 이런 논쟁들로 인해 분쟁이 일어나면, 우리가 적극적으로 개입하든 혹은 소극적으로 개입하든 간에 우리가 하나님의 소유된 백성으로 받을 칭찬을 받지 못하기 때문입니다. 저는 이처럼 사소한 논쟁에 개입하지 않았지만, 제 앞에 있는 이 사역은 영혼을 깨우는 말씀을 전하는 또 다른 통로가 되는 사역이었기에, 저는 이 사역에 제가 가진 혼신의 힘을 다 쏟아 부었습니다.

285. 저는 다른 사람들의 노선에 줄을 서려고 애쓰지 않았으며, 감히 그럴 마음도 없었습니다(롬 15:18). 비록 그러한 것들을 제가 모두 정죄하는 것은 아니었지만, 그래도 제가 진정으로 생각하고 경험으로 알게 된 사실은, 하나님의 말씀과 그리스도의 성령이 제게 가르쳐 주신 교훈은 가장 건전하고 가장 확고한 양심을 가진 자에게만 전달되고 유지되며 영향력을 행사할 수 있다는 점이었습니다. 이 사실에 대해 제가 알고 있는 모든 것을 지금 이 자리에서 모두 말씀드릴 수는 없을 것 같습니다. 어쨌든 제 경험이 말해 주는 것은, 저는 다른 많은 사람들이 알고 있는 것보다 더 많이 성경 말씀에 관심을 갖고 있었다는 것입니다(갈 1:11-12).

286. 저의 사역을 통해서 신앙의 각성을 한 자들 가운데 나중에 다시 타락한 사람들이 있었습니다. 사실 이런 일은 많은 이들에게서 종종 일어나는 일이긴 합니다. 하지만 솔직히 말해서 그들을 잃게 된 제 마음은, 어떤 사람이 자기 몸으로 낳은 친자녀를 무덤에 묻는 것보다 더 큰 상실감에 사로잡혔습니다. 제가 감히 주님 앞에서 이런 말을 하는 것이 무례한 것 같기도 하지만, 진실로 제 생각은 그러했습니다. 다시 말해 제가 이런 말씀 사역을 감당하게 된 후부터, 제 영혼이 구원을 잃게 될까봐 두려워하는 것을 제외하고는, 그런 일만큼 제게 가까이 다가와 저를 두려움에 빠뜨리는 것은 지금까지 아무것도 없었다는 말씀을 드리고 싶습니다. 저는 제가 마치 고급 주택을 소유하고 하인들을 부리는 그런 좋은 곳에서 자녀들을 낳아 기르는 호사를 누리는 것처럼 여겨졌습니다. 제 마음은 이렇게 탁월한 사역을 감당하는 영광에 둘러싸인 채, 마치 제가 기독교인들로 이루어진 세상에서 황제가 된 것 같은, 혹은 하나님이 땅에서 받으셔야 할 영광을 제외하고는 '이' 땅의 영광을 모두 다 가진 군주보다 더 큰 축복과 명예를 받은 사람처럼 느껴졌습니다! 이 모든 것이 다 제가 감당하고 있는 이 말씀 사역 때문이었습니다. 오, 다음과 같은 말씀들이 얼마나 실감나게 저에게 와 닿았는지 모릅니다. "너희가 알 것은 죄인을 미혹된 길에서 돌아서게 하는 자가 그의 영혼을 사망에서 구원할 것이며 허다한 죄를 덮을 것임이라"(약 5:20). "의인의 열매는 생명 나무라 지혜로운 자는 사람을 얻느니라"(잠 11:30). "지혜 있는 자는 궁창의 빛과 같이 빛날 것이요 많은 사람을 옳은 데로 돌아오게 한 자는 별과 같이 영원토록 빛나리라"(단 12:3). "우리의 소망이나 기쁨이나 자랑의 면류관이 무엇이냐? 그가 강림하실 때 우리 주 예수 앞에 너희가 아니냐? 너희는 우리의 영광이요 기쁨이니라"(살전 2:19-20). 단언컨대, 이 말씀들은 다른 말씀들과 마찬가지로 제게 큰 힘을 주었습니다.

287. 제가 하나님을 위해 사역하던 그 현장들을 돌이켜 생각해 보면, 하나님께서 먼저 제 영혼에 다가오셔서 어떤 장소에 가서 제가 말씀을 전하고 싶다는 소원을 제 마음에 불러일으키셨던 것 같습니다. 말하자면 그렇다는 것입니다. 또 생각나는 것은, 어떤 특정한 영혼들이 제 마음에 강하게 와 닿아서 이들이 구원을 받았으면 좋겠다는 소원이 강렬하게 제 마음을 움직일 때도 있었습니다. 저의 이러한 간절한 바람 이후에, 바로 이 영혼들이 실제로 제 사역의 열매들이 되기도 하였습니다. 또 어떤 설교에서는 무심코 던진 한마디 말이 제가 설교로 준비한 모든 말들보다 더 강한 영향력을 끼치기도 했습니다. 때로는 그리 설교를 잘 했다는 생각이 전혀 들지 않았는데, 다른 때 행한 모든 설교들보다 더 나은 결과를 얻기도 하였고, 또 어떤 때는 성도들을 모두 잡았다는 생각이 들었는데, 실제로는 한 명도 잡지 못한 경우가 있었습니다.

288. 또 생각나는 것은, 어떤 곳에서 죄인들을 위해 말씀을 전할 때였는데, 마귀들이 자기 종들의 입을 통해 죄인들의 마음에 난동을 일으킨 적도 있었습니다. 진실로 이따금씩 사악한 세상이 극렬한 소동을 일으킬 때가 있었지만, 그런 때에도 하나님의 말씀으로 깨어나는 영혼들이 있었습니다. 이 외에도 구체적인 사례들이 많이 생각나지만, 이쯤에서 자제하고자 합니다.

289. 제가 사역을 감당하면서 간절히 바란 것이 있다면, 이 지역의 가장 어두운 곳들을 찾아가 신앙 고백과는 전혀 거리가 먼 사람들 사이에서 사역하는 것이었습니다. 제가 이런 소망을 가지게 된 것은, 기존 성도들 가운데서 제가 이 복음의 빛을 감당할 수 없어서도 아니고, 제가 가진 이 복음이 누구에게든 전해지는 것이 두려워서도 아니었습니다. 오히려 제 영혼은 죄인들을 깨우치고 그들을 회개시키는 쪽으로 많이 기울어 있었고, 제가 전하는 말

씀 '또한' 성도들을 그 쪽으로 많이 인도하였기 때문입니다. "또 내가 그리스도의 이름을 부르는 곳에는 복음을 전하지 않기를 힘썼나니 이는 남의 터 위에 건축하지 아니하려 함이라"(롬 15:20).

290. 돌이켜보면, 지금까지 제가 말씀을 전한 것은 참으로 고통스러운 일이었습니다. 비유하자면, 그것은 하나님에게 자녀를 낳아드리는 해산의 고통과 같은 것이었습니다. 저는 제가 하는 사역에서 어느 정도의 열매를 맺지 못하면 만족하지 못했습니다. 제가 보기에 만약 제게 열매가 없다면, 다른 일로 누가 나를 칭찬한다 해도 그 칭찬은 전혀 중요하지 않았습니다. 하지만 제게 열매가 있다면, 누가 나를 다른 일로 정죄한다고 해도 그 정죄가 제게 전혀 중요한 것이 아니었습니다, 제 마음 상태가 여기까지 이르니, 다음과 같은 성경 말씀이 떠올랐습니다. "지혜로운 자는 영혼을 얻느니라"(잠 11:30 KJV, "지혜로운 자는 사람을 얻느니라"[개역개정]). 그리고 다음 말씀도 생각났습니다. "보라 자식들은 여호와의 기업이요 태의 열매는 그의 상급이로다 젊은 자의 자식은 장사의 수중의 화살 같으니 이것이 그의 화살통에 가득한 자는 복되도다 그들이 성문에서 그들의 원수와 담판할 때에 수치를 당하지 아니하리로다"(시 127:3-5).

291. 제가 전하는 말씀에 전적으로 동의한다고 해도, 예수 그리스도와 자신들이 받아야 할 구원의 가치에 대해서 알지 못하고, 죄에 대한 올바른 인식은 물론 특별히 불신앙에 대한 바른 인식도 없어 보이는 자들을 보게 되면, 제 마음은 전혀 기쁘지 않았습니다. 반면, 자기 영혼이 참으로 거룩하게 되기를 강력하게 갈망하면서, 그리스도께서 구원해 주시기를 불타는 마음으로 바라는 자들을 보면, 제 마음은 참으로 기뻤습니다. 그러한 영혼들이야말로 제가 복된 자로 여기는 사람이었습니다.

292. 다른 모든 사역들도 마찬가지겠지만, 제가 하는 이 말씀 사역에도 다양한 유혹들이 따라 다녔습니다. 때로는, 나는 성도들에게 은혜를 끼칠 만한 설교를 할 수 있는 능력이 전혀 없지 않은가, 아니 나는 사람들에게 조리 있게 말하는 능력이 전혀 없는 사람이지 않은가 하는 걱정을 하였습니다. 저는 이런 걱정을 하면서 크게 낙담했습니다. 사탄이 이런 식으로 저를 공격하였던 것입니다. 그럴 때면 이상하게 현기증이 나기도 하고, 온 몸이 무기력해지면서 특히 다리에 힘이 풀려, 말씀을 전할 장소로 가기조차 힘들 때도 있었습니다.

293. 또 어떤 때는 사탄이 저를 강력하게 공격하여, 설교하는 도중에 신성모독 같은 생각들이 제 머릿속에 떠오르게 했습니다. 다시 말해, 회중들 앞에서 신성모독적인 참람한 말을 제 입으로 하고 싶은 강한 유혹을 받았던 것입니다. 처음에 설교를 시작할 때는 아주 분명하고 명확하게 자유자재로 청산유수처럼 말씀을 전하였지만, 설교를 마칠 때가 되자 제가 앞서 한 말들을 까맣게 잊어버리고는 제가 하고자 하는 말과 전혀 다른 말들을 할 때가 있었습니다. 또한 사람들 앞에서 말을 해야 한다는 극심한 부담감 때문에, 제가 전하고자 하는 바를 전혀 알지도 못하고, 기억도 하지 못하는 사람처럼 된 적도 있었고, 설교하는 내내 제 머리가 가방 속에 들어가 있는 것 같은 때도 있었습니다.

294. 또 언젠가는 성경 말씀 가운데 다소 엄하고 인간의 마음을 꿰뚫어 보는 것 같은 말씀을 본문으로 삼아 설교하려고 한 적이 있었습니다. 그러자 그 유혹자가 제게 다음과 같이 속삭였습니다. "도대체 네가 어떻게 이 본문으로 설교를 하겠다는 거지? 이 본문은 네 자신을 정죄하는 말씀이야. 이 본문에 따르면 네 영혼이 바로 그 죄인이야. 그러니 이 본문을 가지고 설교하려는 생

각은 하지도 말아라. 그래도 네가 정 이 본문으로 설교하려고 한다면, 조심스럽게 에둘러 말해서 네가 빠져나갈 길을 마련해 두어야 해. 그렇지 않으면, 네가 다른 사람을 일깨우기는커녕, 네 영혼이 죄책감에 빠져 거기서 결코 헤어 나오지 못할 거야."

295. 그러나 주님께 감사드립니다. 저는 이런 끔찍한 제안에 동의하지 않고, 오히려 삼손처럼 죄와 허물을 보이는 대로 찾아내어 '힘을 다하여 몸을 굽혀'(삿 16:30) 그것들을 정죄하였습니다. 물론 이 일을 감당하면서 제 양심도 가책을 받았습니다. 그래서 저는 "블레셋 사람과 함께 죽기를 원하노라"(삿 16:29-30)는 말씀이 생각나기도 하였습니다. 하지만 "그러면 다른 사람을 가르치는 네가 네 자신은 가르치지 아니하느냐?"(롬 2:21)라는 말씀도 있듯이, 복된 하나님의 말씀과 더불어 타락하는 일은 생기지 않았습니다. 이처럼 까다로운 본문을 설교해야 할 경우, 여러분은 여러분 자신을 구하기 위해 진리를 불의 가운데 감금하기보다는, 오히려 이 말씀을 다른 사람들에게 분명하게 전함으로써, 여러분 자신도 이 말씀에 따라 판단을 받는 것이 훨씬 나을 것입니다. 이 경우에도 저를 도와주신 하나님에게 찬양을 돌려드립니다.

296. 이렇게 그리스도의 복된 사역을 감당하면서 저는 교만해지고 마음이 우쭐해지는 유혹도 받았습니다. 그럴 때마다 제가 이런 유혹에서 완전히 벗어났다고 감히 말할 수는 없겠지만, 그래도 주님께서 참으로 저를 향한 귀한 은혜로 지켜 주셨기 때문에, 대부분의 경우 교만해질 만한 상황에서 돌아서는 것이 제게는 작은 기쁨이 되었습니다. 제 마음속에 있는 악으로 들어가 그 속에 있는 무수히 많은 부패한 것들과 연약한 것들을 바라보면서, 저의 모든 은사들과 은혜로 이룬 업적들 아래로 그 악의 머리를 처박도록 하는 것이 저의 일상생활이었습니다. 저는 이것을 하나님께서 제게 참된 은혜로 주신

육체의 가시로 여겼습니다(고후 12:7-9).

297. 이 말씀과 더불어 성경에 있는 유명한 장(章)에 기록된 몇몇 말씀들이 제 앞에 주어졌습니다. 그 말씀 속에는 사람의 마음을 찌르는 다소 예리한 문장들이 포함되어 있었습니다. 예를 들면, 제게 대단한 것으로 여겨지는 은사와 업적에도 불구하고 제 영혼이 멸망할 수 있다는 예리한 말씀이 들어 있었던 것입니다. "내가 사람의 방언과 천사의 말을 할지라도 사랑이 없으면 소리 나는 구리와 울리는 꽹과리가 되고"(고전 13:1-2).

298. 꽹과리는 솜씨 좋은 연주자가 아름다운 선율로 이루어져 사람의 마음을 울리는 음악을 연주할 때 사용되는 악기입니다. 연주자가 연주하는 그 아름다운 음악 소리를 듣는 모든 사람들은 절로 춤을 출 수밖에 없을 것입니다. 그런데 보십시오. 꽹과리에는 생명이 없으며, 그 꽹과리에서 음악이 나오는 것이 아닙니다. 이 악기를 연주하는 연주자의 솜씨에서 음악이 나옵니다. 비록 아름다운 음악이 이 꽹과리를 통해 연주되기는 하지만, 시간이 지나면 이 꽹과리라는 악기도 결국 사라져 없어질 것입니다.

299. 이런 사정은 은사는 가졌지만 구원하는 은혜가 없는 자들에게 과거에도 적용된 내용일 뿐만 아니라, 앞으로도 계속해서 적용될 내용이라는 것을 저는 알게 되었습니다. 그들은 다윗의 손에 들린 수금처럼, 그리스도의 손에 들린 악기입니다. 다윗이 수금을 통해 하나님을 흥겹게 예배하도록 하여, 예배드리는 자들의 마음을 북돋아주었던 것처럼, 그리스도 또한 은사를 가진 이런 자들을 사용하실 수 있습니다. 그분께서는 이들을 통해 그의 교회 안에 있는 영혼들에게 영향력을 행사하십니다. 하지만 그분께서 이 모든 일을 행하신 후에는 이들을 생명력 없는 도구로, 즉 울리는 꽹과리처럼 내버려 두

기도 하십니다.

300. 다른 말씀들과 더불어 이 울리는 꽹과리에 대한 묵상은, 교만한 머리와 헛된 영광을 구하는 욕심이 생기는 대부분의 경우에서, 이를 제지시키는 일종의 회초리 같았습니다. 저는 생각했습니다. "도대체 내가 소리 나는 구리와 같다고 해서 교만해진다는 게 말이 되는가? 그럴 바에는 차라리 바이올린이 되는 것이 훨씬 낫지 않겠는가? 생명이 있는 미물(微物)들도 이것들보다 하나님으로부터 더 많은 것을 받고 있지 않은가?" 이런 생각과 함께, 사랑은 결코 죽지 않지만, 다른 것들은 그치고 폐한다는 것을 저는 알게 되었습니다. 그래서 저는 이 모든 은사들보다 작은 은혜, 작은 사랑, 작지만 참된 하나님 경외가 더 낫다고 결론을 내렸습니다. 진실로 제가 전적으로 확신하게 된 사실이 하나 있습니다. 그것은 거의 한 마디도 말로 대답할 줄 모르지만, 어떻게 말해야 할지 크게 혼란스러운 영혼이 있을 수 있다는 사실입니다. 다시 말해, 그렇게 큰 혼란 가운데 있는 자야말로, 지식의 은사를 받아 마치 천사처럼 자기 생각을 유창하게 표현할 수 있는 사람보다 수천 배나 더 많은 은혜를 받은 자이며, 주님으로부터 더 많은 사랑과 자비를 받은 자라는 사실입니다(이 문단은 번연의 생각이 두드러지게 빛나는 부분으로, 번연의 참으로 겸손하며 온유한 모습이 드러나고 있다. 그는 천성적으로 대중적으로 유창한 언변을 가지고 있었다. 이 유려한 언변으로 그는 자기 생각을 마치 천사처럼 표현할 수 있었다. 하지만 교만이 생기기 시작하자 그는 엄한 회초리로 자신의 머리를 내리쳤던 것이다. '바이올린이 되는 것이 훨씬 더 낫지 않겠는가?'라는 생각은 과거에 사탄이 그를 농락했던 내용이다—원주).

301. 은사는 그 은사를 주신 목적, 즉 다른 사람들에게 덕을 세우는 목적에서 볼 때 유익한 것이지만, 은사를 만드신 분께서 그것을 사용하지 않는다면, 그 은사는 영혼을 구원하는 능력이 없는 그저 공허한 은사가 될 뿐이며, 따

라서 그런 은사를 가지고 있는 사람이 지금 행복한 상태에 있다고 말할 수 있는 어떤 증거도 없다는 사실을 저는 깨닫게 되었습니다. 은사는 하나님께서 어떤 이들에게 베풀어 주신 것으로서, 은사를 받은 자들은 자신이 받은 그 은사를 개발하였는지 그러지 못했는지, 다시 말해 작은 사랑을 받았든 혹은 더 많은 사랑을 받았든 상관없이, 장차 산 자와 죽은 자를 심판하러 오실 그분 앞에서 반드시 해명해야 할 것입니다.

302. 이런 생각으로 인해 저는 은사만 남게 되는 상황이 된다면, 그 은사는 위험하다는 생각을 하게 되었습니다. 물론 은사 자체가 위험한 것이 아니라, 은사를 가진 자들에게 꼭 따라다니는 여러 가지 악한 것들, 이를테면 교만, 헛된 영광을 바라는 것, 자만심 등이 위험하다는 것입니다. 이 모든 것들은 경솔한 그리스도인들의 박수갈채나 칭찬에 의해 쉽게 부풀려지는 것들로서, 가련한 피조물들은 이런 것들로 인해 마귀의 정죄에 떨어지는 위험에 처하기 십상입니다.

303. 그래서 저는 은사를 받은 사람은 은사의 본질에 대한 안목을 가질 필요가 있다는 생각을 하게 되었습니다. 다시 말해, 자신이 받은 은사에 안주하다가 하나님의 은혜에서 제외되는 일이 생기지 않도록, 자신이 참으로 구원받는 조건에서 부족하지 않은 자가 되어야 한다는 것을 저는 깨닫게 되었습니다.

304. 은사를 받은 자들도 겸손하게 하나님과 동행해야 하며, 스스로 작은 자로 여기고, 이와 더불어 자신이 받은 은사는 자신의 것이 아니라 교회의 것이라는 사실을 기억해야 합니다. 또한 그는 자신이 받은 은사로써 교회의 종이 되어야 하며, 장차 마지막 날이 되면 주 예수님 앞에서 자신이 청지기로

서 어떻게 섬겼는지, 그 결산에 대해 반드시 해명해야 할 것입니다. 유익한 결산을 하게 된다면, 그것은 복된 일이 될 것입니다.

305. 그러므로 모든 성도들은 주님을 경외하는 마음으로 은사를 그리 대단한 것으로 여기지 마십시오. 은사는 사실 바람직한 것으로서 사모할 만한 것입니다. 그러나 작은 은사를 받았으나 큰 은혜를 받는 것이, 큰 은사를 받았으나 전혀 은혜를 받지 못한 것보다 낫습니다. 주님께서 은사와 은혜를 주신다는 말보다는, 주님께서 은혜와 은사를 주신다는 말이 더 옳습니다. 주님으로부터 은혜를 받은 자, 참된 은혜를 받은 자가 복된 자입니다. 은혜는 영광을 받기 이전에 주어지는 것으로서, 장차 영광을 받기 위한 확실한 보증이기 때문입니다.

306. 사탄은 지금까지 저를 유혹하고 공격하였지만, 그가 의도한 소기의 목적을 달성하지 못한 것을 깨달았습니다. 다시 말해, 제가 하는 사역을 무너뜨려 아무런 영향력도 행사하지 못하게 하려고 하였지만, 결국에는 그 모든 계획들이 수포로 돌아가 버렸습니다. 그러자 사탄은 다른 방식으로 저를 시험하였습니다. 즉, 무지하고 악의적인 사람들의 마음을 선동하여 저를 중상모략하고 비방하면서 괴롭혔습니다. 마귀들이 고안해 내고, 그의 부하들이 도구가 되어 만들어 낸 모략은 마을 전체를 혼란스럽게 하여 저를 마음껏 비방하도록 하는 것이었습니다. 지금에 와서야 비로소 마귀들의 전략이었다고 저는 말할 수 있을 것 같습니다. 그때도 저는 말했지만, 마귀들은 이런 수단들을 통해 제가 하던 사역을 포기하게 하려는 것이라고 생각하였습니다.

307. 그리하여 제가 마법사라는 둥 예수회 회원이라는 둥 노상강도라는 둥, 그와 비슷한 소문들이 꼬리에 꼬리를 물고 퍼지기 시작하였습니다.

308. 이런 모든 중상모략에 대해 저는 "하나님은 나의 무고함을 알고 계신다"라고 말할 뿐이었습니다. 하지만 저를 비방한 그 고발자들은 하나님의 아들이 재판장이 되는 법정에서 저를 대면하여 자신들이 부정하게 저지른 이 모든 일들에 대해 해명 자료를 준비해야 할 것입니다. 그럼에도 불구하고 하나님께서 그들에게 은혜를 베푸시어, 그들이 행한 악행들을 회개할 기회를 주시기를 저는 온 마음을 다해 기도할 뿐입니다.

309. 떠돌던 여러 소문들 가운데서 기정사실로 인식되던 가장 담대한 소문은 다음과 같습니다. 즉, 제게는 놀기 좋아하는 계집애들이 있고, 물론 제가 관계하는 매춘부들도 있으며, 그 사이에서 낳은 자식들도 있다는 소문이었습니다. 더한 것은 동시에 부인을 두 명이나 두고 있다는 그런 유의 소문도 널리 퍼져 있었습니다. 하지만 이런 성적인 모략과 함께 다른 모략들에 대해서도 저는 자랑스럽게 생각합니다. 왜냐하면 이 모든 것들은 마귀와 그의 종자들이 저를 넘어뜨리기 위해 만들어 낸 터무니없이 어리석은 중상모략으로서, 극악무도한 거짓말들이기 때문입니다. 더군다나 제가 세상으로부터 이런 사악한 대우를 받지 않았다면, 성도이자 하나님의 자녀가 받는 한 가지 표징을 받지 못했을 것이기 때문입니다. "나로 말미암아 너희를 욕하고 박해하고 거짓으로 너희를 거슬러 모든 악한 말을 할 때에는 너희에게 복이 있나니 기뻐하고 즐거워하라 하늘에서 너희의 상이 큼이라 너희 전에 있던 선지자들도 이같이 박해하였느니라"(마 5:11-12).

310. 그리하여 이 모든 소문들은 제가 해석하기로, 제게 아무런 고통도 주지 못하였습니다. 이런 비방들이 그때보다 스무 배는 더 많아진다 해도, 제게는 전혀 고통스러운 일이 아닐 것입니다. 저는 선한 양심을 가지고 있기에, 그 원수들이 저에 대해 악한 말을 지껄이며 저를 행악자로 몰아붙인다 해도,

장차 그들이 부끄러워하게 될 것입니다. 왜냐하면 그들은 제가 그리스도 안에서 갖는 선한 교제를 거짓으로 고발하였기 때문입니다.

311. 이제 이렇게 제게 욕을 퍼부은 사람들에게 저는 도대체 무슨 말을 해야 하겠습니까? 제가 그들을 협박해야 할까요? 그들을 책망해야 할까요? 아니면 그들에게 아첨해야 할까요? 그들의 혀를 자제해 달라고 제가 그들에게 애원해야 할까요? 아닙니다. 저는 그렇게 하지 않을 것입니다. 협박, 책망, 아첨, 애원 등의 것들로 그들에게 임할 무르익은 저주를 늦추지 못할 바에야, 다시 말해 그들이 저주 받을 장본인이 되고 이 저주를 부추긴 자들이기에 저주가 그들에게 마땅한 바에야, 차라리 저는 그들에게 "실컷 소문을 퍼뜨리며 돌아다녀 보아라. 그래 봐야 내가 받을 영광만 더 크게 하는 셈이 될 것이다"라고 말해 주었습니다.

312. 그래서 저는 저를 향한 이런 거짓말들과 중상모략들을 일종의 장신구처럼 달고 다닙니다. 비난을 받고, 중상모략을 당하고, 체면이 구겨지고, 욕설을 듣는 일은 저처럼 그리스도를 고백한 신앙인들이 받을 몫입니다. 저의 하나님과 양심이 제게 증언하듯, 이 모든 것들은 제게 아무것도 아닌 것들이기에, 저는 그리스도를 위해 받는 비난이라면 기꺼이 감내할 것입니다.

313. 앞서 말씀드린 각종 소문들, 즉 제가 다른 여인들과 함께 놀아났을 뿐만 아니라 그 외에도 이와 비슷한 범행들을 저지른 파렴치범이라는 소문을 비롯하여, 각종 소문들을 이미 기정사실로 삼고서 이를 퍼뜨리는 것을 일로 삼았던 모든 어리석은 자들과 극악무도한 나쁜 놈들에게 저는 당부하고자 합니다. 그들은 자신들이 가진 모든 능력을 최고로 발휘하여, 저를 비방한 내용들이 사실인 것을 입증하기 위해 그들이 할 수 있는 모든 조사를 다 한 다

음, 과연 그들 말대로 저와 관련된 여인이 하늘이나 땅이나 지옥 등 그 어디에 있는지, 그리고 이 여인들과 그렇게 많은 파렴치한 행위를 한 때가 과연 언제인지, 장소는 어디인지, 낮인지 밤인지 등을 밝혀 달라고 말입니다. 저는 지금 이런 말들로 저를 비난하는 이 원수들에게 이런 철저한 조사를 한 다음 저를 제대로 평가해 달라고 부탁하고 있는 것입니까? 아닙니다. 저는 절대로 그럴 마음이 없습니다. 이런 부탁까지 하면서 저는 사람들에게 구걸하지 않을 것입니다. 이런 일에서 저를 믿든 그렇지 않든 간에, 제게는 아무 문제가 되지 않기 때문입니다.

314. 저의 원수들은 이런 확인도 안 된 모략으로 저를 공격했지만, 사실 그들이 겨눈 화살은 과녁을 빗나갔습니다. 저는 그런 사람이 아닙니다. 제 바람은 그들도 그렇게 나쁜 사람들이 아니었으면 하는 것입니다. 잉글랜드에 있는 간음자들과 행음자들이 한 명도 예외 없이 모두 교수형을 받아 목이 잘려 목숨이 끊어지는 처형을 받는다 해도, 그들이 시기하며 확신범이라고 여겼던 범죄 대상 존 번연만은 틀림없이 별 탈 없이 살아남을 것입니다. 온 하늘 아래에서 살아 숨 쉬는 여인 가운데 제가 알고 있는 여인은 오직 한 사람 제 아내뿐입니다. 저와 부정한 관계를 맺은 여인이 과연 있는지 없는지 저는 알지 못합니다. 제가 여인들에 대해 알고 있는 것은 그들이 어떤 옷을 입었는지, 그들의 자녀가 누구인지, 그들이 어떤 평판을 듣고 있는지 하는 정도입니다.

315. 이 부분에서도 저는 하나님의 지혜에 감탄할 뿐입니다. 왜냐하면 저는 맨 처음 회심할 때부터 지금까지 여인들 앞에 서기만 해도 부끄러워 어쩔 줄을 몰랐습니다. 그런데 알고 보니 하나님께서 저를 그런 성격이 되도록 인도하셨던 것입니다. 지금까지 저와 아주 친근하게 지내면서 저를 잘 알고 있

는 이들은 제가 한 여인과 마주하여 유쾌하게 시간을 보내는 것을 거의 본 적이 없다고 증언할 수 있을 정도입니다. 여인들과 나누는 일반적인 인사법도 저는 꺼려하며, 그런 모습을 볼 때마다 저는 불쾌하기까지 하였습니다. 남녀 두 사람만 따로 교제를 나누는 것도 저는 참을 수 없습니다. 저는 여인의 손등에 거의 입을 맞추지 않습니다. 왜냐하면 이런 인사법은 제게 썩 어울리지 않기 때문입니다.

어떤 선한 남자들이 여자를 방문했을 때나, 반대로 선한 여자들이 남자를 방문했을 때, 저는 여인의 손 등에 입을 맞추는 인사법에 반대하는 이야기들을 종종 합니다. 그러면 그들은 이것은 단지 인사 예절의 일부일 뿐이라고 대답합니다. 그 대답을 들은 저는 그런 인사가 보기에 아름답지 않다고 응수하였습니다. 사실 어떤 이들은 '거룩한 입맞춤'을 제안하기도 합니다. 그러면 저는 그들에게 묻습니다. "왜 당신들은 사람을 차별하는지요? 다시 말해, 미모가 아주 뛰어난 사람에게는 인사예절을 잘 지키면서, 왜 못생긴 사람들에게는 생략하는 것입니까?" 이러한 인사 예절이 다른 사람들의 눈에는 매우 건전하게 보이겠지만, 제 눈에는 아주 흉하게 보일 뿐입니다.

316. 원수들이 퍼뜨린 이 문제를 이제는 매듭짓기 위해, 저는 사람뿐 아니라 천사들에게도 요청합니다. 제가 아내를 제외한 어떤 다른 여인과 더불어 육체적으로 죄를 범하였다는 것을 입증해 보이라고 말입니다. 이 문제와 관련해 제가 무죄하다는 것을 하나님께서 제 영혼에 기록해 주시기를 바란다고 해서, 이런 요청이 주님의 마음을 아프게 하지는 않을 것임을 저는 알고 있습니다. 그러므로 이런 검증을 하는 일에서 저는 단 일 초도 두려워하는 마음이 없습니다. 제 속에 선한 것이 다른 사람들보다 더 많이 있어서 제가 이렇게 보호하심을 받은 것이 아니라, 하나님께서 제게 은혜를 베푸셔서 저를 지켜 주셨던 것입니다. 저는 그 하나님께 기도를 드리고자 합니다. "주님, 앞

으로도 여전히 저를 지켜 주옵소서. 이런 문제뿐 아니라 모든 악한 길과 사역에서도 지켜 주셔서, 주님의 하늘나라에 이를 때까지 저와 함께 하옵소서. 아멘."

317. 이렇게 사탄은 비방과 모략으로 마을 사람들 사이에서 저를 악한 사람으로 만들기 위해 갖은 애를 썼습니다. 그래서 가능한 한, 제가 하는 설교가 아무런 영향력을 끼치지 못하도록 하였습니다. 이 계획이 실패로 돌아가자, 이번에는 길고도 지루한 수감생활로 저를 몰아붙였습니다. 사탄은 이 수감생활로 제가 그리스도를 섬기는 것을 두려워하게 만들려고 하였으며, 그로 인해 겁먹은 세상도 저의 설교를 듣는 것을 두려워하게 만들려고 하였습니다. 이에 대해서는 다음 부분에서 간단하게나마 말씀드리겠습니다.

제6장

저자의 투옥에 대한 간단한 설명

(제318절~제339절)

318. 저는 오랜 세월 동안 영광스러운 그리스도의 복음을 신앙으로 고백하였으며, 거의 5년 동안 제가 신앙으로 고백한 복음과 동일한 복음을 설교하였습니다. 그러던 중 저는 어떤 마을에서 선한 사람들이 모인 집회 도중에 당국에 의해 체포되었습니다. 만약 그들이 저를 풀어 주었다면 저는 그날 모인 무리들 가운데서 말씀을 전하였겠지만, 그들은 저를 그 모인 사람들 가운데서 끌고 나가 치안 판사 앞에 세웠습니다. 저는 다음 번 법정이 개정될 때에 출두하겠다는 의사를 밝히고 보증인들을 제시하였습니다. 하지만 그들은 저를 즉결 재판에 회부하였습니다. 왜냐하면 저의 보증인들은 제가 사람들에게 더 이상 설교해서는 안 된다는 조건에 동의하지 않았기 때문입니다.

319. 이 후에 열린 재판에서 저는 불법집회 및 비밀모임을 주선하고 유지한 혐의와 영국 국교회의 예배 형식을 따르지 않았다는 혐의로 기소되었습니다. 그 자리에서 재판을 심리하던 판사들은 '제가 신앙으로 고백한 것에 대한 솔직한 답변, 다시 말해 그 판사들이 쓰던 말로는 기소 혐의에 대한 피의

자의 소명(疏明) 절차를 밟은 후' 서로 협의한 다음 저에게 교구로부터 영구 추방 명령을 내렸습니다. 왜냐하면 저는 국교회에 따르기를 거부하였기 때문입니다. 그렇게 해서 저는 다시 간수의 손에 인도되어, 감옥에 다시 투옥되고, 거기서 지금까지 '꽉 채운 12년'의 기간 동안, 하나님께서 이 사람들을 통해 저에게 어떤 일을 행하실지 기대하며 수감생활을 하였습니다.

320. 그런 상황에서도 저는 하나님의 은혜로 꽤 만족하며 지냈지만, 어느 때는 주님으로부터, 또 어느 때는 사탄으로부터, 그리고 제 자신의 부패한 심성으로부터 마음에 많은 변화와 기복을 겪었습니다. 이 모든 것들로 인해 저는 예수 그리스도에게 영광을 돌려드립니다. 저는 수감생활 중에 많은 유익들을 얻었는데, 그 중에서도 확신과 교훈과 지식 등을 많이 얻게 되었습니다. 이런 유익들은 너무나 많아서 지금 이 자리에서 모두 말씀드리기가 어려울 것 같습니다. 다만, 저는 여러분에게 간단히 두 가지 정도만 말씀드리려고 합니다. 이 말씀을 드리는 이유는 경건한 자들을 격려하여 하나님을 찬양하게 하고, 그들에게 저를 위한 기도를 부탁하는 데 있으며, 또한 제 경우를 참고하여 그들의 상황에서도 용기를 얻고, 다른 사람들이 그들에게 어떻게 할 수 있으리라는 생각으로 두려워하지 않기를 바라는 데 있습니다.

321. 제 평생에서 이 수감생활을 할 때만큼 하나님의 말씀 속으로 강하게 빨려 들어갔던 적은 없었던 것 같습니다. 예전에는 전혀 몰랐던 성경 말씀들이 지금 이 곳과 이 상황에서 제게 밝히 빛나기도 하였습니다. 예수 그리스도가 그 때보다 더 실재적이고 분명하게 다가온 적도 없었던 것 같습니다. 그곳에서 저는 그분을 실제로 느끼고 실제로 보면서 지냈습니다. 오, 대단한 하나님의 말씀이여! "우리 주 예수 그리스도의 능력과 강림하심을 너희에게 알게 한 것이 교묘히 만든 이야기를 따른 것이 아니요"(벧후 1:16), "너희는 그를

죽은 자 가운데서 살리시고 영광을 주신 하나님을 그리스도로 말미암아 믿는 자니"(벧전 1:21)라는 이런 말씀들이 감옥에 갇힌 자 된 저에게 복된 말씀으로 다가왔습니다.

322. 다음과 같은 서너 개의 성경 구절들도 이런 처지에 있는 제게 큰 힘을 주었습니다(요 14:1-4; 16:33; 골 3:3-4; 히 12:22-24). 제가 종종 이 말씀들이 주는 맛에 취해 있을 때는 파멸에 대해서도 웃어넘길 수 있었으며, 말과 그 탄자들도 전혀 두렵지 않았습니다(욥 39:18). 저는 이 곳에서 제가 지은 죄들이 용서받은 것과 제 자신이 다른 세상에서 예수님과 함께 할 것이라는 달콤한 광경을 바라보게 되었습니다. 오, "그러나 너희가 이른 곳은 시온 산과 살아 계신 하나님의 도성인 하늘의 예루살렘과 천만 천사와 하늘에 기록된 장자들의 모임과 교회와 만민의 심판자이신 하나님과 및 온전하게 된 의인의 영들과 새 언약의 중보자이신 예수와 및 아벨의 피보다 더 나은 것을 말하는 뿌린 피니라"(히 12:22-24)라는 말씀들도 이곳에서는 제게 달콤하게 와 닿았습니다. 저는 이곳에서 다음과 같은 것들도 보았습니다. 확신하건대, 이 세상에 있을 동안에는 제가 결코 표현할 능력이 없을 정도의 광경도 보았습니다. 또한 저는 다음과 같은 성경 말씀 속에 있는 진리도 보았습니다. "예수를 너희가 보지 못하였으나 사랑하는도다 이제도 보지 못하나 믿고 말할 수 없는 영광스러운 즐거움으로 기뻐하니"(벧전 1:8).

323. 제가 이곳에 들어오기 전까지는 인생에 변화가 있을 때마다, 그리고 사탄이 '나를 괴롭히는' 모든 때마다, 하나님께서 제 곁에 계신다는 말이 어떤 의미인지 전혀 몰랐습니다. 하지만 이곳에서 비로소 저는 그 말이 무슨 뜻인지를 알게 되었습니다. 두려움이 밀려오는 순간에는 도움과 위로의 손길도 함께 다가왔습니다. 흔히 사람들이 말하듯, 제 그림자만 보이고 그저 막

막하기만한 곳에서 생활을 시작하는 그 때에도, 하나님께서는 아주 부드러운 눈빛을 보내시어 제가 고통당하지 않게 하셨고, 이런저런 성경 말씀으로 모든 시련들에 맞서 싸울 강한 힘을 주셨습니다. 이것이 바람직한 생각인지는 모르겠지만, 가끔 저는 더 큰 위로를 받기 위해서라도 제가 더 큰 고난을 받도록 기도해야 하는 것 아닌가 하는 생각을 하였습니다(전 7:14; 고후 1:5).

324. 제가 감옥에 수감되기 전, 저는 이런 일이 일어날 것을 감지하였습니다. 그러자 생각해 보아야 할 다음과 같은 두 가지 문제가 제 마음을 뜨겁게 하였습니다. 첫째는, 내가 오랜 시간 동안 감옥에 있어야 할 것 같고 그곳에서의 생활이 지루할 텐데, 과연 나는 무슨 능력으로 그 기간을 견뎌낼 것인가 하는 문제였습니다. 둘째는, 내가 여기 감옥에서 감당해야 할 문제로서, 내가 과연 무슨 능력으로 죽음을 맞이할 수 있을까 하는 것이었습니다. 이 두 가지 가운데 첫째 문제에 대한 답은 다음과 같은 성경 말씀이 제게 큰 정보를 제공해 주었습니다. "그의 영광의 힘을 따라 모든 능력으로 능하게 하시며 기쁨으로 모든 견딤과 오래 참음에 이르게 하시고"(골 1:11). 다시 말해, 저는 이 말씀을 앞에 놓고 제가 이 말씀대로 살아갈 수 있도록 하나님께 기도를 드렸습니다. 제가 수감되기 전에는 거의 기도를 제대로 할 수 없었는데, 이곳에서 생활한 지 채 1년이 되지 않은 짧은 시간에 이 골로새서의 말씀, 아니 이 달콤한 기도문은 사람들이 흔히 말하듯 제 마음을 치고 들어와 저에게 확신을 주었습니다. 오랜 기간 동안 견뎌내려면, 즉 제가 이 생활을 기쁨으로 오래 참아내려면, 저는 모든 일에 반드시 인내해야 한다는 생각을 하게 되었습니다.

325. 둘째 문제에 대해서는 다음과 같은 말씀이 제게 큰 도움이 되었습니다. "우리는 우리 자신이 사형 선고를 받은 줄 알았으니 이는 우리로 자기를

의지하지 말고 오직 죽은 자를 다시 살리시는 하나님만 의지하게 하심이
라"(고후 1:9). 우리는 우리 자신을 신뢰하지 말고, 우리 자신에게 사형 선고를
내리며, 오직 우리를 죽은 자 가운데서 살리시는 하나님을 신뢰해야만 합니
다. 이 말씀을 통해 제가 알게 된 사실은, 내가 고난을 제대로 인내하기 위해
서는 먼저 이생의 것이라고 독특하게 불리는 모든 것들에 대해 사형 선고를
내려야 한다는 것이었습니다. 제 자신뿐만 아니라, 저의 아내, 자녀들, 건강,
제가 즐거워하던 것들과 그 외의 모든 것들까지 죽은 것으로 여기고, 저 또
한 그것들에 대해 죽은 자처럼 여겨져야 한다는 것을 저는 깨닫게 되었습니
다. "아버지나 어머니를 나보다 더 사랑하는 자는 내게 합당하지 아니하고
아들이나 딸을 나보다 더 사랑하는 자도 내게 합당하지 아니하며"(마 10:37).

326. 다음으로 제가 해야 할 것은 눈에 보이지 않는 하나님을 따라 살아가
는 것이었습니다. 사도 바울도 성경의 어느 곳에서 무기력해지지 않는 방법
에 대해 다음과 같이 말하였습니다. "우리가 주목하는 것은 보이는 것이 아
니요 보이지 않는 것이니 보이는 것은 잠깐이요 보이지 않는 것은 영원함이
라"(고후 4:18). 그래서 저는 제 자신에게 다음과 같이 설득하였습니다. "내가
수감생활만 대비했는데, 그러다가 불시에 채찍에 맞을 수도 있고 내가 모르
는 사이에 칼에 맞을 수도 있다. 그래서 내가 다시 채찍이나 칼을 대비한다
해도, 추방형에 대한 대비는 전혀 하지 못할 수 있다. 이번에는 마지막으로
추방형을 대비하지만, 그러다가 최악의 경우 사형선고가 내려진다면, 그 때
나는 크게 놀랄 것이다."

그리하여 저는 고난을 견뎌내는 가장 최선의 방법은 장차 임할 세상을 바
라보면서, 그리스도를 통해 하나님을 신뢰하는 것과 이 세상을 욥처럼 여기
는 것임을 알게 되었습니다. "내가 스올이 내 집이 되기를 희망하여 내 침상
을 흑암에 펴놓으매, 무덤에게 너는 내 아버지라, 구더기에게 너는 내 어머

니, 내 자매라 할지라도"(욥 17:13-14). 한 마디로 말해, 스올과 흑암과 무덤과 구더기 등을 마치 나의 한 가족처럼 여기고 내가 이것들과 친근하게 지내는 것입니다.

327. 이런 말씀들이 제게 도움이 되었습니다. 그럼에도 불구하고, 저는 한 사람의 연약한 인간임을 깨닫게 되었고, 나의 연약함도 알게 되었습니다. 이런 곳에 있게 된 제 자신을 바라볼 때, 저는 제 아내와 가련한 자녀들과 헤어진다는 생각에 뼈에서 살을 도려내는 것 같은 고통을 느꼈습니다. 이런 비참한 상황에서 하나님으로부터 받게 될 그 큰 은혜들을 제가 간절히 갈망한 것도 사실이지만, 불쌍한 제 가족들이 직면하게 될 많은 고생과 비천함과 궁핍함들을 생각하면, 특히 다른 식구들보다 더 마음이 가는 앞 못 보는 자식을 생각하면, 그들이 이런 고난들을 받지 않도록 제가 조치를 취해야 하는데 그러지 못해서, 제 마음이 고통스러웠던 것도 사실입니다. 오, 맹인인 그 아이가 겪을 고생을 생각하면 제 마음은 갈가리 찢어지는 것 같았습니다.

328. 그 아이에 대한 생각은 계속되었습니다. 불쌍한 아이야, 이 세상에서 네가 감당해야 할 슬픔의 몫이 도대체 얼마나 될까? 너는 틀림없이 매 맞고 구걸하며 배고픔과 추위와 헐벗음과 각종 재난에 노출되겠지. 그래도 나는 네게 휘몰아치는 그 바람들을 막아줄 수가 없구나. 내 자신을 되돌아볼 때, 나는 너의 인생 전부를 감히 하나님께 내 맡길 수밖에 없겠구나. 이것이 내가 너를 내팽개치고, 살아 있는 다른 영혼들에게로 달려가는 형국이 되겠지만 말이야.

오, 제가 보기에 이런 저의 처지는 자기 아내와 자녀들의 머리 위로 자기 집을 무너뜨리는 사람과 마찬가지로 비쳐졌습니다. 하지만 아무리 생각해 봐도, 이 사역은 제가 반드시 감당해야 할 사역이었습니다. 다른 사람이 아닌 바로 제가 감당해야만 하는 사역이라는 생각이 들었습니다. 그 때, 여호와의 궤를 다른 지역으로 옮겨야만 했던 젖 나는 소 두 마리가 생각났습니다. 그 소들은 새끼 송아지들을 자기 뒤에 떼어 놓고서 나온 소들이었습니다(삼상 6:10-12).

329. 이런 유혹 가운데서 저를 도와주었던 다양한 말씀들이 있었으며, 저는 그 말씀들을 묵상하였습니다. 제가 묵상한 여러 말씀들을 가운데서 저는 특별히 세 가지만 이 자리에서 여러분에게 말씀드리겠습니다. 첫째는 두 가지 성경 말씀에 대한 묵상이었습니다. "네 고아들을 버려도 내가 그들을 살리리라 네 과부들은 나를 의지할 것이니라"(렘 49:11). 또 다른 말씀은 "주께서 이르시되 진실로 너의 남은 자들은 잘되리니, 진실로 내가 그 원수로 하여금 재앙의 때와 고통의 때에 너를 잘 대우하게 하리라"(렘 15:11 KJV, "여호와께서 이르시되 내가 진실로 너를 강하게 할 것이요, 너에게 복을 받게 할 것이며, 내가 진실로 네 원수로 재앙과 환난의 때에 네게 간구하게 하리라"[개역개정]).

330. 저는 다음과 같은 말씀도 묵상하였습니다. 하나님을 위해 내 모든 것을 거는 모험을 감행한다면, 나의 모든 걱정 근심들을 하나님께서 다 맡아 주관해 주시리라는 생각을 하였습니다. 그러나 반대로, 내가 만약 나와 내 가족에게 혹시라도 닥칠 어떤 고난이 두려워서, 그분과 그분의 길을 버린다면, 그 때에는 내가 지금까지 고백한 나의 신앙 고백도 거짓이 될 뿐만 아니라, 나의 모든 걱정 근심들에 대한 보장 또한 불확실하게 될 것이라는 생각도 하였습니다. 내가 그분의 이름을 드높이고 그분의 이름만을 위할 때, 나의 모든 걱정 근심들은 그분의 발 아래에서 그분의 뜻대로 되겠지만, 반대로 그 걱정 근심들이 하나님의 뜻을 부인하는 나의 소관 하에 있게 된다면, 내가 고난을 면치 못하게 될 것이라는 생각을 하였습니다. 이런 생각은 지혜로운 것

이었고, 내 육신을 다그치는 것이었습니다. 전적으로 자신의 이기적인 생각에 사로잡혀 자기 스승을 팔 생각을 한 가룟 유다에 대해 하나님도 실망하셨습니다. 그래도 그리스도께서는 이 유다를 위해 기도하셨습니다. 이와 관련된 성경 말씀도 제 마음을 더 굳게 세우는 데 큰 도움이 되었습니다. 여러분은 시편 109편 6절에서 20절 말씀을 찬찬히 잘 읽어보기 바랍니다.

331. 저는 또 다음과 같은 생각을 하였습니다. 즉, 여러 사람들 앞에서 십자가를 두려워하고, 그리스도와 그분의 말씀과 그분이 명하신 규례 등에 대한 신앙 고백을 주저하는 자들이 반드시 참여하게 될 지옥의 끔찍한 고통에 대해 저는 생각했던 것입니다. 이와 함께 저는 믿음과 사랑과 인내로써 사람들 앞에서 그분의 길을 따르는 자들을 위해 예비해 놓으신 영광도 생각해 보았습니다. 단언컨대, 제가 공개한 저의 신앙 고백 때문에, 저뿐만 아니라 제 가족들에게까지 미칠 그 비참한 상황들이 생각날 때에도, 여러 성경 말씀들이 저에게 많은 도움을 주었습니다.

332. 내가 고백한 신앙으로 인해 내가 교구에서 추방당할지도 모른다는 생각이 너무 생생하게 들 때, 저는 다음과 같은 말씀을 떠올렸습니다. "돌로 치는 것과 톱으로 켜는 것과 시험과 칼로 죽임을 당하고 양과 염소의 가죽을 입고 유리하여 궁핍과 환난과 학대를 받았으니(이런 사람은 세상이 감당하지 못하느니라)"(히 11:37). 세상 사람들은 이 사람들이 자기들과 더불어 살아가기에는 너무 악한 자들이라고 생각하였기에, 세상이 감당하지 못하였던 것입니다. 저는 다음과 같은 말씀도 생각났습니다. "오직 성령이 각 성에서 내게 증언하여 결박과 환난이 나를 기다린다 하시나"(행 20:23). 혹시라도 내가 추방이나 유배 형을 받게 된다면, 내 영혼과 내가 고백한 신앙은 실제로 어떻게 될까 하는 생각도 종종 해 보았습니다. 배고픔과 추위와 위험과 헐벗음과 원수

들과 수천 가지 재난에 노출되어, 결국에는 버림을 받아 쓸쓸히 죽어가는 한 마리 가련한 어린 양 같은 신세가 될 것이라는 생각이 들었습니다. 그래도 하나님께 감사하는 것은, 제가 이런 매우 서글픈 생각들에 완전히 빠지지 않고, 오히려 이런 생각들로 인해 제 마음이 더욱더 분명하게 하나님을 바라볼 수 있게 되었다는 사실입니다.

333. 그러던 중에 제게 전혀 뜻밖의 일이 일어났습니다. 그 이야기를 여러분에게 들려드리겠습니다. 저는 여전히 너무 슬프고 의기소침한 상태로 몇 주간을 보내고 있었습니다. 이렇게 젊은 나이에 투옥되어 제대로 법을 알지도 못한 채로 있다가, 결국 교수대에서 형장의 이슬로 사라지게 되는 것 아닌가, 도대체 내가 알고 있는 게 무엇인가 하는 망연자실한 생각이 제 영혼을 강타했습니다. 그러자 사탄은 다음과 생각을 제게 불어넣으면서, 저를 완전히 넘어뜨리고자 강하게 공격하였습니다. "네가 정말 죽게 된다면, 이 상태로 그냥 죽게 될 것이다. 너는 아직 하나님께서 주신 것들을 누리지도 못했고, 네 영혼이 이후에는 더 좋은 상태에 있게 되리라는 확실한 증거도 받지 못했는데, 여기서 네가 죽어 버린다면 어떻게 되겠는가?" 사실 그 당시에는 하나님께서 주신 모든 것들이 제 영혼에 완전히 가려져 있었습니다.

334. 이런 생각을 처음 하게 되었을 때, 이 문제는 제게 큰 고민거리였습니다. 지금 이 상태로는 죽음을 맞이할 준비가 전혀 되어 있지 않다고 스스로 생각하였기 때문입니다. 하나님께서 천국으로 저를 부르실 것 같다는 생각도 전혀 들지 않았습니다. 두 손과 두 발을 땅에 대고 벌벌 기면서 천국에 이르는 사다리에 오른다 해도, 저는 두려워 오금이 저릴 것이며 기절하기 일보 직전일 것이라는 생각이 들었습니다. 그렇게 되면, 결과적으로 원수들은 두려움으로 정신을 못 차리는 하나님의 백성들을 보고서 비웃을 뿐만 아니

라, 하나님도 조롱하는 기회만 제공하게 될 것 같았습니다. 이것이 제게 큰 고민으로 다가왔습니다. 창백한 얼굴로 두려움에 무릎조차 제대로 가누지 못하며 죽어가는 모습이 바로 내 모습이지는 않을까 하는 생각에 저는 부끄러웠습니다.

335. 그래서 저는 하나님께 기도하였습니다. 저를 위로해 주시고, 하나님께서 저를 부르신 그 사명을 제가 잘 감당하고 인내할 능력을 달라고 간구하였습니다. 하지만 하나님의 위로는 전혀 나타나지 않았고, 모든 것들은 여전히 감추어져 있었습니다. 그 때 저는 이제 곧 죽는다는 생각에만 실제로 사로잡혀 있어서, 가끔은 목에 밧줄을 매고 죽음의 사다리로 올라가는 것 같은 기분이 들었습니다. 오직 다음과 같은 한 가지 생각이 제게 유일한 위로가 되었습니다. 즉, 내가 죽는 것을 보러 온 많은 무리들 앞에서 내가 이 땅에서 말할 수 있는 마지막 기회를 얻어, 이들에게 나의 마지막 말을 들려주고 싶다는 생각을 하였습니다. 내가 죽어야 한다면, 그 때 나의 마지막 발언을 통해 한 영혼이라도 하나님께서 회심시키신다면, 나는 이렇게 내 생명을 던져 잃는 것을 전혀 아까워하지 않을 것이라고 생각했습니다.

336. 하나님께서 주신 모든 것들은 여전히 제 시야에서 드러나지 않았고, 그 유혹자는 연이어 저를 유혹하였습니다. "그런데 너는 죽으면 어디로 갈 것 같은가? 너는 도대체 어떻게 될 것 같은가? 내세에서 너는 어디에 있게 될 것 같은가? 네가 천국과 영광을 얻고, 거룩하게 된 자들과 함께 유업을 얻게 되리라는 증거가 도대체 무엇인가?" 이런 질문들에 시달리면서 내가 무엇을 어떻게 해야 하는지 전혀 모른 채 저는 몇 주를 또 보냈습니다. 그러다가 마침내 다음과 같은 중요한 생각을 저는 결론으로 내리게 되었습니다. "내가 이렇게 죽는 것은 하나님의 말씀을 위한 것이며, 하나님의 뜻이다." 이런 확

신이 생기자, 그 때부터는 이 확신에서 한 치도 주저함이 없게 되었습니다.

337. 하나님께서 저를 지금 위로해 주실지, 아니면 제가 죽을 그 시점에 위로해 주실지, 하나님께서 어느 때를 택하여 저를 위로해 주실지 그 때를 저는 알지 못하였습니다. 비록 제가 그 때를 알지 못하지만, 그래도 내가 고백한 이 신앙은 내가 내 뜻대로 고수하거나 포기할 문제가 아니라는 생각이 들었습니다. 나는 결박된 몸이지만, 하나님은 자유로운 분이시기에, 그분께서 나를 항상 돌봐 주실지, 아니면 마지막 순간에 나를 돌봐 주셔서 구원해 주실지, 그것은 내가 알 바 아니고, 나는 단지 그분이 하신 말씀 위에 서는 것을 사명으로 알고 따르기만 하면 된다고 생각하였습니다. 그러므로 문제는 내가 이 땅에서 위로를 얻든 못 얻든 상관없이, 지금까지 해오던 대로 나의 영원한 상태를 감히 그리스도에게 내어 맡기느냐 그렇게 하지 못하느냐가 관건이라는 생각이 들었습니다. 다시 말해, 하나님께서 내 영혼에 개입하지 않으신다면, 나는 눈을 질끈 감고서 사다리에서 영원으로 뛰어내릴 것이며, 내가 가라앉든지 헤엄치든지, 또는 천국에 이르든지 지옥에 이르든지, 그것은 그리스도께서 알아서 하실 것이라는 생각이었습니다. 주 예수님, 당신께서 저를 붙드시면 저는 천국에 이를 것입니다. 그러나 '저를 붙잡아 주지 않으신다 해도' 저는 당신의 이름을 위해 저의 모든 것을 당신께 내어 맡기겠습니다. 저는 그 당시 이런 생각들을 하였습니다.

338. 이런 결심을 하자마자 다음과 같은 말씀이 떠올랐습니다. "욥이 어찌 까닭 없이 하나님을 경외하리이까?"(욥 1:9). 마치 고소하는 자가, "주님이시여, 욥은 정직한 자가 아니옵니다. 그는 어떤 이득을 바라는 사사로운 마음으로 당신을 섬기는 것입니다"라고 말하는 것 같았습니다. "주께서 그와 그의 집과 그의 모든 소유물을 울타리로 두르심 때문이 아니니이까 주께서

그의 손으로 하는 바를 복되게 하사 그의 소유물이 땅에 넘치게 하셨음이니이다 이제 주의 손을 펴서 그의 모든 소유물을 치소서 그리하시면 틀림없이 주를 향하여 욕하지 않겠나이까?"(욥 1:10-11).

하나님께서 모든 것을 다 가져가신다 해도, 하나님을 섬기기를 갈망하는 것이 정직한 영혼의 표징이지 않겠는가? 하나님으로부터 무엇을 바라기보다는 오히려 아무것도 바라지 않고 하나님을 섬기는 자가 바로 경건한 자이지 않겠는가? 이런 생각을 하고나서 저는 하나님을 찬양하였습니다. 왜냐하면 저는 정직한 마음을 가지기를 소망하였으며, 하나님께서 주시는 힘으로 제가 겪은 고난에 대해 아무것도 바라지 않으면서, 제 신앙을 절대로 버리지 않겠다고 결심하였기 때문입니다. 이런 생각을 할 때, 다음과 같은 성경 말씀이 제 앞에 펼쳐졌습니다.

"주께서 주의 백성을 헐값으로 파심이여 그들을 판 값으로 이익을 얻지 못하셨나이다. 주께서 우리로 하여금 이웃에게 욕을 당하게 하시니 그들이 우리를 둘러싸고 조소하고 조롱하나이다. 주께서 우리를 뭇 백성 중에 이야기거리가 되게 하시며 민족 중에서 머리 흔듦을 당하게 하셨나이다. 나의 능욕이 종일 내 앞에 있으며 수치가 내 얼굴을 덮었으니, 나를 비방하고 욕하는 소리 때문이요 나의 원수와 나의 복수자 때문이니이다. 이 모든 일이 우리에게 임하였으나 우리가 주를 잊지 아니하며 주의 언약을 어기지 아니하였나이다. 우리의 마음은 위축되지 아니하고 우리 걸음도 주의 길을 떠나지 아니하였으나, 주께서 우리를 승냥이의 처소에 밀어 넣으시고 우리를 사망의 그늘로 덮으셨나이다. 우리가 우리 하나님의 이름을 잊어버렸거나 우리 손을 이방 신에게 향하여 폈더면, 하나님이 이를 알아내지 아니하셨으리이까 무릇 주는 마음의 비밀을 아시나이다. 우리가 종일 주를 위하여 죽임을 당하게 되며 도살할 양 같이 여김을 받았나이다. 주여 깨소서, 어찌하여 주무시나이까 일어나시고 우리를 영원히 버리지 마소서. 어찌하여 주의 얼굴을 가리시고 우리의 고난과 압제를 잊으시나이까, 우리 영혼은 진토 속에 파묻히고 우리 몸은 땅에 붙었나이다. 일어나 우리를 도우소서 주의 인자하심으로 말미암아 우리를 구원하소서"(시 44:12-26).

339. 제 마음은 이 말씀에서 풍성한 위로를 받았습니다. 제 마음도 신실한 마음이 되었으면 하는 소망을 가졌기 때문입니다. 저에게 닥친 이런 많은 시련이 없었더라면, 이런 소망을 가지지 못했을 것입니다. 그 고난들을 늘 생각할 때마다, 저는 지금도 위로를 받습니다. 이런 고난들을 통해서 제가 받게 된 교훈들로 인해 저는 하나님을 영원히 찬송하고픈 마음뿐입니다. 하나님께서 제게 베풀어 주신 은혜가 너무나 많지만, 그 많은 은혜들 가운데서 저는 이 정도만 여러분에게 말씀드리고자 합니다. "그들이 싸울 때에 노략하여 얻은 물건 중에서 구별하여 드려 여호와의 성전을 개수한 일과"(대상 26:27).

결론

1. 제가 평생을 살면서 겪은 모든 유혹들 가운데, '하나님'의 존재와 그분이 주신 복음의 진실성에 대해 의심한 것이 제가 견뎌내기에 가장 힘들고 제일 혹독한 시험이었습니다. 이런 유혹들이 찾아올 때는 이 시험으로 인해 제가 매고 있던 허리띠가 끊어지고, 제가 딛고 서 있던 터가 무너져 내리는 것만 같았습니다. 오, 그럴 때면 다음과 같은 성경 말씀이 얼마나 자주 생각났는지 모릅니다. "그런즉 서서 진리로 너희 허리 띠를 띠고"(엡 6:14), "터가 무너지면 의인이 무엇을 하랴?"(시 11:3).

2. 때로는 제가 죄를 범한 후, 하나님께서는 저로 하여금 그분의 손에서 내리는 쓰라린 징계를 예상하게 하시고, 그 이후에야 비로소 그분의 은혜를 발견하도록 하셨습니다. 또 어떤 때는 제가 하나님으로부터 위로를 받음에도 불구하고, 근심으로 떨어지는 저를 발견하기도 했습니다. 그럴 때는 제 자신이 바보처럼 여겨져 다시 낙담하면서 위로받을 길을 찾지 못하였습니다. 그때는 제가 아무리 생각해도 나는 그렇게 지혜로운 사람이 아니라는 생각이

들었습니다. 이처럼 하나님이 주시는 능력과 사탄이 주는 압박감, 이 두 가지가 번갈아 저를 찾아 왔습니다.

3. 제가 참 이상하게 여기던 한 가지가 있었습니다. 그것은 하나님께서 제 영혼에 찾아오셔서 제가 그분을 발견하게 되는 매우 큰 은혜를 받았음에도 불구하고, 시간이 흐른 뒤 제 영혼에 다시 흑암이 가득했을 때, 예전에 제가 받아 새 힘을 얻었던 그 하나님의 위로를 왜 다시 찾을 수 없는 것인가 하는 점이었습니다.

4. 저는 성경 각 권들에서 제가 이 시험들을 어떻게 헤치고 이겨 나가야할지에 관한 분명한 말씀들을 기대 이상으로 많이 발견할 때도 있었습니다. 그러나 어떤 때는 모든 성경 말씀들이 제게 마른 막대기처럼 보일 때도 있었습니다. 아니, 제 마음이 성경 말씀에 대해 완전히 말라비틀어져 죽은 것처럼 되어, 성경의 그 귀한 보배들을 '모두' 보지는 못한다 해도, 최소한 한 드라크마만큼의 새 힘조차 얻지 못할 것 같은 그런 때도 있었습니다.

5. 제가 흘린 모든 눈물들 가운데서 최고의 눈물은 그리스도의 보혈로 인해 흘린 눈물이었습니다. 그리고 제가 기뻐했던 일들 가운데서 가장 기뻤던 일은 그리스도에 대한 슬픔과 뒤섞인 달콤함을 맛본 일이었습니다. 오! 그리스도의 품에 안겨 하나님 앞에서 무릎을 꿇는 일이야말로 얼마나 아름다운 일인지 모릅니다. 제 소망은 이러한 일들에 대해 더 잘 알게 되는 것입니다.

6. 지금까지 살면서 저는 제 마음에 가증스럽게 여겨지는 것 일곱 가지 정도를 알게 되었습니다. (1) 불신앙으로 이끌리는 성향. (2) 그리스도께서 밝히 보여주신 사랑과 자비를 갑작스럽게 잊어버리는 것. (3) 율법의 공로에

의지하려는 마음. (4) 기도할 때 중언부언하며 냉랭해지는 마음. (5) 깨어 기도하는 것을 잊어버리는 것. (6) 나는 많이 가지지 못하였다고 불평하고, 이미 가진 것을 선용하지 못하는 성향. (7) 하나님께서 명하신 것들을 나는 절대로 할 수 없다고 생각하면서, 나의 부패한 본성이 자연스럽게 끼어들도록 하는 것. "그러므로 내가 한 법을 깨달았노니 곧 선을 행하기 원하는 나에게 악이 함께 있는 것이로다"(롬 7:21).

7. 나는 이런 가증스러운 것들을 지속적으로 보고 느끼면서, 이것들로 인해 고통과 압박을 받았습니다. 하지만 지혜의 하나님께서는 다음과 같은 것들이 나의 유익을 위해 사용되도록 하셨습니다. (1) 나는 나 자신을 가증스럽게 여긴다. (2) 나는 내 마음을 신뢰하지 않는다. (3) 본래 타고난 의는 충분하지 않음을 나는 확신한다. (4) 나는 예수님에게 달려가 피할 필요성을 느낀다. (5) 나는 지금 당장 하나님에게 기도드려야 한다. (6) 나는 깨어 근신하면서 살아야 할 필요가 있다. (7) 그리스도를 통해 하나님을 바라보고, 이 세상에서 인도해 주시기를 나는 간절히 하나님께 간구해야 한다. 아멘.

존 번연의 투옥 이야기

이것은 1660년 11월, 베드포드(BEDFORD)의 한 복음 사역자에게 일어난 일을 기록한 것으로, 판사들 앞에서 다루어진 그에 대한 심리(審理)와, 그가 치안서기와 나눈 대화 내용, 그의 아내가 그의 석방을 위해 탄원할 때 그 아내와 재판관들 사이에서 있었던 일 등을 기록한 것이다.

번연 자신이 썼으며, 이것은 지금까지 한 번도 출판된 적이 없었다.

"의를 위하여 박해를 받은 자는 복이 있나니 천국이 그들의 것임이라 나로 말미암아 너희를 욕하고 박해하고 거짓으로 너희를 거슬러 모든 악한 말을 할 때에는 너희에게 복이 있나니 기뻐하고 즐거워하라 하늘에서 너희의 상이 큼이라 너희 전에 있던 선지자들도 이같이 박해하였느니라"(마 5:10-12).

내 하나님의 선한 손길에 의해, 저는 도합 5년 내지 6년간을 우리 주 예수 그리스도의 복된 복음을 아무런 제재 없이 자유롭게 전할 수 있었습니다. 또한 그분의 복된 은혜로 말미암아 그분의 복되신 말씀을 전하면서 저는 새 힘을 얻게 되었습니다. 하지만 예전부터 인간의 구원을 증오하던 옛 원수인 마귀는 이 때를 기회로 삼아 나를 대적하던 그 부하들의 마음을 불타오르게 하였습니다. 그래서 결국 저는 판사의 구속영장의 위력으로 체포되어 수감되었습니다. 아래에서 저는 이와 관련된 이야기를 말씀드리고자 합니다.

1660년 11월 12일, 저는 이 지역 베드포드 주 해링턴의 삼셀(Samsell, by Harlington, in Bedfordshire, 현재는 해링턴 저택[Harlington Manor]으로 불리는 큰 주택으로, 큰 거실과 홀과 여러 개의 방이 있는 대형 건물이다. 번연은 체포당시 이곳에서 심문을 받았고, 아래에서도 언급되겠지만 번연은 이 건물의 각기 다른 방에 머물고 있던 여러 사람들을 차례로 만났다—역주)에 있던 몇몇 형제들이 자기들에게 와서 말씀을 가르쳐 달라는 요청을 받았습니다. 그래서 저는 주님께서 허락하시면 앞서 언급한 그 시간에 그들의 모임에 함께 할 것이라는 약속을 했습니다. 그런데 이 소식을 들은 프랜시스 윈게이트(Mr. Francis Wingate)라는 판사가 이 방문을 근거로 저를 체포하라는 영장을 발부하여, 저를 그의 앞에 데리고 오도록 하였습니다. 그래서 제가 가려던 모임 장소인 그 집 주변으로는 그 시각 삼엄한 경비가 이루어졌습니다. 마치 우리가 어떤 끔찍한 일을 모의하기 위해, 다시 말해 이 나라를 전복시키기 위한 의도로 그 장소에 함께 모이기라도 하는 것처럼 말입니다. 그런데 아쉽게도 치안관이 들이닥쳤을 때, 그가 보게 된 것은 우리 손에 들린 성경책뿐이었습니다. 그 때는 우리가 하나님의 말씀을 전할 뿐만 아니라 들으려고 막 준비하던 찰나였습니다. 이제 곧 예배를 시작하려고 하던 순간이었습니다. 아니, 좀 더 정확하게 말하자면, 주님의 말씀이 이 자리에 모인 모두에게 제대로 전해져, 우리에게 주신 이 기회가 헛되지 않도록 하나님의 축복을 갈구하는 기도를 드리기 시작한 때였습니다(번연이 그 모임에서 전하려고 했던 성경 말씀은 "네가 인자를 믿느냐?"[요 9:35]는 구절이었다. 이 말씀으로 그는 예수 그리스도를 믿는 믿음이 절대적으로 필요하다는 것과 인간이 물어야 할 최고의 관심사가 바로 이 물음이라는 사실을 전하려고 하였다. 번연은 그날 모인 성도들의 마음에 과연 그들도 인자를 믿고 있는지 그렇지 않은지를 물어보려고 하였다. 번연이 쓴 "신앙 고백"[Confession of Faith] 서문 참조—원주[原註]).

그런데 이 말씀은 그날 들이닥친 치안관으로 인해 전해지지 못하였습니다. 저는 치안관에게 체포되어 그 방을 강제로 떠날 수밖에 없었습니다. 만약 제가 소심한 척 했더라면, 저는 도망쳐서 치안관의 손길에서 벗어날 수도 있었을 것입니다. 왜냐하면 제가 이 형제들의 집에 도착했을 때, 이미 저를 체포하라는 영장이 발부되어 그날 제가 체포될 것이라는 소문이 떠돌았기 때문입니다. 제 친구들도 이 소식을 듣고 나서 다소 겁을 먹었던 것 같습니다. 그래서 우리가 이 모임을 갖는 것이 최선일지, 아니면 모임을 취소하는 것이 최선일지를 제게 물었습니다. 다시 말해, 치안관들이 저를 체포하여 판사 앞에 세운 후, 감옥에 처넣을 것이 분명한데, 이런 일이 생기지 않도록 사전에 제가 이곳을 떠나는 것이 더 낫지 않은가 하는 말을 제게 했던 것입니다. 이런 말을 한 친구는 치안관들과 가까이 지내면서 그들이 어떤 생각을 하고 있는지 저보다 더 잘 알고 있었기 때문입니다.

이런 염려를 하는 친구에게 저는 "아닙니다. 저는 절대로 그렇게 하지 않을 것입니다. 저는 이 상황에 동요되어 문제를 일으키지 않을 것이며, 이 모임을 그런 일로 취소하지 않을 것입니다. 자, 다들 힘을 내십시오. 절대로 두려워하지 마십시오. 우리는 지금 선한 일을 하고 있는 것입니다. 그러므로 우리는 이런 일을 부끄러워할 필요가 없습니다. 하나님의 말씀을 전하는 것은 아주 선한 일이기에 우리는 장차 후한 상을 받게 될 것입니다. 우리가 이 시련을 견디기만 한다면, 다시 말해 우리를 향한 하나님의 뜻을 알고서 인내하기만 한다면 말입니다"라고 말하였습니다.

제가 이렇게 말했음에도 불구하고, 제 친구는 자신을 걱정하기보다는 저를 더 많이 걱정을 하는 것처럼 보였습니다. 그러고 나서 저는 그 곳에 있던 골방으로 들어가 이 문제를 아주 진지하게 생각해 보았습니다. 그러자 다음과 같은 생각이 제 마음에 떠올랐습니다. "지금까지 내가 행한 설교를 통해 드러난 나의 모습은 진심 어린 모습과 담대한 모습이었다. 그리고 하나님의 은혜로 다른 성도들을 격려하는 것이 나의 일이었다. 그런데 만약 내가 지금 뛰어나가 도망치는 모습을 보인다면, 그것은 이 지역 성도들에게 좋지 않은 인상을 남기지 않겠는가? 내가 말로는 아주 강한 것처럼 보이다가 실제로는 강하지 않게 행동한다면, 연약한 형제들이나 최근에 회심한 형제들이 이런 나의 모습을 보고서 도대체 어떻게 생각하겠는가?"라는 생각이 들었습니다.

그리고 만약 제가 지금 뛰어 도망간다 해도, 저에 대한 체포 영장은 이미 발부된 상태이기 때문에, 제가 도망쳐 봤자 여기 있는 나의 형제들에게 두려움만 안겨줄 뿐이며, 그들에게 치안관들의 위협적인 엄포만이 내려질 것이라는 생각이 들었습니다. 게다가 하나님께서 베풀어 주시는 은혜로 제가 하나님의 도구로 선택되어, 저의 체포라는 사건으로 인해 이 지역이 작은 소망이라도 갖게 된다면, 그것 또한 좋은 일이 아닌가 하는 생각도 하였습니다. 무슨 말인가 하면, 복음을 위해 대적했던 첫 번째 사례로 제가 선택되는 것이 그리 나쁘지 않겠다는 생각이 들었던 것입니다.

하지만 만약 내가 도망친다면, 그것은 후에라도 성도들 전체를 낙담케 하는 일이 될 수도 있을 것 같았습니다. 더 나아가, 세상은 제가 도망친 것으로 인해 저의 비겁함을 욕하고, 복음을 모욕할 기회를 얻게 될 뿐만 아니라, 저와 제가 한 신앙 고백까지 악랄하게 의심할 수 있는 근거로 삼고자 하지 않을까 하는 생각마저 하였습니다. 이 외에도 여러 가지 생각들을 하고서 저는 다시 안으로 들어갔습니다. 그 때는 치안관들이 저를 잡으러 오기 약 한 시간 전이어서 제가 충분히 도망칠 수 있는 때였지만, 이미 저는 도망치지 않고 이 모임을 지킬 것이라고 단호하게 결정을 내렸습니다. 저는 결코 도망치고 싶지 않았습니다. 나를 잡으려고 하는 이들이 나에 대해 도대체 어떤 말을 하고 어떤 행동을 할지, 그 끝을 보고 싶다는 결심을 했기 때문입니다. 주님께서 은혜를 베풀어 주셔서 지금까지 제가 한 말과 행동에서 그 어떤 악한 것도 저는 찾을 수 없었습니다. 그래서 앞서 말한 바와 같이 저는 그 모임을 예정대로 시작하였습니다.

하지만 저를 체포하기 위한 영장을 가지고 나타난 치안관들로 인해 그 모임은 무산되었습니다. 저는 그 모임을 계속 진행할 수 없었습니다. 제가 잡혀가기 전, 저는 거기 있던 성도들을 격려하고 그들에게 조언이 될 수 있는 말들을 몇 마디 하였습니다. 즉, 그들이 본 바와 같이 하나님의 말씀을 전하고 들을 수 있었던 기회는 난데없이 등장한 치안관들로 인해 사라졌으며, 그들도 치안관들로부터 동일한 탄압을 받게 될 것이라고 분명하게 말하였습니다. 그러면서 저는 이 고난들을 선용하여 견디어 내는 것이 은혜이므로, 그들이 절대로 낙담하지 않기를 바란다고 하였습니다. 우리는 도둑이나 강도나 다른 사악한 일로 잡혀가는 것이 아니었습니다. 모두 다 하나님의 은혜로 된 것이었습니다. 오히려 우리는 그리스도인들로서 선한 일을 하다가 이런 고난을 겪는 것이었습니다. 그리고 우리가 박해자가 아니라 박해를 받는 처지가 된 것이 다행한 일이었습니다.

우리를 기다리고 있던 치안관들과 판사들이 보낸 자들은 저를 잡기 전까지 절대로 정숙하게 있지 않았습니다. 결국 우리는 이들에게 사로잡혀 그 집을 떠나게 되었습니다. 그런데 그 날은 판사가 집에 있지 않아서, 제 친구가 보증을 서고 다음 날 저를 치안관에게 보내겠다는 제의를 했습니다. 그렇게 하지 않으면, 치안관은 틀림없이 저를 밤새 지키고 있거나 어떤 다른 방법으로 제 신병을 확보하려고 했을 것입니다. 제가 지은 죄는 그 정도로 큰 죄였습니다. 그래서 우리는 그 다음날 치안관에게 가서, 결국 판사에게 인계되었습니다. 판사는 치안관에게 우리가 무슨 일을 했는지, 어디서 모였는지, 모여서 무슨 일을 했는지를 물었습니다. 제 생각에 판사는 우리가 무장(武裝)을 했는지 알아보려는 의도로 보였습니다.

그러자 치안관은 우리 가운데 몇몇 사람들이 하나님의 말씀을 전하고 듣기 위해 함께 모였을 뿐, 어떤 다른 이상한 징후는 발견하지 못하였다고 판사에게 대답하였습니다. 이 대답을 들은 판사는 제가 보기에 도대체 어떤 말을 해야 할지 전혀 모르는 사람처럼 보였습니다. 하지만 저를 사로잡기 위해 치안관을 보낸 장본인이 바로 그 판사였기에, 그는 무턱대고 제게 몇 가지를 질문하였습니다. 결론적으로 내가 거기서 무엇을 하였는지, 내 직업(calling)을 따라 그 일에 만족하지 못하고 왜 그런 일을 하였는지 등을 물어보았습니다. 왜냐하면 제가 지금까지 해오던 바를 모든 사람들이 공공연히 알고 있듯이, 제가 말씀을 전하는 것은 법을 어기는 일이었기 때문입니다.

존 번연. 이러한 판사의 질문에 저는 다음과 같이 대답하였습니다. "제가 그곳뿐 아니라 다른 장소에도 가는 이유는 사람들이 비참하게 멸망하지 않도록, 자신들의 죄악을 버리고 그리스도와 더 친밀해지도록 그들에게 가르치고 조언해 주기 위함입니다. 저는 이 두 가지 일을 주저 없이 행하고 있습니다. 간단히 말씀드려, 저는 저의 직업(calling, 소명)을 따라 하나님의 말씀을 이렇게 전하고 있는 것입니다." 제가 한 이 대답에 판사는 대단히 격분("그들은 들에 있는 곰이 새끼를 빼앗긴 것 같이 격분하였고"[삼하 17:8]—원주)한 것처럼 보였습니다. 왜냐하면 우리 모임을 완전히 작살을 낼 것 같은 기세로 그가 말하였기 때문입니다.

번연. 저는 "이 이야기들은 모두 사실입니다"라고 말하였고, 그러자 판사는 제게 보증인들을 세우라고 했으며, 그러지 않으면 저를 감옥에 처넣어 버리겠다고 말하였습니다.

그래서 저는 보증인들을 세우고 그들을 안으로 불러 들였습니다. 저의 신변과 관련된 보석금들이 정해지자, 판사는 제가 설교를 하지 못하도록 막을 의무가 그 보증인들에게 있다고 말하였습니다. 혹시라도 제가 설교를 한다면, 이들이 낸 보석금들은 모두 몰수될 것이라고 덧붙였습니다. 판사의 이 엄포에 대해 저는 다음과 같이 대답하였습니다. "저는 이 약조들을 파기할 것입니다. 왜냐하면 저는 하나님의 말씀을 전하는 것을 그만두지 못하기 때문입니다. 저는 성도들이 있는 곳이라면 어디든 가서 그들에게 조언하고 위로하고 권면하고 가르치는 일들을 절대로 중단할 수 없습니다. 그리고 제 생각에 이런 일들은 그 자체가 남에게 해를 끼치는 일이 아니기에, 비난받기보다는 오히려 칭찬받을 만한 가치가 있는 일로 여겨집니다."

윈게이트. 이 말에 대해 윈게이트 판사는 제게 다음과 같이 말하였습니다. "이 보증인들이 내가 앞서 말한 그 의무를 이행하지 않는다면, 나는 반드시 수감 영장을 작성하여 그것을 간수에게 보내고, 거기서 사계(四季) 법원 (quarter-sessions, 과거 잉글랜드에서 계절별로 연 4회 열리던, 가벼운 사건들을 다루던 법정—역주)이 설 때까지 구금되도록 할 것이다."

그래서 저의 수감 영장이 작성될 동안, 이 판사는 퇴정하고 진리의 원수인 늙은 린데일 박사(Dr. Lindale)가 들어왔습니다. 그는 들어오면서 많은 욕설을 하며 저에게 악담을 퍼부었습니다.

번연. 이 린데일에게 저는 다음과 같이 말하였습니다. "저는 이 사람과 대화하기 위해서 여기에 온 것이 아닙니다. 저는 판사에게 말하기 위해 여기 왔습니다. 제가 이 자와 할 말이 없다고 하면, 이 린데일은 자신이 승리라도 한 것처럼 으스대면서, 제게 영장도 보여주지 못하는 주제에 온갖 간섭을 해대며 저를 비난하고 정죄하겠지요. 그러면서 그는 제게 '당신이 다시는 설교를 하지 않겠다는 맹세를 해야 되지 않겠소?'라고 물을 것입니다. 그러나 저는

'내가 만약 그렇게 하지 않는다면 어떻게 하겠소?'라고 되묻고자 합니다. 애석하게도 저는 이 따위 맹세를 하느니, 차라리 감옥으로 가고 말 겁니다."

저는 그에게 다시 "제게 그럴 마음이 생긴다면, 당신이 제정신으로 제게 제기한 질문에 대해서는 대답해 줄 의향이 있습니다"라고 말하였습니다. 그러자 그는 다시 제게 재촉하였습니다. "당신은 큰 승리의 확신을 가지고 설교를 하는데, 당신이 그렇게 설교하는 것이 합법적이라는 것을 어떻게 입증할 수 있겠소?"

그런 실랑이를 벌이다가, 제게 대답할 마음이 생기면 그 때 이 문제에 대해 대답할 것이라는 생각을 그가 알게 되었습니다. 그래서 저는 베드로전서에 나오는 다음과 같은 말씀을 인용해서 그에게 말해주었습니다. "각각 은사를 받은 대로 하나님의 여러 가지 은혜를 맡은 선한 청지기 같이 서로 봉사하라"(벧전 4:10).

린데일. 그는 "아니, 도대체 지금 당신은 누구에게 이런 말들을 하는 것이오?"라고 말하였습니다.

번연. 저는 다음과 같이 말하였습니다. "누구긴 누군가요? 하나님으로부터 은사를 받은 모든 자들을 대상으로 말하고 있는 중입니다. 베드로 사도가 하신 말씀에 주목하십시오. '각각 은사를 받은 대로 하나님의 여러 가지 은혜를 맡은 선한 청지기 같이 서로 봉사하라.' 그리고 다시 '너희는 다 모든 사람으로 배우게 하고 모든 사람으로 권면을 받게 하기 위하여 하나씩 하나씩 예언할 수 있느니라'(고전 14:31)는 말씀에도 귀를 기울이십시오. 사람은 조금씩 주춤하면서 좀 더 부드러운 속도로 나아가기 마련입니다. 그러나 그렇다고 해서 완전히 패하는 것은 아닙니다." 제가 이렇게 말하자, 그는 다음과 같이 말하기 시작하였습니다.

린데일. "실제로 나는 구리 세공업자 알렉산더가 사도들을 많이 핍박하고 해를 많이 입힌 것(딤후 4:14—역주)으로 기억하고 있소." 아마도 이 말은 저를 겨냥한 것 같았습니다. 왜냐하면 제가 땜장이였기 때문입니다.

번연. 이에 대해 저는 다음과 같이 대답하였습니다. "저 또한 아주 많은 제사장들과 바리새인들에 대한 내용들을 읽어 보았습니다. 이들은 손에 우리주 예수 그리스도의 피를 묻히고 있었어요."

린데일. "아니, 당신이야말로 그런 서기관과 바리새인들 중의 한 사람이오. 왜냐하면 당신은 '과부의 가산을 삼키며 외식으로 길게 기도하는 자'(막12:40—역주)이기 때문이오."

번연. 이에 대해 저도 대답하였습니다. "만약 제가 설교와 기도를 하지 않는다면, 그와 마찬가지로 당신 역시 더 이상 설교하지 않고 기도하지 않는다면, 당신은 지금과 같은 풍성한 영적 삶을 누리지 못할 것입니다." 제가 이런 말을 하는 그 순간, 다음과 같은 성경 말씀이 떠올랐습니다. "미련한 자의 어리석은 것을 따라 대답하지 말라 두렵건대 너도 그와 같을까 하노라"(잠26:4)는 진리에 대한 편견 없이, 저는 가능한 한 말하는 것을 줄였습니다.

이런 식의 말들을 서로 주고받는 사이에 수감 영장이 작성되어, 저는 치안관에게 인계되었고 베드포드에 있는 간수에게로 보내졌습니다.

제가 호송되어 가는 도중에 저는 친구 두 사람을 만나게 되었습니다. 이들은 자칭 판사의 친구라면서, 윈게이트 판사의 호의를 얻어 제가 석방될 수있도록 그를 설득할 수 있을 것이란 생각에, 치안관에게 잠시 이 호송을 멈추어 달라고 요청하였습니다. 이 두 친구들이 판사에게 가서 많은 이야기를 나누는 동안 우리는 잠시 멈추어 서 있었습니다. 그들이 판사와 나눈 대화의 결론은 다음과 같았습니다. 즉, 제가 다시 그를 만나서 그에게 어떤 확실한 대답을 한다면, 제가 석방될 수 있다는 것이었습니다. 이 친구들이 제게 이런 말을 전하자, 저는 그 확실한 대답이라는 것이 선한 양심을 가지고서 말할 수 있는 것이라면, 내가 대답하겠지만, 그렇지 않은 것이라면 나는 대답하지 않을 것이라고 했습니다. 제가 이렇게 말했음에도 불구하고, 이 친구들의 끈질긴 권유로 저는 다시 판사 앞에 나아갔습니다. 물론, 제가 석방될 것이라고는 전혀 생각지도 않은 채 말입니다. 저를 석방시켜 주려는 이 친구들의 영혼이 진리를 거스르는 마음으로 너무나 가득한 것은 아닌지 두려웠으며, 저도 이런저런 일로 나의 하나님의 이름을 더럽히고 제 양심에 상처를 입히면 안 될 텐데 하는 생각이 들었습니다. 드디어 판사 앞에 다시 서게 되자, 저는 하나님께서 주시는 빛과 강인함으로 제 마음을 지켜서, 그분의 이름에 누가 되거나 제 영혼에 잘못을 범하고, 주 예수 그리스도를 따라가고자 하는 어떤 사람들을 낙담하게 하거나 슬프게 하는 일을 저지르지 않게 해 달라고 하나님께 간구하였습니다.

자, 드디어 제가 판사 앞에 나아가려 할 때, 베드포드 출신의 포스터 씨(Mr. Foster)를 거기서 만나게 되었습니다. 이 사람은 또 다른 방에서 나오던 중이었으며, 제가 밝힌 촛불로 그는 제 얼굴을 알아보았습니다. 사실 제가 거기로 다시 들어갔을 때는 어두운 밤이었습니다. 그는 외관상 아주 사랑이 넘치는 몸짓을 하면서 버럭 제 목을 껴안고 입을 맞추고는(예수님을 팔아넘기기 전 가룻 유다의 모습이다—원주), "여기 있는 이 사람이 누구인가? 존 번연 아닌가?"라고 말하였습니다. 이런 갑작스런 인사로 저는 다소 놀랐습니다. 왜냐하면 그와 저는 안면이 없어서 서로 잘 모르는 사람이었기 때문입니다. 게다가 그는 하나님의 뜻에 항상 열렬히 반대하던 자였는데, 이렇게 저를 사랑하는 마음이 충만한 것처럼 대하다니, 그는 알다가도 모를 사람이었습니다. 시간이 좀 흐른 뒤, 그의 행동에 대해 살펴보면서 제게 "그의 말은 기름보다 유하나 실상은 뽑힌 칼이로다"(시 55:21)라는 말씀이 떠올랐습니다. 그리고 "사람들을 삼가라"(마 10:17)는 말씀도 기억났습니다. 저는 "하나님의 은혜로 잘 지내고 있습니다"라고 대답하자, 그는 "여기서 만나게 되다니, 무슨 일로 오셨나요? 혹시 어떤 볼일이라도 있으신지?"라고 말하였습니다. 그래서 저는 "조금 먼 곳에 있는 자들을 만나서 이들에게 권면의 말씀을 전하기 위해 왔습니다"라고 대답했습니다. 단언컨대, 판사는 이에 대한 내용을 들었을 것이고, 판사 자신이 이곳에 오기도 전에 이미 저를 잡기 위한 체포 영장을 발부했을 것입니다.

포스터. 그는 "아, 예. 잘 알겠습니다. 그런데 당신이 더 이상 사람들을 불러 모으지 않겠다고 약속한다면, 당신은 자유의 몸이 되어 집으로 갈 수 있을 것입니다. 당신이 이 법을 지킨다는 약속을 하는 한, 나의 형제인 판사도 당신을 감옥에 수감시키는 것을 아주 꺼림칙하게 여기고 있답니다."

번연. 그의 말에 대해 저는 "그런데 사람들을 불러 모은다는 말이 무슨 의미인지 당신은 제게 설명해 주실 수 있나요? 제가 하고 있는 일은 사람들을 끌어 모아 어떤 일을 하려는 것이 아니라, 그들이 자기 영혼을 살피도록 권면하고 구원받도록 하는 것입니다"라고 말하였습니다.

포스터. 저의 말에 그는 "우리는 지금 해명이나 논쟁을 하려는 것이 아닙니다. 당신이 더 이상 사람들을 불러 모으지 않는다고 말하기만 하면, 당신은 자유를 얻게 될 것이고, 반면에 당신이 앞으로도 계속해서 이와 같이 한다면, 당신은 감옥에 수감되는 수밖에 없다는 사실을 반드시 알아야 할 것입니다"라고 말하였습니다.

번연. "예, 저는 억지로 사람들에게 제 말을 듣도록 강요하지 않을 것입니다. 하지만 제가 어느 곳에 갔는데, 거기에 사람들이 모여 있다면, 저는 제가 가진 최고의 지혜와 능력을 발휘하여, 그들이 주 예수 그리스도를 찾아 그 영혼이 구원을 받을 수 있도록 그들에게 조언하고 권면할 수밖에 없습니다."

포스터. 그러자 포스터 이 작자가 제게 한 말은 다음과 같았습니다. 즉, 이런 일은 제가 할 일이 전혀 아니며, 저는 반드시 내 직업(calling)을 따라 살아야 한다고 말했습니다. 만약 제가 설교하는 것을 그만두고 제 직업을 따라 살아간다면, 저는 판사의 호의를 얻어 즉시 석방될 수 있다고 했습니다.

번연. 이에 대해 저는 "저 또한 당신의 말과 마찬가지로 제 소명(calling, 직업)을 따라 살아갈 수밖에 없습니다. 즉, 저는 설교를 할 수 밖에 없다는 말입니다. 저는 기회를 얻든 얻지 못하든 상관없이, 사람들이 주 예수 그리스도를 찾도록 하고 그래서 그들의 영혼이 구원을 받도록 하는 이 두 가지 일을 제 사명으로 여기고 있습니다"라고 말하였습니다.

포스터. 이 말에 그는 어떤 모임이라도 사람들과 더불어 모임을 갖는 것은 불법이라면서, 제가 이 일을 그만두었으면 좋겠다고 말했습니다. 다시 말해, 제가 더 이상 사람들을 불러 모으지 않아야 한다는 말을 계속 하였습니다.

번연. 이에 대해 저는 "제가 감히 이에 대해서 약속할 수 없을 것 같습니다. 왜냐하면 저의 양심이 당신의 명대로 행하는 것을 허락하지 않기 때문입니다. 다시 말씀드리지만, 제가 어디를 가든지 그 곳에서 만나는 모든 사람들에게 제가 하나님의 말씀에 대해 알고 있는 최고의 지식을 전하는 것은, 마치 제가 장사를 하는 것처럼 저의 일이며, 제가 가장 잘 할 수 있는 사명으로 여기고 있습니다"라고 말하였습니다.

포스터. 그는 제게 "당신은 어떤 형태로든 교황주의자들에게 가장 가까운 사람인 것 같습니다"라고 말하면서, 저에게 그 사실을 막 입증해 보이려는 것 같았습니다.

번연. 저는 그에게 "제가 어떤 면에서 그렇다는 것입니까?"라고 물었습니다.

포스터. 그는 우리가 성경을 문자적으로 이해하고 있다고 말하였습니다.

번연. 그래서 저는 "우리는 문자적으로 이해해야 할 부분만 문자적으로 이해하고 있으며, 다르게 이해해야 할 부분은 우리도 다르게 이해하려고 노력하는 중입니다"라고 말하였습니다.

포스터. 그는 "도대체 어떤 성경 말씀을 당신은 문자적으로 이해하고 있습니까?"라고 물었습니다.

번연. 그래서 저는 "'믿는 자들은 구원을 얻을 것이요'("믿고 세례를 받는 사람은 구원을 얻을 것이요"[막 16:16] 참조—역주)라는 말씀입니다. 이 말씀은 기록된 글자 그대로 이해되어야만 합니다. 성경 말씀에 기록된 분명하고 단순한 말씀 그대로, 그리스도를 믿는 자들은 누구나 구원을 얻을 것입니다"라고 말하였습니다.

포스터. 그는 "당신은 무식하여서 성경 말씀을 이해하지 못하는 것 같습니다. 당신은 헬라어도 알지 못하면서 어떻게 이 말씀들을 이해할 수 있다고 말하는 것입니까?"라고 말하였습니다.

번연. 그의 이런 말에 대해 저는 "만약 이것이 당신의 생각이라면, 성경 원어인 헬라어를 아는 자들을 제외한 다른 이들은 성경 말씀을 전혀 이해할 수 없으며, 그로 인해 아주 극소수의 가련한 인간들만 구원을 받게 되겠군요. 하지만 이런 생각은 너무 가혹한 생각입니다. 성경 말씀은 우리에게 '천지의 주재이신 아버지여 이것을 지혜롭고 슬기 있는 자들에게는 숨기시고 어린 아이들에게는 나타내심을 감사하나이다'(마 11:25) 즉, 세상의 학식 있는 자들에게는 숨기셨다고 말하고 있습니다"라고 대꾸하였습니다.

포스터. 그러자 그는 "어리석은 무리들 외에는 당신이 하는 말을 들어본 자들이 없습니다"라고 말하였습니다.

번연. 저는 그에게 다음과 같이 말하였습니다. "제 이야기를 들은 자들 가운데는 어리석은 자들은 물론이고 지혜로운 자들도 있었습니다. 제가 다시 말씀드리지만, 세상에서 가장 평범하며 어리석은 자들로 여겨지는 자들이 하나님 앞에서 가장 지혜로운 자들입니다. 즉, 하나님께서는 지혜롭고 강하고 고귀한 자들을 폐하시고, 어리석고 천한 자들을 택하셨습니다."

포스터. 그러자 그는 제게 "당신은 사람들로 하여금 자기 직업에 충실하지 못하고 게으르게 하였습니다. 하나님께서는 사람들에게 6일 동안 일하고, 7일째 되는 날에 그분을 섬길 것을 명하셨습니다"라고 말하였습니다.

번연. 저는 그에게 "하나님께서 주신 날에 자신의 육신뿐만 아니라 영혼도 돌보는 것이 부자든 가난한 사람이든 마땅히 해야 할 바이겠지요. '오직 오늘이라 일컫는 동안에 매일 피차 권면하여'(히 3:13) 서로를 살피도록 하나님께서는 그의 백성들에게 명하셨습니다"라고 말하였습니다.

포스터. 그는 또다시 저의 말을 들으러 오는 자들은 불쌍하고 단순하고 무지한 무리들밖에 없다고 말하였습니다.

번연. 저는 그에게 "어리석고 무지한 자들이야말로 주님의 가르침과 주님에 대한 지식이 가장 필요한 자들입니다. 그러므로 제가 이 사역을 계속 감당하는 것이 그들에게도 유익한 일"이라고 말하였습니다.

포스터. 그러자 그는 "잘 알겠습니다. 어쨌든 결론적으로, 당신은 이제부터 더 이상 사람들을 불러 모으지 않겠다고 약속해야 하지 않겠습니까? 그래야 당신이 풀려나 집으로 돌아가게 될 테니 말입니다."

번연. "저는 앞서 제가 한 대답 외에 다른 답을 감히 할 수 없을 것 같습니다. 저는 하나님께서 감당하라고 부르신 그 사역을 그만두겠다는 말씀을 감히 드릴 수 없습니다"라고 그에게 말하였습니다.

그러자 포스터는 저를 떠나갔습니다. 그 후 판사들이 보낸 몇몇 종들이 저에게 와서는, 제 경우는 아주 까다로운 사안이라서 자기 주인도 가능하면 저를 풀어주고 싶어한다고 전했습니다. 단, 제가 더 이상 사람들을 불러 모으지만 않는다면, 제가 자유롭게 될 것이라고 했습니다.

번연. 저는 그들에게 다음과 같이 말하였습니다. 어떤 한 사람이 여러 사람들을 불러 모으는 데는 한 가지 이상의 많은 방법들이 있을 것입니다. 예를 들어, 어떤 사람이 장이 서는 장소에 가서 거기서 성경책이나 다른 책들을 읽어 준다면, 비록 그 사람이 다른 사람들에게 이리로 모이라는 말을 하지 않았다 해도, 사람들은 그 사람이 서 있는 곳으로 와서 그가 읽어 주는 것을 들을 것입니다. 그가 무언가를 읽어 주었기 때문에 사람들이 그에게 다가왔음에도 불구하고, 그가 사람들을 불러 모았다는 말을 다른 사람들로부터 듣게 될 것입니다. 그가 사람들에게 무언가를 읽어 주었던 것이 핵심입니다. 그 사람이 거기서 무언가를 읽어 주지 않았다면, 사람들은 그것을 듣기 위해 그곳으로 가지 않았을 것입니다. 이런 모습들을 보고서 사람들은 그가 사람들을 불러 모았다고 말할 것입니다. 제가 감히 말씀드리지만, 저는 사람들을 한 번도 불러 모은 적이 없습니다. 그러므로 이와 동일한 논리로 말한다면, 제 설교가 사람들을 불러 모았다고 말하는 것이 타당할 것 같습니다.

윈게이트와 포스터. 이런 얘기를 하는 중에 판사와 포스터 씨가 다시 저를 찾아왔습니다. 우리는 설교에 대해서 다소 많은 대화를 나누었습니다. 하지만 설교에 대한 자격 등 그 질서에 대한 문제는 제 안중에 없었기 때문에 넘어갔습니다. 그 문제의 쟁점 사안에 제 경우가 해당된다는 것을 인식한 그들은 제가 설교를 하러 이동해서도 안 되고, 설교로 사람들을 설득해서도 안 된다고 말하였습니다.

포스터 씨, 사실 그는 처음부터 저에 대한 뜨거운 사랑을 표하면서도, 판사에게는 "이 사람은 반드시 감옥에 처넣어야 한다"고 말한 사람입니다. 제가 오늘 이 모임에 오도록 한 사람들 가운데 그가 있었다 해도 그것은 전혀 이상한 일이 아니며, 그로서는 당연한 일일 것입니다. 그래서 우리는 그렇게 헤어졌습니다.

솔직히 말해서, 제가 그 집의 문 밖으로 나오게 되었을 때, 저는 크게 야단법석을 떨면서 그들에게 나는 하나님의 평화를 전하러 왔는데 왜들 그러냐고 하면서 한바탕 호통을 치고 싶은 마음도 있었지만, 저는 마음의 평안을 유지한 채, 주님의 도우심으로 조용히 감옥으로 이송되었습니다. 이 가련한 영혼에 하나님의 위로가 임했기 때문입니다.

제가 구치소에 구류된 지 한 5-6일이 지나자, 제 친구들이 다시 보석금을 가지고 와서 이곳에서 저를 꺼낼 방책을 모색하였습니다. 이미 수감 영장이 발부되었기 때문에, 제가 보증인들을 찾기까지 저는 그곳에 있어야만 했습니다. 이 친구들은 엘스토우(Elstow)에 가서 거기 있던 판사 크럼턴 씨(Mr. Crumpton)에게 제가 사계(四季) 법원(quarter-sessions)에 출두할 수 있도록 보석금을 받아 달라고 요청하였습니다. 처음에 그는 그러겠노라고 말했지만, 나중에 가서는 이 사안에 대해 이의를 제기하면서, 그가 처음 저의 영장에서 본대로 그 영장에 작성된 의도대로 집행되기를 원하였습니다. 그 영장에는 제가 이 지역에 있는 여러 비밀 집회 장소들을 돌아다니면서, 영국 국교회의 통치에 대해 크게 비판한 것으로 기록되어 있었습니다. 그는 이렇게 적힌 영장을 보고서 말하기를, 이 수감 영장에 기록된 것보다 저에 대한 적대감이 더 많이 생겼다고 했습니다. 또한 그는 젊은 사람이어서, 우리의 친구들이 제기한 그 요청을 감히 받아들일 수 없다고 하였습니다. 이것은 간수가 제게 전해준 말들이었습니다. 그래도 저는 이 모든 말들로 인해 전혀 기죽지 않았습니다. 오히려 기뻤습니다. 주님께서 제가 하는 말들을 들으셨음을 제가 분명히 알게 되었기 때문입니다.

예전에 제가 판사 앞에 가기 전에, 저는 하나님께 다음과 같이 간구하였습니다. "제가 감옥에 있는 것보다 자유의 몸이 되는 것이 더 많은 유익이 된다면, 저는 자유의 몸이 되기를 원합니다. 하지만 그렇지 않다면, 하나님의 뜻대로 되기를 원합니다." 왜냐하면 그 당시 제 소망은 나의 투옥으로 인해 이 지역에 있는 성도들이 영적으로 깨어나기를 바라는 마음밖에 없었기 때문입니다. 저는 어떤 선택을 해야 할지 잘 몰랐습니다. 그래서 이런 과정을 겪으며 저는 하나님의 일에 제 자신을 내어맡기게 되었습니다. 진실로 제가 지나온 날들을 되돌아보면, 저를 위로해 주시고 만족케 해주시는 나의 하나님을 그 감옥에서 비로소 다정하게 만나 뵈었던 것 같고, 아마도 제가 투옥되는 것이 그분의 뜻이자 마음이었던 것 같습니다.

판사의 얼토당토않은 대답을 생각하면서 다시 감옥으로 돌아왔을 때, 다음과 같은 말씀이 제 마음에 생동감 있게 다가왔습니다. "이는 그가 그들의 시기로 예수를 넘겨 준 줄 앎이더라"(마 27:18).

지금까지 저는 제가 어떻게 해서 감옥에 수감되었는지 그 계기와 경위 등을 간단하게나마 말씀드렸습니다. 하나님께서 그 기쁘신 뜻 가운데 저를 향해 어떻게 행하실지, 저는 그 선한 뜻을 그곳에서 기다렸으며, 하늘에 계신 나의 아버지의 뜻이 없이는 나의 머리에 있는 머리카락 한 올도 땅에 떨어지지 않을 것을 알게 되었습니다. 하나님께서 분노와 악의를 허용하실 수도 있습니다. 하지만 인간들은 지금까지 하나님이 보여주신 그 분노처럼 그렇게 큰 분노를 내거나 적대감을 드러내지 못했으며, 그렇게 할 수도 없고, 설령 한 번 그런 분노를 표출했다 해도 계속해서 그럴 수도 없습니다. 그러나 인간이 가장 최악의 선택을 했을 때에도, 우리가 의지하는 다음과 같은 말씀이 우리에게 위로가 됩니다. "우리가 알거니와 하나님을 사랑하는 자 곧 그의 뜻대로 부르심을 입은 자들에게는 모든 것이 합력하여 선을 이루느니라"(롬 8:28).

다음은 킬린 판사(Justice Keelin)**와 체스터 판사**(Justice Chester)**와 블런데일 판사**(Justice Blundale)**, 비처 판사**(Justice Beecher)**, 그리고 스낵 판사**(Justice Snagg) **등의 여러 판사들 앞에서 제가 심리**(審理)**를 받은 과정에 대한 간략한 기록입니다.**

제가 한 7주 정도 감옥에 수감된 후에, 사계 법원이 제가 호송된 지역인 베드포드에서 열렸습니다. 담당 간수가 저를 인도하여 여러 판사들 앞에 세웠습니다. 그 법정에는 저를 고발한 기소장이 이미 송부되어 있었습니다. 그 기소장에 적힌 기소 혐의들은 다음과 같았습니다. "베드포드 마을에 거하는 그렇고 그런 일개 노동자에 불과한 존 번연은 어느 때부터인가 거룩한 예배를 드리고 하나님의 말씀을 듣기 위해서 교회에 나아오는 것을 마귀처럼 사악하게 거부하고, 몇 개의 불법적인 모임과 비밀집회를 공공연히 만들어, 우리의 최고 주권자인 왕의 법을 어겼을 뿐 아니라, 이 나라의 선한 백성들을 크게 동요시키고 분란을 일으켰다."

서기. 이런 내용이 적힌 기소장이 읽혀질 때, 이 사계 법원의 서기는 제게 "이 기소 혐의에 대해 피고는 할 말이 있습니까?"라고 말하였습니다.

번연. 그 말에 저는 "그 기소장의 첫 혐의에 대해 말씀드리자면, 저는 하나님의 교회에 다른 사람들과 마찬가지로 자주 참석하였습니다. 그리고 또한 하나님의 은혜로, 그리스도께서 머리 되신 교회의 성도들과 함께 저도 그 교회에 속한 교인이 되었습니다"라고 대답하였습니다.

킬린 판사. 제가 이렇게 대답하자 킬린 판사는 "도대체 누가 이 법정의 재판관입니까? 피고는 내가 하는 말의 뜻을 잘 알고 있을 것입니다. 피고는 교회에 참석했습니까? 다시 말해, 거룩한 예배를 드리고 하나님의 말씀을 듣기 위해 교구에 속한 교회에 참석했습니까?"

번연. 저는 "아닙니다. 저는 그런 교구 교회에는 참석하지 않았습니다"라고 말하였습니다.

킬린 판사. "그 이유가 무엇입니까?"

번연. "왜냐하면 저는 교구 교회에 반드시 참석해야 한다는 명령을 하나님의 말씀에서 찾지 못했기 때문입니다"라고 말했습니다.

킬린 판사. "우리는 기도하라는 명령을 받았습니다."

번연. "하지만 '공동기도서'(the Common Prayer Book, 1549년 에드워드 6세 치하에서 가톨릭과 단절 후 영국 종교개혁의 산물로 발행된 영국 성공회의 기도서—역주)로 기도하라는 명령을 우리가 받지는 않았습니다."

킬린 판사. "그렇다면 피고는 어떻게 기도합니까?"

번연. "저는 성령으로 기도합니다. 사도께서 '내가 영으로 기도하고 또 마음으로 기도하며'(고전 14:15)라는 말씀대로 말입니다."

킬린 판사. 그러자 판사는 "우리는 영으로 기도하고 또한 마음으로도 기도하며, '공동기도서'로도 기도할 수 있습니다"라고 말하였습니다.

번연. "하지만 이 '공동기도서'에 적힌 기도들은 우리 마음속에 내주하시는 성령님의 역사로 만들어진 것이 아니라, 어떤 사람들에 의해 만들어진 것입니다. 사도께서는 '내가 영으로 기도하고 또 마음으로 기도하며'라고 하셨지, '공동기도서'로 기도하겠다고는 말씀하지 않으셨습니다.

다른 판사. "피고가 생각하는 기도는 무엇입니까? 여러 사람들 앞에서나 사람들 가운데서 몇 마디 말을 뇌까리는 것이 기도라고 피고는 생각하는 것입니까?"

번연. "아닙니다. 절대로 그렇지 않습니다. 사람들은 청산유수(靑山流水)처럼 우아하고도 탁월한 말들로 기도해야 하는 줄로 알고 있지만, 그런 것은 절대로 기도가 아닙니다. 기도드리는 사람은 자기에게 부족한 어떤 것을 자각할 뿐만 아니라, 성령에 사로잡힌 것을 자각하면서, 그리스도를 통해 하나님 앞에서 자기 마음을 쏟아 붓는 것입니다. 비록 기도드리는 그의 말이 많은 말들이 아니어도, 또한 다른 사람이 드리는 기도처럼 그렇게 대단한 말들이 아니어도 말입니다."

여러 판사들. 다른 판사들도 이구동성(異口同聲)으로 "피고의 그 말은 맞는 말입니다"라고 말하였습니다.

번연. 그래서 저는 "기도는 이 '공동기도서' 없이도 드릴 수 있습니다"라고 말하였습니다.

또 다른 판사. 여러 판사들 가운데 한 사람(제 생각에는 블런데일 판사나 스낵 판사로 기억됩니다)은 "기도하기 전에, 당신이 미리 기도문을 써 놓고 나서, 그것을 사람들 앞에서 읽는 것은 아닌지 우리가 어떻게 알 수 있겠습니까?"라고 말하였다. 그는 이 말을 우스갯소리로 하는 것 같았습니다.

번연. "우리는 기도할 때 종이와 펜을 사용하지 않습니다. 다른 교회에서 하는 것처럼 종이에 몇 마디 써 가지고 가서 여러 회중들 앞에서 그것을 읽으며 기도하지는 않습니다."라고 저는 말하였습니다.

제가 이렇게까지 말했는데도, 여러 판사들은 우리가 그것을 어떻게 알 수 있겠느냐고 말하였습니다.

번연. "여러 판사들님께 감히 말씀드리지만, 그렇게 기도를 써서 읽는 것은 우리가 기도드리는 방식이 전혀 아닙니다."

킬린 판사. "'공동기도서'와 같은 기도문으로 기도를 드리는 것이 합당합니다. 왜냐하면 요한이 자기 제자들에게 기도를 가르쳐 준 것처럼, 그리스도께서도 제자들에게 기도를 가르쳐 주셨기 때문입니다. 더군다나 어떤 사람이 다른 사람에게 기도하는 법을 가르쳐 줄 수도 있지 않겠습니까? 그래서 '믿음은 들음에서 나며'(롬 10:17)라고 말씀하셨습니다. 들음으로써 사람들은 자신의 또 다른 죄악들을 깨닫게 됩니다. 그러므로 사람들이 만들어 읽는 기도문으로 인해 성도들은 기도를 배우게 되고, 그 성도들 또한 이런 기도문으로 말미암아 기도하는데 도움을 받게 되는 것입니다."

킬린 판사가 이런 말들을 하는 동안, 하나님께서는 제 마음에 다음과 같은 말씀이 생각나게 하셨습니다. 로마서 8장 26절의 말씀입니다. "이와 같이 성령도 우리의 연약함을 도우시나니 우리는 마땅히 기도할 바를 알지 못하나 오직 성령이 말할 수 없는 탄식으로 우리를 위하여 친히 간구하시느니라." 제가 감히 말씀드리지만, 하나님께서 이 말씀을 제게 주셨습니다. 왜냐하면 예전에는 이 말씀을 한 번도 생각하지 못했기 때문입니다. 하지만 하나님께서 이 말씀을 주시자, 이 말씀은 제 마음에 매우 생생하게 다가왔습니다. 그래서 이 말씀은 제 앞에 분명한 말씀이 되어, '나를 받아 먹으라, 나를 받아 먹으라'라고 말하는 것처럼 들렸습니다.

번연. 저는 다음과 같이 말하였습니다. "존경하는 여러 재판장님께 말씀드립니다. 우리의 연약함을 도우시는 분이 바로 성령님이라고 성경은 말하고 있습니다. 우리는 마땅히 기도할 바를 알지 못하지만, 오직 성령이 말할 수 없는 탄식으로 우리를 위하여 친히 간구하신다고 기록되어 있습니다. 제가 감히 말씀드리자면, 성경은 우리에게 기도하는 법을 가르쳐 주는 것은 '공동기도서'가 아니라 성령님이라고 말하고 있다는 사실에 주목해 주시기 바랍니다. 그래서 사도는 '성령도 우리의 연약함을 도우시나니'라고 말씀하셨습니다. 사도는 '공동기도서'가 우리의 연약함을 도와주는 것이라고 말하지 않습니다.

우리가 입으로 '하늘에 계신 우리 아버지 ……'라고 말하면서 즐겨 암송하는 주님이 가르쳐 주신 기도는 좀 더 쉬운 기도이긴 합니다. 하지만 이 간단한 기도조차 성령으로 기도드릴 수 있는 사람은 극히 소수일 것입니다. 왜냐하면 '우리 아버지'라는 이 호칭은 하나님을 나의 아버지로 인정한 사람, 다시 말해 자신이 성령으로 다시 태어나는 중생을 체험하고, 이 중생의 의미를 아는 사람만이 사용할 수 있는 호칭이기 때문입니다. 이런 것들을 알지 못한 채 기도한다면, 그 기도는 전적으로 나불나불 수다를 떠는 것과 다를 바 없을 것입니다."

킬린 판사. "그 말은 옳은 말이오."

번연. 저는 계속해서 말을 이어나갔습니다. "존경하는 재판장님은 다음과 같이 말씀하셨습니다. 즉, 다른 사람으로 하여금 죄악을 깨닫게 할 수 있으며, 믿음은 들음에서 나며, 사람이 어떻게 기도해야 할지를 다른 사람들에게 가르쳐 줄 수 있다는 등등의 말씀을 하셨습니다. 제가 감히 말씀드립니다. 사람들은 자기의 죄악을 서로서로 알 수 있습니다. 하지만 이런 죄악들을 깨닫게 해주시는 것은 분명히 성령님의 사역입니다.

'믿음은 들음에서 나며'라는 말씀이 있지만, 그래도 말씀을 들음으로 인해 그 마음에 믿음의 역사를 일으키는 것은 바로 성령님이십니다. 그렇지 않다면, 말씀을 들음에서 생기는 다음과 같은 유익들을 전혀 얻지 못할 것입니다. '하나님의 말씀은 살아 있고 활력이 있어 좌우에 날선 어떤 검보다도 예리하여 혼과 영과 및 관절과 골수를 찔러 쪼개기까지 하며 또 마음의 생각과 뜻을 판단하나니'(히 4:12).

사람이 어떻게 기도해야 하는지 그 방법에 대해 다른 사람들에게 말해 줄 수도 있을 것입니다. 하지만 제가 이미 앞에서 말씀드린 바와 같이, 성령님이 도와주시지 않는다면, 그 사람은 기도할 수 없을 뿐 아니라 하나님께 자기의 사정을 아뢸 수도 없을 것입니다. 우리가 기도하는 데 있어서 이런 도움을 줄 수 있는 것은 '공동기도서'가 아닙니다. 성령님께서 우리의 죄악을 드러내고 우리에게 구세주를 밝히 보여주십니다(요 16:16). 또한 성령님은 우리 마음속에서 역사하셔서 우리가 하나님에게 나아가기를 갈망하게 하십니다. 이러한 것들은 우리에게 필요한 것들이기 때문입니다(마 11:27). 성령님은 또한 이러한 우리의 영혼에 필요한 것들을 위해 하나님에게 '말할 수 없는 탄식으로' 간구하십니다. 성령님과 더불어 기도해야 할 이유와 그 필요에 대해 다른 말씀도 많이 드릴 수 있지만, 이 정도만 하고자 합니다."

킬린 판사. "그래서 지금 피고는 '공동기도서'를 반대한다는 것입니까?"

번연. "존경하는 재판장님, 제가 왜 이 '공동기도서'에 대해 반대하는지를 듣고 싶으시다면, 제가 그 이유를 재판장님에게 말씀드려도 되겠습니까?"

킬린 판사. "허락합니다. 하지만 먼저 피고에게 한 가지 주의사항을 전하겠습니다. 피고는 자신의 의견을 말하는 도중에, 이 '공동기도서'의 품위를 손상시키는 발언을 하지 않도록 주의하기 바랍니다. 왜냐하면 혹시라도 피고가 그런 발언을 할 경우, 피고에게 큰 손해가 있을 것이기 때문입니다."

번연. 저는 계속해서 말하였습니다. "제가 '공동기도서'를 반대하는 첫째 이유는 이 기도서로 기도하라는 것이 하나님의 말씀에 명령되어 있지 않기 때문입니다. 그래서 저는 이 기도서를 사용할 수 없었던 것입니다."

다른 판사. 여러 판사들 가운데 한 판사가 다음과 같이 말하였습니다. "그렇다면, 피고가 엘스토우나 베드포드로 가라는 명령은 성경 어디에 있습니까? 그리고 이런 곳으로 설교하러가는 것은 합법적입니까? 그렇지 않습니까?"

번연. "엘스토우나 베드포드로 가는 것은 비록 명령을 받아 가는 것은 아니었지만, 그래도 이것은 다소 공적인 용무로 가는 것이지 개인적인 용무로 가는 것은 아닙니다. 하나님의 말씀이 허락하시는 대로, 저는 부르심을 따라 어디든 갈 수 있습니다. 저는 그곳으로 가라는 소명을 받았기에 그곳으로 간 것입니다. 제가 어떤 곳으로 왜 갔는지 등의 문제보다 더 중요한 것이 기도에 관한 문제입니다. 기도는 하나님을 예배하는데 있어 아주 중요한 부분이기 때문입니다. 그러므로 기도는 하나님의 말씀이 명하신 규칙에 따라 반드시 드려져야 합니다."

다른 판사. 여러 판사들 가운데 한 판사가 말하였습니다. "피고는 지금 본 법정의 품위를 해치는 불순한 말을 하고 있습니다. 더 이상의 발언을 금해야 합니다."

킬린 판사. 그때 킬린 판사가 말하였습니다. "아닙니다. 절대로 그렇지 않습니다. 피고의 말은 우려할 만한 정도의 말이 아닙니다. 본 법정은 그 정도로 허술하지 않습니다. 피고가 한 발언으로는 본 법정의 품위가 떨어질 수 없습니다. '공동기도서'는 사도들이 활동하던 시대 이후부터 지금까지 계속 있어 왔습니다. 그러므로 교회에서 이 기도서를 사용하는 것은 정당하고 합법적인 일입니다."

번연. "존경하는 재판장님, 이 '공동기도서'가 기록된 서신서들이 어디 있는지 제게 보여주시기를 바랍니다. 그것이 불가능하다면, 이 기도서를 읽으라고 명령한 성경 본문을 한 곳이라도 제게 보여주시기를 바랍니다. 그러면 저는 이 '공동기도서'를 사용할 것입니다. 설령 이 기도서의 근거가 명확하지 않다 해도, 이것을 사용하고자 하는 마음을 가진 자들은 이 기도서를 사용할 자유가 있습니다. 다시 말해, 저는 그렇게 사용하는 자들을 사용하지 못하도록 막지는 않을 것입니다. 하지만 우리 입장에서는 이 '공동기도서' 없이도 하나님에게 기도를 드릴 수 있다고 생각합니다. 여호와의 이름을 찬송할지로다."

저의 이런 언급과 관련하여, 판사들 가운데 한 사람은 "피고가 섬기는 하나님은 도대체 어떤 신인가? 바알세불이 아닌가?"라고 말하기도 하였고, 더 나아가 그들은 제가 미혹의 영이나 마귀의 영에 사로잡혔다고 말하기도 하였습니다. 이 모든 말들을 저는 한 귀로 듣고 한 귀로 흘려 버렸습니다. 주님께서 이들을 용서해 주시기를! 저는 계속해서 다음과 같이 말하였습니다. "우리 성도들이 다 같이 함께 만나 기도하며, 서로를 권면하도록 하신 하나님을 찬양하리로다. 우리는 우리 가운데 계신 하나님의 임재로 위로를 받고 있습니다. 그분의 거룩한 이름이 영원히 찬양을 받으시리로다!"

킬린 판사. 킬린 판사는 제가 하는 말들이 위선적으로 들렸는지, 제가 하는 말들을 당장 중단시켜야 한다고 하면서, "여호와여 원하건대 그의 눈을 열어서 보게 하옵소서!"(왕하 6:17)라는, 저와는 전혀 상관없는 얼토당토않은 성경 구절을 인용하였습니다.

번연. 그래서 저도 "오직 오늘이라 일컫는 동안에 매일 피차 권면하여"(히 3:13)라는 성경 말씀을 인용할 수밖에 없었습니다.

킬린 판사. 킬린 판사는 제가 설교를 절대로 해서는 안 된다는 말과 함께, 제가 설교할 수 있는 권위를 어디서 받게 되었는지를 물었습니다. 다른 재판장들도 이와 비슷한 말을 하였습니다.

번연. 그래서 저는 "제가 하는 행동이 정당하다는 사실을 입증해 보이겠습니다. 다시 말해, 지금 제가 하나님의 말씀을 설교하는 일이 합법적이라는 사실을 증명하겠습니다"라고 말하였습니다.

킬린 판사. "어떤 성경 구절을 인용할 것인가?"라고 킬린 판사가 제게 말하였습니다.

그래서 저는 베드로전서 4장 10절 말씀과 사도행전 18장과 다른 여러 성경 구절들을 언급하였습니다. 그러자 판사는 제가 성경 구절을 더 이상 인용하도록 허락하지 않았습니다. 킬린 판사는 "중단하시오. 그렇게 많은 성경 구절은 안 되오. 그 여러 구절들 가운데서 제일 먼저 인용할 말씀은 어떤 것이오?"라고 다그쳤습니다.

변연. 그래서 저는 다음과 같은 성경 말씀을 인용하였습니다. "각각 은사를 받은 대로 하나님의 여러 가지 은혜를 맡은 선한 청지기 같이 서로 봉사하라. 만일 누가 말하려면 하나님의 말씀을 하는 것 같이 하고"(벧전 4:10-11, let him speak[그로 하여금 말하도록 하라]—역주).

킬린 판사. 그러자 판사는 "'각각 은사를 받은 대로' 라는 이 성경 말씀에 대해 피고에게 일러줄 말이 있습니다. 이것은 모든 사람이 각기 장사를 해야 하는 은사를 받은 것을 말합니다. 그래서 그 은사를 받은 사람은 자신이 받은 은사를 따라가기만 하면 됩니다. 예를 들어 피고가 지금까지 해 오던 것처럼 땜장이 은사를 받았다면, 피고는 그 땜장이 은사를 따라 살아가야 합니다. 다른 사람들도 자신이 받은 그 장사하는 은사를 따라 살아야 합니다. 이와 마찬가지로, 거룩한 말씀을 전하는 성직자들은 자신이 부름 받은 그 소명을 따라 살아가야 합니다."

변연. "존경하는 재판장님, 하지만 저는 그렇게 생각하지 않습니다. 왜냐하면 베드로 사도께서 이 본문에서 하신 말씀은 하나님의 말씀을 설교하는 것과 관련해서 하신 것이 너무나 분명하기 때문입니다. 재판장님께서 그 다음에 나오는 말씀까지 함께 비교해 보신다면 이 사실을 잘 알 수 있을 것입니다. 재판장님께서 언급하신 구절 다음에 연이어 나오는 말씀은 이 은사가 어떤 것인지 잘 설명해 주고 있기 때문입니다. '만일 누가 말하려고 한다면, 그로 하여금 하나님의 말씀을 하는 것 같이 말하도록 하라'(If any man speak let him speak as the oracles of God)고 되어 있습니다. 그러므로 성령님께서 지금 이 성경 구절에서 권하는 것은 어떤 공적인 소명이 아니라, 우리가 하나님으로부터 받은 이 은사들을 서로 나누라는 것입니다."

저는 이 문제에 대해 계속해서 말하고 싶었지만, 킬린 판사는 제가 더 이상 말하는 것을 허락하지 않았습니다.

킬린 판사. "우리가 이런 일들을 우리 가족에게는 할 수 있겠지만, 다른 사람들에게까지 하는 것은 합당하지 않은 일입니다."

번연. "어떤 사람들에게 선행을 하는 것이 합당하다면, 그 일을 더 많은 사람들에게 행하는 것도 합당한 일일 것입니다. 우리 가족들에게 권면하는 것이 선한 일이라고 한다면, 다른 사람들에게 권면하는 것도 선한 일일 것입니다. 그럼에도 불구하고 하나님의 얼굴을 찾기 위해 서로 함께 만나고, 그리스도를 따르도록 서로 권면하는 것을 죄악으로 간주한다면, 저는 기꺼이 죄악을 범할 것입니다. 왜냐하면 이런 일들은 우리가 마땅히 해야 할 일이기 때문입니다."

킬린 판사. 이 말을 들은 킬린 판사는 자신은 이 주제로 토론할 만큼 성경에 대해 잘 알지 못한다고 말하면서, 제가 더 이상 말하는 것을 참을 수 없다고 하였습니다. 그러면서 그는 "어쨌든 피고는 기소 내용에 대한 혐의를 인정합니까? 그렇지 않습니까?"라고 제게 물었습니다. 그제야 비로소 저는 새삼 제가 지금 기소를 당하고 있는 처지라는 생각을 하게 되었습니다.

번연. "이 기소장에 적힌 내용들을 저는 인정합니다. 우리는 하나님에게 기도를 드리고, 또한 서로를 권면하기 위한 두 가지 목적으로 많은 모임을 가졌습니다. 그 모임들을 통해 우리는 우리 가운데서 우리를 격려해 주시는 주님의 달콤한 위로를 받았습니다." 저는 이런 말들을 통해 그분의 이름을 찬양하였습니다. 저는 스스로 이 혐의 내용을 인정할 수밖에 없었습니다. 이렇게 제게 기소된 내용을 인정하는 것 외에는 별다른 방법이 없었기 때문입니다.

킬린 판사. 그러자 킬린 판사는 "본 법정의 여러 재판장들은 피고가 스스로 내린 판단을 들으십시오. 피고가 자신의 혐의를 인정함에 따라, 피고는 다시 감옥에 수감되어야 하고, 이후 3개월 동안 그곳에 머물다가, 3개월이 끝나는 시점까지 피고가 자신의 잘못을 뉘우치지 않고 계속해서 거룩한 예배에서 선포되는 하나님의 말씀을 듣기 위해 교회에 참석하는 것을 거부하며, 자신의 설교 행위를 포기하지 않는다면, 피고는 이 나라에서 추방될 것입니다. 하지만 이 정해진 기간 동안 자신의 행위를 반성한다면, 피고는 여전히 이 나라 안에 머무르게 될 것입니다. 하지만 같은 범죄가 재발된다면, 피고는 왕의 어떤 특별한 승낙 없이도 다시 엄벌에 처해질 것입니다. 피고는 이 범죄 행위로 인해 목을 길게 늘어뜨려야만 할 것입니다. 본 재판장은 피고에게 분명하게 말합니다. 길게 늘어뜨려진 피고의 목을 우리의 간수가 끊어 놓을 것입니다.[1]

---

1. 번연에게 적용된 것은 엘리자베스 재위 제35년에 만들어진 법 제1조인데, 이 법은 1662년 찰스 2세 재위 제16년에 개정되었고, 이전보다 훨씬 더 엄격하게 적용되었다. 그 법안은 다음과 같다. "16세 이상의 어떤 사람이 한 달 동안 교회에 참석하지 않거나, 타인으로 하여금 거룩한 예배에서 말씀 듣기를 거부하도록 권하여, 법에 따른 성찬을 받지 않거나 어떤 불법적인 모임이나 비밀집회나 만남 등을 주선한 모든 자는, 교회 안에서 공개적으로 자신의 범죄사실을 뉘우치고 국교회에 순응하여 따르기를 약속하기까지, 일체의 보석 없이 감옥에 투옥된다. 그 범죄자의 반성에는 다음과 같은 내용들이 포함되어야 한다. '나 자신은 교회 출석을 하지 않고 거룩한 예배에서 말씀 듣기를 거부함으로써, 거룩한 법과 이 나라의 법에 반하는 행동을 하였으며, 그로 인해 하나님의 거룩하고 합법적인 정부와 권위를 경멸하여 하나님을 근심하게 하며 그분을 격노케 하였습니다. 나는 이 범죄를 진심으로 뉘우치며 이 같은 나의 행동들을 범죄로 인정합니다. 그리고 교회를 분란케 할 뿐만 아니라 불법적인 비밀집회와 모임들을 종교 예배라는 허세와 겉치레로 자주 이용하였습니다. 이 점 또한 동일하게 진심으로 뉘우칩니다. 이제부터 나는 다음과 같이 행할 것을 공개적으로 약속드립니다. 교회에 출석하여 거룩한 예배를 드릴 준비를 하여 하나님의 법과 규례들을 순종하고 실천하며, 최선을 다해 이 법과 규례들을 유지하고 지켜나갈 것입니다.' 이와 같은 죄를 범한 범인이 동일한 범죄를 3회 반복해서 행했을 때는 간수에게 보내지거나 교정소로 인도된다. 거기서 다음 번 사계 재판이나 순회 재판이 열릴 때까지 머무르다가 그 이후에 기소된다. 그 기소에서 유죄가 확정되면, 법정은 상기(上記)한 죄인에 대해 나라 밖의 식민지(예외적인 경우로 버지니아나 뉴잉글랜드 지역)로 이주의 형벌을 내리게 된다. 거기서 범죄인은 7년 동안 유배생활을 할 것이며, 그들이 그 지역에서 만들어낸 여러 이익들과 생산품들은 압류

번연. 저는 그 판사에게 말하였습니다. "이 점에서 저는 재판장님과 첨예하게 대립할 수밖에 없습니다. 제가 설령 오늘 이 감옥에서 나간다 해도, 저는 하나님의 도우심으로 내일 다시 복음을 설교할 것입니다."

다른 판사. 또 다른 판사가 제게 어떤 말을 하기에, 저는 그의 말에 대답을 하려고 하였으나, 담당 간수가 저를 법정 밖으로 끌어내는 바람에, 저는 그 판사의 말에 아무 대답도 할 수 없었습니다.

그렇게 해서 저는 그 여러 판사들의 면전에서 떠나게 되었습니다. 제가 진정 말할 수 있는 것은, 이 일로 인해 제가 주 예수 그리스도에게 감사를 드리게 되었다는 사실입니다. 왜냐하면 제가 심문받던 그 시간에 제 마음은 아주 신선한 새 힘을 얻었기 때문입니다. 그러고 나서 저는 감옥으로 다시 수감되었습니다. 저는 그리스도께서 약속하신 "내가 너희의 모든 대적이 능히 대항하거나 변박할 수 없는 구변과 지혜를 너희에게 주리라"(눅 21:15)는 이 말씀이 한갓 사소한 말씀이 아님을 깨닫게 되었습니다. 이러한 평안은 그 누구도 우리에게서 빼앗아갈 수 없습니다.

지금까지 저는 여러분에게 제가 심문받게 된 내막을 말씀드렸습니다. 이 이야기를 읽고 듣는 모든 이들에게 제가 받은 것과 동일한 유익을 하나님께

되거나 판매되어 그들의 이주 경비로 충당된다. 만약 이런 압류에도 불구하고 그 비용이 온전히 충당되지 않아 결손이 생겼을 시에는, 그 지역 보안관이 선박의 주인이나 거상(巨商)과 계약하여 이들의 이주 경비를 지불토록 한다. 그리하여 이 범죄인들은 자신을 이 지역으로 이주하게 한 자와 자신의 이주비용을 대납한 자들의 종이 되어야 한다. 종이 된 이 남녀 죄인들을 다른 사람에게 팔 때에는 그 매매기간을 5년으로 한다. 이 모든 내용들은 법정에서 영장으로 발행되어 변함이 없도록 한다. 어떤 자가 이러한 이주의 형벌을 피해 도망치고자 했다면, 다시 말해 이주를 하지 않고 잉글랜드 지역의 어느 곳으로 다시 돌아왔다면, 그 자는 중죄인으로 취급되어 성직자의 임종 기도도 없이 사형에 처해지게 된다." 이런 법령에도 불구하고, 번연은 다음 장에서 '하나님의 백성들에게 권면함. 주의를 기울여 공동기도서는 거들떠보지도 말기를 바랍니다'라는 말을 하고 있다. 여러분은 그 대목도 주목해 보기 바란다. 영국 사람들이여, 부끄러워할지어다! 이것이 바로 우리가 살고 있는 이 땅의 법이었다. 로마 가톨릭교도들만이 이런 잔인한 법의 시행에서 합법적으로 면제되었다. 1844년에 가결된 법령으로 인해 말이다. 하나님의 그 큰 섭리의 손길로 인해, 합법적으로는 사형에 처해졌어야 했던 이 경건하고도 거룩한 번연의 생명은 죽음을 면할 수 있었다―원주.

서 내려주시기를 기원합니다. 안녕히 계십시오.

제가 수감되어 있을 때, 수감법의 취지에 따라 저를 훈계하러 온 치안 서기와 제가 나눈 실제 대화 내용의 일부입니다.

어떤 의도로 저를 감옥에 넣었는지 그 속셈을 모른 채, 수감된 지 12주가 지나갈 무렵인 1661년 4월 3일 경, 콥 씨(Mr. Cobb)라는 사람이 저를 찾아왔고, 자신은 제게 권고를 하기 위해 판사들이 보낸 자라고 말하였습니다. 그러면서 제가 영국 국교회에 순복하기를 요구하였습니다. 우리가 나눈 대화의 내용은 다음과 같습니다.

콥. 그가 여기에 온 것은, 저를 감옥에서 나가도록 돕기 위해 보냄을 받은 것이었습니다. 제가 그 앞에 서자 그는 "나의 이웃사촌인 번연 씨, 어떻게 지내십니까?"라고 말하였습니다.

번연. "서기관님, 이렇게 와 주셔서 아주 감사드립니다. 주님의 은혜로 잘 지내고 있습니다."

콥. "제가 이렇게 오게 된 것은 번연 씨가 이 나라의 법에 순복하는 것이 바람직한 일이라는 것과, 그렇게 순복하지 않을 경우 당신은 다음에 열릴 법정에서 아주 불리한 입장이 되어, 어쩌면 이 나라에서 쫓겨나게 되거나 그보다 더 안 좋은 일이 생길 수도 있다는 사실을 당신에게 전하기 위해 여기까지 오게 되었습니다."

번연. "저는 이 세상에서 한 사람의 대장부일 뿐만 아니라, 또 한 사람의 기독교인의 모습으로 처신하고 싶습니다."

콥. "어쨌든 당신은 이 나라의 법에 순복해야 하고, 당신이 습관적으로 갖던 그 모임들도 이제는 그만두어야 합니다. 왜냐하면 이 나라의 실정법 자체가 당신의 그런 행동들을 직접적으로 금하기 때문입니다. 저는 여러 판사들로부터 보냄을 받아 당신에게 오게 되었습니다. 그들이 저를 이곳에 보낸 것은 당신이 이 법에 순복하지 않는다면, 그들은 당신을 죄인으로 간주하여 그에 상응하는 형벌을 내려 법을 집행할 의도를 가지고 있다는 사실을 당신에게 알게 하려는 것입니다."

번연. "서기관님, 지금 이 시기에 제가 수감되도록 적용된 이 법은 제가 자주 가졌던 모임이나 저에게는 해당되지 않는 것이며, 그 법에 따르면 저와 제가 주선한 그 모임들은 죄가 되지 않는 것으로 저는 알고 있습니다. 그 법은 본래 종교 예배를 가장하여 모임을 만들고는 그 안에서 벌리는 사악한 행동들을 감추고자 계획하는 자들을 엄벌하기 위해 제정된 것인 줄로 압니다. 그 법은 우리가 모인 개인들의 모임은 금하지 않고 있습니다. 우리의 모임은 그저 주님을 경배하고 성도들 간에 서로 덕을 세우도록 권면하는 목적으로 모인, 순수하고 단순한 모임일 뿐입니다. 다른 성도들을 만난 저의 목적도 미약하나마 하나님께서 제게 주신 빛을 따라 성도들을 권면하고 그들에게 조언해 줌으로써, 제가 끼칠 수 있는 많은 유익을 그들에게 끼치고자 하는 단순한 목적으로 만난 것이지, 이 나라의 평화를 해치고자 하는 목적은 전혀 없었습니다."

콥. "이 나라에 분란을 일으킨 모든 자들이 다 이와 동일하게 말합니다. 당신도 알다시피 최근에 런던에서 일어난 폭동도 엄청나게 화려하고 그럴듯한 명분들을 내세웠지만, 실제로는 이 나라의 멸망과 안녕을 해친 것뿐이었습니다."[2]

번연. "나라에 분란을 일으킨 그들의 행태는 저 또한 증오하는 바입니다. 저는 그들의 행태를 따르지 않았습니다. 그런데 그들이 그러한 일들을 저질

---

2. 콥 서기가 언급한 바와 같이, 그 당시에 일어났던 광란에 휩싸인 비열한 폭동을 빌미로, 나라 전역에 있는 비국교도들은 끔찍한 고난을 당하게 되었다—원주.

렀다고 해서, 다른 사람들도 모두 마찬가지로 그런 범행을 저지르는 것은 아닙니다. 저는 한 사람의 사내대장부로서, 그리고 한 사람의 기독교인으로서 이 나라 왕의 통치에 따라 행동하는 것을 제 사명으로 여기며 살아왔습니다. 기회만 주어진다면, 저는 나의 군주를 향한 나의 충성심을 말뿐만 아니라 행동으로도 기꺼이 보여드리고 싶은 심정입니다."

콥. "좋습니다. 그런데 솔직히 말해서 저는 당신과 논쟁하고 싶은 마음이 없습니다. 단지 저는 이 말씀만 드리고 싶습니다. 나의 이웃사촌인 번연 씨, 저는 당신이 이 문제를 좀 더 진지하게 생각하고 스스로 순복하기를 원합니다. 당신은 당신의 이웃들과 개인적으로 대화를 나누면서 그들을 권면할 자유를 가지고 있습니다. 하지만 그렇다고 해서 사람들을 불러 모아 모임을 만들어서는 안 됩니다. 저는 지금 진심으로 말하고 있습니다. 당신이 이런 식으로 행동해서 그리스도의 교회에 많은 유익을 끼칠 수도 있을 것입니다. 그래서 당신이 이와 같은 일들을 행했을 것입니다. 현행법은 당신에게서 이런 자유를 빼앗고 있지는 않습니다. 단지 법이 금하는 것은 당신이 개인적으로 사람들을 만나 모임을 만드는 것입니다."

번연. "서기관님, 제가 하는 말들로 인해 어떤 한 사람이 유익을 얻었다면, 제가 이런 유익을 두 명이 얻도록 하는 것이 도대체 왜 안 된다는 말입니까? 만약 두 명이 가능하다면, 네 명이나 여덟 명에게 유익을 끼쳐서는 왜 안 된다는 것이지요?"

콥. "아, 잘 알겠습니다. 백 명에게도 당연히 유익을 줄 수 있지요."

번연. "서기관님, 맞습니다. 저는 할 수 있는 한 최선을 다해서 많은 유익을 끼치고자 노력해야지, 그런 유익을 금해서는 안 된다고 생각합니다."

콥. "하지만 당신도 유익을 끼치는 척해서는 안 될 것입니다. 어떤 방식으로든 사람들을 속여서 그들에게 해를 끼쳐서는 안 된다는 말입니다. 당신이 그들에게 해를 끼치지 않기 위해서라도, 당신은 그렇게 많은 사람들을 모아서 만나는 것을 중단해야 할 것입니다.”

번연. “그런데 서기관님, 좀 전에 서기관님은 제가 이웃들과 이야기하는 것을 법이 허용하고 있으며, 다만 제가 사람들을 속이는 것에 대해서는 허용하지 않는다고 말씀하신 것 같습니다. 제가 그 법에 따라 한 사람과 대화를 나눈다면, 저와 나눈 대화는 틀림없이 그 사람에게 유익을 끼칠 것입니다. 이런 대화를 통해서 제가 한 사람에게 유익을 끼치는 것이 동일한 법에 따라 적법한 행위라면, 제가 많은 사람들에게 유익을 끼쳐도 분명히 괜찮을 것이라는 생각이 듭니다.”

콥. “법은 당신이 개인적으로 사람들을 만나 모임을 주선하는 것을 분명히 금하고 있습니다. 그러므로 당신의 그런 행동을 법은 용인하지 않을 것입니다.”

번연. “엘리자베스 재위 제35년에 의회에서 만들어진 법이나 여왕이 직접 만든 일체의 관용을 허용하지 않는 무자비한 법은 제가 받아들일 수 없습니다. 이 법을 만든 자들이 생각하고 의도한 것은 하나님의 어떤 규례를 억압하거나 하나님의 뜻을 가로막기 위한 것입니다. 사람들은 이 법과 씨름하는 가운데 이 법을 하나님의 뜻에 대적하는 것으로 바꾸어 버렸습니다. 하지만 이 법이 본래 가지고 있는 취지에 비추어 보면, 이 법의 적용 대상은 종교를 자신들의 겉옷이나 어떤 표지나 가식으로 여기는 자들입니다. 그런 자들의 마음과 그들이 모인 모임에 임할 화를 대적하고 엄단하기 위한 법이 바로 이 법입니다. 따라서 그 법령의 내용 가운데는 다음과 같은 말들이 있습니다. ‘종교를 사칭하거나 어떤 가식으로 ……’.”

콥. “아주 지당한 말입니다. 그래서 왕도 이런 가식들이 성도들 가운데 공공연하다는 것을 알고 계셨습니다. 다시 말해, 종교를 자신들의 허울 좋은 명분으로만 삼고 있다는 것을 왕께서 아시고는 그런 자들을 대상으로 이 법을 제정하셨던 것이며, 개인적인 모임들을 금하고 오직 공적인 모임만을 허용하셨습니다. 그러므로 당신도 공적으로 성도들을 만나야 합니다."

번연. "서기관님, 제가 서기관님께 한 가지 비유를 들어 제 생각을 말씀 드려도 되겠습니까? 이런 얘기입니다. 즉, 수풀이 우거진 구석진 곳에서 흔히 도둑들이 출현하여 우리에게 해를 끼칩니다. 그렇다고 해서 그런 구석진 곳에서 나오는 모든 사람들은 사형에 처한다는 법이 제정되어야만 할까요? 그 구석진 곳에서 도둑들도 나오지만 진실한 사람들도 나오지 않겠습니까? 그 경우가 바로 제 경우입니다. 제 생각에도 세상에는 이 나라의 안녕을 저해하려는 의도를 지닌 자들이 많은 것 같습니다. 하지만 이렇게 사회를 혼란시키는 자들이 사적인 모임에서 나온다고 하여, 모든 사적인 모임들이 불법이라고 결론을 내린다면, 그것은 제대로 된 추론이 아닐 것입니다. 죄를 범한 자들은 마땅히 그에 상응하는 처벌을 받아야 할 것입니다. 혹시라도 제가 회심을 하면서 사내대장부답지 못하게 행동하였거나 기독교인답지 않은 행동을 한순간이라도 한 적이 있다면, 저 또한 처벌을 감수해야만 할 것입니다. 그리고 서기관님은 제가 성도들을 공적으로 만나는 게 좋겠다고 말씀하셨는데, 저 역시 어떤 고난을 당하더라도 기꺼이 그렇게 하고 싶습니다. 제가 그들을 공적으로만 만나게 해주십시오. 그러면 그들을 사적으로 덜 돌보게 될 것입니다. 저는 그들과의 공적인 만남들에 신경을 쓰느라 사적으로 그들을 만나지 못할 것입니다. 주님의 은혜로 제 마음은 이제 결단해야 할 시점에 이른 것 같습니다. 만약 교리 문제나 실천의 문제로, 특히 제 생각에 오류가 있다거나 이단으로 판명될 수 있다고 저를 비난하는 사람이 있다면, 저는 시장 한복판에서라도 이런 의혹들을 기꺼이 부인할 것입니다. 제 생각이 진리로 밝혀지기만 한다면, 저는 제 몸에 있는 마지막 피 한 방울까지 아낌없이 흘려서라도 이 진리를 고수할 것입니다. 서기관님, 서기관님도 제가 그렇게 제 자신을 검증해 보일 수 있도록 권해야 할 것입니다. 오류가 있다는 것과 이단이 된다는 것은 별개의 문제로, 저는 이단이 아닙니다. 왜냐하면 저는 하나님의 말씀에 위배되는 것이라면 어떤 것이든 끈질기게 저항할 것이기 때문입니다. 제가 잘못된 생각을 고집하고 있다는 사실을 입증해 보이십시오. 그러면 저는 그 생각을 철회할 것입니다."

콥. "번연 씨, 저는 당신이 선한 분인 줄 알고 있습니다. 제가 보기에 당신이 성도들을 공적으로 만나야 한다는 이 한 가지를 그렇게 완강하게 고집할 필요는 없다고 생각합니다. 그러한 모임이나 만남 없이도 서로 한 이웃으로 살아가면서, 당신이 할 수 있는 최선의 유익을 그들에게 끼치겠다는 생각만 하면 될 것 같습니다. 결론적으로 당신은 이 나라의 법에 순복할 마음이 있습니까?"

번연. "저는 제 자신을 대단하게 생각하고 싶지 않습니다. 저는 저를 대수롭지 않은 사람으로 여길 뿐입니다. 그리고 하나님께서 제게 주신 작은 빛과, 주님의 백성들이 제게 말하듯, 제가 가진 이 작은 빛으로 그들에게 덕을 세우고 있음을 알기에, 저는 더더욱 겸손할 수밖에 없습니다. 게다가 저는 하나님의 은혜로 주님께서 제 사역을 미약하나마 축복해 주신 것을 알기에, 다른 성도들의 유익을 위해 하나님께서 주신 이 은사를 사장시킬 생각은 감히 할 수조차 없습니다. 그래서 저는 할 수만 있으면 기꺼이 공개적으로 많은 이들에게 말씀을 전하고 싶은 마음 간절합니다."

콥. "당신이 공개적인 모임을 갖는다면 저도 가서 말씀을 들어보고 싶습니다. 그런데 당신은 말씀을 전하기만 합니까? 다른 사람이 전하는 말씀을 당신이 들을 수도 있을 것입니다. 당신은 스스로 너무 많은 빛을 받아서 다른 사람들보다 훨씬 더 뛰어난 은사들을 받았습니다. 그럼에도 불구하고 다른 사람들이 전하는 말씀을 당신도 들을 수 있을 것입니다. 당신은 그렇게 생각하지는 않습니까? 이것에 대해 당신은 어떻게 생각합니까?"

번연. "제가 말씀드리겠습니다. 제가 다른 사람들을 가르치고 싶어하는 것만큼이나 저도 다른 사람들로부터 배우기를 간절히 원하고 있습니다. 그래서 저는 다른 사람들을 가르칠 뿐만 아니라, 다른 사람들로부터 배우는 것, 이 두 가지를 저의 사명으로 여기고 있습니다. 가르치는 사람, 즉 교사인 저는 교사인 다른 사람에게서도 배우고 싶습니다. '너희는 다 모든 사람으로 배우게 하고 모든 사람으로 권면을 받게 하기 위하여 하나씩 하나씩 예언할 수 있느니라'(고전 14:31)는 사도의 말씀대로 말입니다. 다시 말해, 하나님으로부터 은사를 받은 모든 사람은 그 은사를 활용하여 다른 사람들을 위로할 수 있습니다. 그는 이런 사역을 감당하면서, 다른 사람들의 이야기를 들을 수도 있고 다른 사람에게서 배울 수도 있습니다. 그러면서 그 자신도 다른 사람들로부터 위로를 받기도 합니다."

콥. "그런 생각을 가지고 있다면, 당신은 당분간 자중하면서 사태가 어떻게 진전되는지, 가만히 지켜보는 것은 어떻습니까?"

번연. "서기관님, 그것도 좋은 방법이겠네요. 하지만 위클리프(John Wycliffe)는 사람들로부터 파문 받는 것이 두려워 하나님의 말씀을 전하고 듣는 것을 버린 자는 이미 하나님으로부터 파문을 당한 자이며, 또한 장차 심판 날에 그리스도를 배반한 자로 여김을 받게 될 것이라고 말하였습니다."

콥. "다른 사람의 말을 듣지 않으려는 자들이 바로 그러한 자들로 여김을 받게 될 것입니다. 그러므로 당신도 다른 사람의 말을 듣기를 바랍니다."

번연. "다른 사람들에게 덕을 세울 수 있는 은사를 받고도 하나님의 말씀을 듣고 전하는 일을 하지 않는 자는 분명히 스스로 죄악을 범한 자입니다. 하나님께서 자기에게 주신 은사의 분량을 따라, 다른 사람이 전하는 말씀을 듣는 일에 시간을 쓸 뿐만 아니라, 다른 사람을 권면하고 그들에게 조언을 하는 일을 하지 않는 것도 스스로 죄악을 범하는 것입니다."

콥. "그런데 당신이 그러한 은사를 받았는지 우리가 어떻게 알 수 있겠습니까?"

번연. "제가 전하는 말을 들어본 자는 누구나 성경에 입각하여 제가 가르치는 바를 잘 살펴보고서 제가 과연 은사를 받았는지 입증해 볼 수 있을 것입니다."

콥. "그렇다면 이 일과 직접적으로 관련이 없는 두 사람에게 그것에 대해 결정하도록 당신은 용인하겠습니까? 당신은 그들의 판단을 따를 의향이 있습니까?"

번연. "그런데 그 두 사람은 절대로 오류를 범하지 않는 자들입니까?"

콥. "그렇지는 않습니다."

번연. "그렇다면 저의 판단도 그 두 사람의 판단 못지않게 정확하다고 생각합니다. 따라서 저는 이 두 사람의 판단에 의지하기보다는, 이 문제를 성경의 판단에 맡기는 것이 더 타당하다고 생각합니다. 왜냐하면 성경은 틀림없이 오류가 없는 책이기에 절대로 잘못된 판단을 할 수 없다고 저는 확신하기 때문입니다."

콥. "그런데 당신 편에서는 성경을 판단의 근거로 내세우겠지만, 다른 사람들은 다른 것을 판단의 근거로 내세울 것입니다. 이렇게 서로 사람들의 생각이 다른데 어떻게 판단할 수 있겠습니까?"

번연. "성경으로 판단해야 합니다. 성경의 어떤 구절을 다른 구절과 비교함으로써 판단해야 합니다. 왜냐하면 성경 구절들을 바르게 비교하기만 한다면, 그 성경의 판단은 저절로 누구에게나 드러나기 때문입니다. 예를 들어, 중보자라는 말에 대해서 두 사람이 서로 다르게 이해하고 있을 수 있습니다. 하지만 이 중보자에 대한 진리를 우리는 분명하게 알 수 있습니다. 성경이 그 뜻을 공개적으로 우리에게 드러내 주고 있기 때문입니다. 즉, 중보자라는 사람은 두 당사자 사이에서 마땅히 그 중재의 일을 감당해야만 하는 자라는 뜻을 밝히고 있습니다. '또 하나님과 사람 사이에 중보자도 한 분이시니, 곧 사람이신 그리스도 예수라'(갈 3:20;딤전 2:5). 성경은 이처럼 그리스도 예수를 한 인간으로 말씀하면서도, 완전하고 온전하며 능력 있는 대제사장으로 부르기도 합니다. 그리하여 그분은 사람으로 불리기도 하고, 또한 하나님으로도 불린다는 사실이 성경에는 분명히 나타나 있습니다. 그분이 흘린 피도 동일한 성경 말씀에 의해 효력 있는 것으로 드러나게 됩니다. 그러므로 성도들이 함께 모이는 문제에 관해서도 성경은 앞에서 예로 든 문제들과 마찬가지로 스스로 그 뜻을 충분히 드러내고 있습니다.”

콥. “그렇다면 당신은 교회의 판단은 받아들일 의사가 있습니까?”

번연. “당연하지요. 서기관님. 저는 교회의 판단에 따를 것입니다. 그런데 교회의 판단 기준은 성경에 가장 잘 나타나 있습니다. 국가법에 대해 그리고 정부에 순복하는 것에 대해서, 제가 지금 잘 기억이 나지는 않지만, 저는 여러 판사님들과 많은 이야기들을 나누었습니다. 저는 왕이 있든지 없든지 상관없이 의의 법을 따라 행하면서 양심에 구속을 받고 있음을 그들에게 말씀드렸습니다. 제가 생각하기에 법에 반하는 행위를 했다면, 저는 그러한 범법자들을 위해 마련된 법의 처벌을 달게 받을 것입니다. 그런 처벌을 감내하는 것을 저는 저의 사명으로 여기고 있습니다. 이와 관련해서 제가 조금 더 드리고 싶은 말씀들도 모두 이와 마찬가지입니다. 제가 개인적으로 성도들을 만나 가르치는 것이 무해하다는 것과 관련해서는 한 점 의혹도 없이 해명할 것이며, 제가 하는 모든 설교 중에도 이에 대해 설명을 해서 모든 사람들에게 해명하는 수고를 기꺼이 감내할 것입니다. 저는 지금 살고 있는 마을에서 조용히 살아가면서, 당국자들의 권위에 순복하기를 진심으로 바라고 있습니다.”

콥. “이웃사촌인 번연 씨, 잘 들었습니다. 지금부터 사계 법원이 개원되는 시간 동안 당신은 이 문제들을 아주 진지하게 고려하고 상부의 명령에 순복하기를, 저는 진심으로 바라고 있습니다. 만약 당신이 계속해서 이 땅에서 살게 된다면, 당신에게는 많은 유익들이 있을 것입니다. 하지만 애석하게도 당신이 저 멀리 바다 건너 스페인이나 콘스탄티노플, 아니면 이 세상에 있는 또 다른 먼 지역으로 강제 이송된다면, 이런 결과가 당신의 친구들에게 무슨 유익이 될 것이며, 이런 결과로 인해 당신 역시 그들에게 아무런 유익을 주지 못할 것입니다. 그렇지 않습니까? 다시 한 번 간곡히 부탁합니다. 당신은 당국의 명령을 따라 주십시오."

간수. "번연 씨, 저도 당신이 반드시 이 나라의 명령을 따르게 되기를 간절히 바라고 있습니다."

번연. "저도 이 나라 안에 살고 있는 한, 아주 정직하고 경건하게 처신했으면 하는 마음 간절합니다. 당신이 말한 대로 저는 틀림없이 그렇게 행동할 것입니다. 하나님께서 저를 도우셔서 그 재판장들이 제게 지워준 것들을 감당해 나아가기를 저는 바라고 있습니다. 이 문제와 관련해서 제가 지금까지 습관적으로 했던 일들 중에 악한 일은 하지 않았습니다. 저는 지금 하나님 앞에 서 있는 것처럼 그렇게 말하고 있습니다."

콥. "'모든 권세는 다 하나님께서 정하신 바라'(롬 13:1)고 말한 성경 말씀을 당신은 알고 있을 것입니다."

번연. "그럼요. 저도 잘 알고 있습니다. 저는 최고 수반인 왕에게 복종할 뿐만 아니라 그분께서 보낸 자들에게도 복종할 것입니다."

콥. "그렇다면 좋습니다. 왕께서는 당신이 더 이상 개인적으로 사적인 모임을 가져서는 안 된다고 명령하셨습니다. 왜냐하면 그런 만남은 왕께서 정한 법을 위반하는 불법적인 행위이기 때문입니다. 왕의 직은 하나님께서 정하신 것입니다. 그러므로 당신은 그 어떠한 사적인 모임도 가져서는 안 됩니다."

번연. "바울은 자기 시대의 권세들이 하나님에게 속한 것이라고 주장하였습니다. 하지만 정작 자기 자신은 그 권세를 위임받은 자들로 인해 자주 투옥되었습니다. 예수 그리스도 또한 빌라도에게 자신이 가진 권세는 하나님에게서 받은 권세이며, 이 권세는 빌라도를 해할 권세가 아니라고 말하였음에도 불구하고, 그리스도는 이렇게 말했던 그 동일한 빌라도 치하에서 죽임을 당하셨습니다. 제가 원하기는, 바울이나 그리스도가 이 나라를 대표하는 치안 판사들을 부인하면서 그들이 그 직을 가볍게 여기고 하나님을 대적하는 죄를 범하였다고 당신이 말하지 않기를 바랄 뿐입니다. 서기관님, 제가 생각하기에 법에 순복하는 방식은 두 가지가 있는 것 같습니다. 한 가지 방법은 양심에 따라 제가 해야 한다고 믿는 것을 적극적으로 하는 것입니다. 또 다른 방법은 적극적으로 순복하지 못할 경우로서, 그 때에는 기꺼이 이곳에 머무르면서 사람들이 제게 가하는 고난들을 감내하는 것입니다."

이 말을 들은 서기관은 가만히 앉아서 더 이상 말을 하지 못하였습니다. 그 서기관이 제게 한 것을 생각해 보면서, 저는 저와 진지하고 온화한 대화를 나눈 그에게 감사를 드렸습니다. 그러고 나서 우리는 헤어졌습니다.

오, 우리가 다시 천국에서 만나게 되기를!

안녕히 계십시오. 존 번연

이것은 다음 번 순회 재판에서 저의 석방과 관련하여, 지금까지 저를 심리한 판사들이 아닌 다른 판사들과 제 아내가 나눈 대화 내용입니다. 그 내용은 제 아내의 입을 통해 들은 것입니다.

만약 제가 제 주장을 철회하지 않는다면 추방형이나 교수형에 처해질 수 있다는 얘기, 다시 말해 사법 당국의 판결에 관해 앞서 언급된 서기관의 권고가 있은 후, 드디어 그 날이 다가왔습니다. 서기관인 콥 씨가 말한 바와 같이 제가 주장을 철회한다는 맹세를 명확히 하지 않는다면, 상황이 더욱더 악화될 것이라는 바로 그 날이 이른 것이었습니다. 이 날은 왕이 대관식을 받는 날이었습니다(찰스 2세[1630-1685]의 대관식이 있던 1661년 4월 23일—원주). 보통 왕들이 대관식을 할 때면 으레 왕의 대관식을 기념하여 여러 죄수들을 석방하곤 하였습니다. 그런 특권들을 저도 받았으면 하는 바람이 있었습니다. 하지만 사법 당국은 저를 이미 유죄 선고를 받은 기결수로 간주하였습니다. 그래서 그들이 쓰는 용어대로 사면장이라는 것을 제가 청구하지 않는다면, 저는 이 대관식의 특혜를 전혀 받을 수 없을 것이라고 하였습니다. 이처럼, 왕의 대관식이 선포되면 선포되는 그 날로부터 열두 달 동안 사면장을 청구하는 자들의 청을 들어주는 것이 관례였지만, 사법당국은 다른 수천 명의 죄수들에게는 사면장을 발행해 주면서도, 저는 이 감옥에서 풀어주려고 하지 않는 것 같았습니다. 그들은 저에게 내린 형벌 집행과 관련하여 일체 신경도 쓰지 않았습니다. 자유를 줄 수 있는 사면장 발행에도 그들은 전혀 아랑곳하지 않았습니다. 그래서 저의 수감 생활은 한여름 순회 재판(Midsummer assizes)이라고 불리는 다음 번 재판이 열리는 1661년 8월까지 계속되었습니다.

순회 재판에서 제가 취할 수 있는 가능한 합법적인 수단들은 없었기에, 저는 제 아내 편으로 재판장들에게 보내는 청원서를 세 번이나 보냈습니다. 제가 전해들은 바에 따르면, 그 판사들은 저의 재판을 아주 공정하게 심리할 것이라고 하였습니다.

제 아내가 청원서를 들고 제일 먼저 찾아간 사람은 헤일 판사(Judge Hale)였습니다. 그는 제 아내 편에 전해진 저의 청원서를 온화한 표정으로 건네받고는, 저와 제 아내를 위해서 좋은 결과가 나오도록 애써 보겠다는 말을 해주었습니다. 그러면서 그는 자신이 할 수 있는 일이 없을 것 같아 걱정스럽다는 말도 함께 했습니다. 사법 당국이 처리해야 할 과중한 업무로 인해, 혹시라도 내 소송 건을 잊지는 않았을까 하여 저는 다음날 다시 다른 청원서를 작성해서 트위스던(Twisdon) 판사가 타고 다니던 사륜마차가 있는 곳으로 아내를 보냈습니다. 그 판사는 이 청원서를 보더니, 제 아내의 손에서 청원서를 덥석 낚아채고는, 그녀에게 화를 내면서, 제가 형이 이미 확정된 기결수이기 때문에 제가 다시는 설교하지 않는다는 약속을 하기 전까지 절대로 풀려 날 수 없다고 아내에게 말하였습니다.

이 일이 있은 후에도 제 아내는 여전히 청원서를 들고서 판사석에 앉아 있는 헤일 판사에게 다시 나아갔습니다. 그는 제 아내가 하는 말을 기꺼이 들으려는 것처럼 보였다고 합니다. 그런데 느닷없이 체스터 재판관(Justice Chester)이 다가와서는 제가 이미 법정에서 기결수로 확정이 되었다는 둥, 제가 혈기가 왕성하고 성미가 급한 놈이라는 둥, 완전히 저를 나쁜 놈이라는 식으로 언급하면서, 그는 그 청원서를 읽어보지도 않을 뿐 아니라 그 청원서로 저를 중재해 줄 마음도 없었습니다. 그래도 제 아내는 대재판관에게 도움을 청해 보면 어떨까 하는 마음으로, 성경에 나오는 가난한 과부가 불의한 재판장에게 가서 했던 것처럼, 이 재판장들이 마을로 출발하기 전에 그들 앞에 나아가 저의 석방을 위해 그들이 조치를 취해 줄 것을 간청하였습니다.

그녀가 판사들을 찾아간 장소는 백조 회의실(Swan Chamber)이라는 곳으로, 그 곳은 두 명의 판사들과 많은 재판관들과 지역의 귀족들이 함께 모여 교제를 나누던 곳이었습니다. 그 때 그녀는 부끄러워하는 얼굴과 두렵고 떨리는 마음으로 그 방으로 들어가, 다음과 같은 말을 하면서 자신이 할 일을 감당하기 시작하였습니다.

아내. (그녀는 헤일 판사를 가리키면서) "재판장님, 제 남편에 관한 건이 어떻게 진행되고 있는지 알고 싶어 이렇게 염치불구하고 다시 재판장님 앞에 나아오게 되었습니다."

헤일 판사. "부인, 제가 앞서도 말한 바와 같이, 나는 당신에게 아무런 도움을 줄 수 없는 사람이랍니다. 왜냐하면 당신의 남편이 법정에서 한 진술들에 대해 다른 판사들이 이미 유죄로 심리하였기 때문입니다. 그래서 그 때 한 말들이 완전히 취소되지 않는 한, 저는 당신에게 아무 도움도 드릴 수 없습니다."

아내. "재판장님, 지금 제 남편은 불법적으로 감옥에 감금되어 있습니다. 사적인 모임들을 금하는 법령이 공포되기 이전에, 사람들은 제 남편을 끌고 가 버렸습니다. 그리고 제 남편을 기소한 그 기소장 역시 거짓입니다. 게다가 판사들은 제 남편이 과연 유죄인지 아닌지를 본인에게 물어보지도 않았습니다. 그 기소장 내용이 사실인지도 그에게 물어보지 않았습니다."

다른 판사들 가운데 한 사람. 그러자 옆에 서 있던 다른 판사들 가운데 한 사람이 말하였습니다. 그녀는 그 판사가 누구인지 기억이 나지 않는다고 했습니다. "재판장님, 피고는 합법적으로 유죄 판결을 받았습니다."

아내. "그 말은 거짓입니다. 판사들이 그에게 '당신은 기소내용을 인정합니까?'라고 말했을 때, 제 남편은 자신은 몇몇 모임을 가졌고, 그 모임에서 하나님의 말씀을 전했고, 하나님께 기도를 드렸으며, 거기 모인 사람들은 모두 하나님의 임재 가운데 있었다는 말을 했을 뿐입니다."

트위스던 판사. 제 아내의 이 말에 대해 트위스던 판사는 아주 화를 내면서 다음과 같이 대답하였습니다. "당신은 지금 무슨 말을 하고 있는 겁니까? 당신은 우리가 마음대로 아무렇게나 할 수 있다고 생각하는 것 같은데, 당신의 남편은 이 나라의 안녕(安寧)을 해한 자로서 법에 의해 유죄 판결을 받았습니다." 트위스던 판사가 이렇게 말하자, 헤일 판사는 법령집을 가져다 줄 것을 요청하였습니다.

아내. "하지만 재판장님, 그는 합법적으로 유죄 판결을 받은 것이 아닙니다."

체스터 재판관. 그러자 체스터 재판관이 나서서 말하였습니다. "재판장님, 피고는 합법적으로 유죄 판결을 받았습니다."

아내. "그 말은 거짓입니다. 재판장님께서 앞서 들은 그 유죄 판결은 판사들이 하는 말에 불과합니다."

체스터 재판관. 체스터 재판관은 "유죄 판결 내용은 기록되어 있습니다. 부인, 당신의 남편이 유죄 판결 받은 내용은 문서로 기록되어 있습니다"라고 말하면서, 그 내용이 문서로 기록되어 있기 때문에, 그것은 틀림없는 필연적 사실이라고 말하는 것 같았습니다. 그는 이런 말들로 제 아내의 입을 막아보려고 필사적으로 애썼습니다. 사람을 납득시킬 만한 다른 논거들은 전혀 제시하지 않은 채, 그저 '유죄 판결 내용은 기록되어 있습니다. 유죄 판결 내용은 기록되어 있습니다' 하는 말로 밀어붙이는 듯했습니다.

아내. "재판장님, 저는 제 남편의 석방과 관련해 알아볼 것이 있어서 오래 전에 런던을 다녀온 적이 있습니다. 거기서 저는 상원(House of Lords) 의원 가운데 하나인 바크우드(Barkwood) 의원과 대화를 나눈 적이 있습니다. 제가 그에게 청원서를 건네자 그는 제 남편의 석방을 요청하는 청원서를 받고는 그것을 상원에 있는 다른 동료 의원들에게 보여주었습니다. 그러자 그 청원서를 본 의원들이 지금은 제 남편을 석방시킬 수 없다고 하면서, 다음 번에 열리는 순회 재판에서 여러 판사들에게 말하여 제 남편을 석방시켜 줄 것이라고 약속하였습니다. 여기까지가 바로 상원 의원들이 제게 말한 내용입니다. 그래서 저는 상원 의원이 약속한 일이 어떻게 되어 가는지를 알아보기 위해, 다시 말해 이 순회 재판에서 과연 재판장님이 제 남편을 석방시켜 주거나 구금을 해제해 주는지 등을 알아보기 위해, 이렇게 여러 재판장님들 앞에 나아온 것입니다." 제 아내의 말에 대해 여러 판사들은 아무 대답도 하지 못한 채, 아내가 하는 말을 하나도 듣지 못한 척하였습니다.

체스터 재판관. 오직 체스터 재판관만 다음과 같은 말을 종종 되뇌었습니다. "피고는 유죄 판결을 받았습니다." "그 내용은 기록되어 있습니다."

아내. "제 남편이 유죄 판결을 받은 것이 기록되어 있다면, 그것은 거짓입니다."

체스터 재판관. "재판장님, 피고는 치명적으로 유해한 사상을 가진 놈입니다. 이 나라에서 그와 같이 악랄한 놈은 또 없을 것입니다."

트위스던 판사. "당신의 남편은 이제 설교하는 것을 그만둘 것입니까? 피고가 만약 앞으로 설교를 중단하기만 한다면, 지금이라도 그를 풀어 주겠소."

아내. "재판장님, 제 남편은 그가 말을 할 수 있는 한, 설교하는 것을 감히 중단하지 않을 것입니다."

트위스던 판사. "이것 보시오. 우리가 그런 놈과 더 이상 무슨 말을 할 필요가 있겠소? 이 놈은 자기가 원하는 대로 해야만 직성이 풀리는 자가 아닙니까? 그는 이 나라의 안녕을 해한 사람이오."

아내. 이 말을 들은 제 아내는 다시 트위스던 판사에게 다음과 같이 대답하였습니다. "제 남편이 간절히 바라는 것은 자신의 직업(calling, 소명)을 따라 평화롭게 살아가는 것이며, 자신의 가정을 부양하는 것입니다. 그리고 제게는 부양해야 할 네 명의 어린 자녀들이 있습니다. 그 가운데 한 아이는 앞을 보지 못하는 맹인입니다. 선한 성도들이 베풀어 주는 구제의 손길이 없다면, 먹고 살 길이 막막한 처지입니다."

헤일 판사. "부인에게 네 명의 자녀가 있습니까? 젊은 여인으로 보이는데 네 명이나 자녀를 두었군요."

아내. "저는 이 자녀들에게 계모일 뿐입니다. 저는 제 남편과 결혼한 지 2년이 채 되지 않았습니다. 솔직히 말해서, 제 남편이 처음으로 체포되었을 때, 그 때 저는 임신 중이었습니다. 젊은 나이에 임신을 하여 모든 것들이 낯설게만 느껴졌습니다. 그러던 중에 제 남편이 체포되었다는 소식을 듣고 너무 크게 당황한 나머지, 아이가 뱃속에서 떨어지는 것만 같았습니다. 이런 복통이 한 8일 정도 지속되다가 아기를 출산하였지만, 결국 그 아이는 죽고 말았습니다."[3]

헤일 판사. 헤일 판사는 이런 말들을 아주 진지하게 듣는 것 같았습니다. 그러더니 "참으로 안타까운 일입니다. 불쌍한 부인이군요!"라고 말하였습니다.

트위스던 판사. 그러나 트위스던 판사는 헤일 판사와는 달리, 제 아내의 꼬락서니를 보니 천생 가난을 친구로 삼고 살아야 될 것 같다고 말하면서, 제가 땜장이라는 직업으로 생계를 꾸려나가는 것이 아니라, 여기저기 설교를 하면서 온 지역을 누비고 다니며 받는 사례로 생활을 하고 있는 줄로 이해한 것 같았습니다.

헤일 판사. "피고의 직업이 무엇입니까?"

대답. 헤일 판사가 질문을 하자, 옆에 서 있던 무리들 가운데 어떤 사람이 "재판장님, 땜장이입니다"라고 말하였습니다.

아내. "그렇습니다. 제 남편은 한갓 땜장이입니다. 그래서 가난합니다. 그러니 그는 사람들로부터 무시를 받기도 하며, 이처럼 정의로운 재판도 받을 수 없는 것입니다."

헤일 판사. 이 말을 들은 헤일 판사는 아주 온화한 목소리로 다음과 같이 말하였습니다. "부인, 사정을 살펴보니 여러 판사들이 당신의 남편에게 유죄 판결을 언도한 것 같소. 그래서 나는 이의를 제기하는 그대에게 다음과 같은 조언을 합니다. 즉, 당신은 왕에게 그대의 사정을 아뢰거나, 아니면 남편의 사면장을 청구하거나, 그것도 아니면 오심(誤審) 영장(writ of error)을 청구할 수도 있습니다."

---

3. 번연은 첫 번째 아내와의 사별, 그리고 재혼 등에 대해서 침묵하고 있다. 사실 그는 자기 영혼에 역사하신 주님의 영광스러운 일들을 기록하고자 하는 강렬한 열망으로 인해, 자신의 개인적인 사생활은 잊고 있었다. 그가 기록한 것들은 자신의 전기가 아니라, 자신의 종교적인 감정과 경험들을 쓴 것이었다─원주.

체스터 재판관. 체스터 재판관은 헤일 판사가 제 아내에게 이와 같은 조언을 해주는 것을 듣고는 크게 화를 내었습니다. 제 아내가 생각하기에는 헤일 판사가 특별히 오심 영장을 언급하는 것을 듣고서 노발대발하며 아주 불쾌해하는 것 같았습니다. 그러면서 그는 "재판장님, 피고는 자기가 원하는 마음대로 설교했습니다"라고 말하였습니다.

아내. "제 남편은 오직 하나님의 말씀만을 설교하였습니다."

트위스던 판사. "피고는 하나님의 말씀을 설교하였습니다!" 제 아내는 트위스던 판사가 한 이 말을 듣고서 다소 안심하였지만, 계속된 그의 말로 인해 다소 충격을 받았습니다. "피고는 이 곳 저 곳 온 지역을 누비고 다니면서 설교하였습니다. 그러면서 해악을 끼치기도 하였습니다."

아내. "그렇지 않습니다, 재판장님. 제 남편은 절대로 그런 해악을 끼치지 않았습니다. 하나님께서 제 남편을 주장하셔서, 그를 통해 많은 선한 일들을 행하셨습니다."

트위스던 판사. "맙소사! 그가 선한 일들을 했다니, 도대체 부인은 무슨 그런 어처구니없는 소리를 하는 거요? 피고가 가르친 내용들은 마귀의 가르침입니다."

아내. "재판장님, 장차 의로운 재판장께서 강림하실 때, 제 남편이 가르친 것은 마귀의 가르침이 아니라는 것이 알려지게 될 것입니다."

트위스던 판사. "헤일 판사님께 아룁니다. 그녀의 말에 괘념치 말기를 바랍니다. 그녀를 당장 내쫓으시기를 바랍니다."

헤일 판사. 그러자 헤일 판사는 다음과 같이 말하였습니다. "죄송합니다, 부인. 나는 당신에게 도움을 전혀 드릴 수 없을 것 같군요. 당신은 앞서 내가 언급한 세 가지 가운데 하나를 택해 조치를 취하면 될 것 같습니다. 다시 말하지만, 왕에게 그대의 사정을 아뢰거나, 아니면 당신 남편의 사면장을 청구하거나, 그것도 아니면 오심(誤審) 영장을 청구할 수 있습니다. 이 중에서 오심 영장을 청구하는 것이 가장 효과가 있을 것 같습니다."

아내. 헤일 판사의 이 말에 체스터 판사는 또다시 크게 노한 것 같았습니다. 그는 자신의 해치관(獬豸冠, 법을 집행하는 관원이 쓰는 관—역주)을 벗었습니다. 그러고는 제 아내가 보기엔 그가 화가 나서 자기 머리를 긁는 것 같았다고 합니다. 제 아내는 다음과 같이 말하였습니다. "제가 제 남편의 석방을 그렇게도 간청하였지만, 제 남편을 석방하는 것에 대해서 판사들의 다수 의견이 없었습니다. 그럼에도 헤일 판사님은 다른 판사들을 향해 제가 요청한 것보다 더 흡족한 답을 말씀해 주셨습니다. 즉, 제가 잊고 있었던 이 여러 안들을 말씀해 주셨습니다. 사실 제가 이 방에 처음 들어왔을 때는 다소 겁이 나기도 하였습니다. 하지만 이제 이 방을 떠나려고 하니, 주체할 수 없을 정도로 눈물이 앞을 가립니다. 제가 이렇게 슬픔을 감출 수 없는 것은 여러 판사님들이 저와 제 남편에 대해 완악한 마음을 지녔기 때문이 아니라, 장차 주님께서 오셨을 때 육신으로 행한 선악 간의 모든 일들에 대해 대답해야 할 때, 이 가련한 피조물들이 마주할 서글픈 상황이 생각났기 때문입니다."[4]

이 말을 끝으로 제 아내가 그들 앞을 떠나자, 사람들은 법령집을 가지고 왔습니다. 그들은 그 법령집에 기록된 내용들에 대해 많은 말들을 하였지만, 제 아내는 그들이 하는 말들을 전혀 알아듣지 못하였고, 그들이 하는 말을 더 이상 들으려고도 하지 않았습니다.

---

4. 이것이야말로 참된 그리스도인이라면 이런 상황에서 어떤 감정을 느껴야 하는지를 보여주는 아름다운 모범이다. 자신이 가장 사랑하는 사람에게 정말 잔인한 악행들이 가해지는 데도 불구하고, 그 어떤 것도 보응하려고 하지 않는 마음가짐이야말로 귀한 것이다—원주.

1662년 1월 19일에 열린 제2차 순회 재판에서 나와 함께한 하나님의 진리를 대적하는 원수들이 보여준 몇몇 모습들

첫 번째 순회 재판이 끝난 후부터 두 번째 순회 재판이 열리기까지, 그 기간 중에 일어났던 일들에 대해서는 제가 말씀드리지 않으려고 합니다. 즉, 저를 지키던 간수가 첫 번째 재판 때보다 더 많은 자유를 어느 정도 제게 허용하여서, 저는 늘 하던 대로 하나님의 말씀을 전하고, 하나님의 백성들을 제 발로 직접 찾아가 예수 그리스도를 믿는 믿음 가운데 확고히 설 것을 권면하며, '공동기도서'는 만지지도 말고 오직 하나님의 말씀만 유념하도록 주지시키는 등의 여러 일들을 했습니다. 이에 대해서는 구체적으로 언급하지 않겠습니다. 어쨌든 제가 행한 이런 사역들로 인해, 그리스도인이 모든 일에 있어서 행해야 할 지침들이 제시되었습니다. 그래서 하나님의 사람이 예수 그리스도를 믿는 믿음을 통해 모든 일에서 완벽한 능력을 갖춘 유능한 자가 되도록 하였습니다. "하나님의 사람으로 온전하게 하며 모든 선한 일을 행할 능력을 갖추게 하려 함이라"(딤후 3:17).[5] 또한 저는 이전보다 더 많은 자유를 부여받아 런던에 있는 그리스도인들을 만나러 갔던 일에 대해서도 그리 말하고 싶지 않은 것이 사실입니다. 그래도 이와 관련된 말씀을 드리자면 다음과 같습니다. 제가 런던에 간 소식을 들은 나의 원수들은 아주 격분해서 나의 간수를 거의 기소할 것 같은 기세로 흥분하였고, 당장 그 자리에서 그를 쫓아낼 것처럼 협박하면서, 그를 대적해 할 수 있는 모든 일들을 다 했습니다. 그들은 나에 대해서도 비난하기 시작하였습니다. 내가 거기에 간 것은 음

---

5. 그 당시 강제력을 지녔던 그 무시무시한 법령에도 불구하고 번연은 조금도 굴하지 않았다. 그는 베드로와 요한이 마주했던 상황에서 행한 것과 똑같이 행동하였다. "우리는 보고 들은 것을 말하지 아니할 수 없다"(행 4:20). 보고 들은 것에 대한 증언으로 인해 내가 설령 죽는다 해도, 나는 그 진리에 대한 경고의 말씀을 말할 수밖에 없다고 말이다. "부정한 것을 만지지 말라."(고후 6:17)—원주. 부정한 것이란 '공동기도서'를 염두에 두고 인용한 성경구절인 듯하다—역주.

모를 꾸미고 분란을 조장하며 반란을 모의하기 위한 것이었다는 식으로 그 원수들은 나에 대한 비방을 늘어놓았습니다. 그에 대해서는 하나님만이 아 실 것입니다. 그래서 잠시 허용되었던 나의 자유는 이전보다 더욱 제한되었 습니다. 그리하여 저는 감옥 안에서 감옥 문 밖을 내다볼 수도 없게 되었습 니다.

그러던 때, 후속 법정이 열리게 되었습니다. 그 때가 거의 11월 10일 경이 었습니다. 저는 이 법정에서 비로소 제 문제가 아주 허심탄회하게 다루어 질 것이라고 기대하였습니다. 하지만 그들은 나의 문제는 안중에도 없이 그 냥 넘어가 버렸습니다. 그들은 법정에서 아예 저를 호명하지도 않았습니다. 그래서 저는 그 다음 재판이 열리기까지, 즉 이듬해 1월 19일에 열리는 순회 재판까지 기다릴 수밖에 없었습니다. 드디어 법정이 개정되었고, 저는 판 사들 앞에 서기를 지금까지 갈망해 왔기 때문에, 나를 지키던 간수가 소송 사건 목록에 적힌 여러 죄수들 가운데서 나를 호명하기만 기다렸습니다. 그 들 앞에 서야 여러 판사들 및 대재판관과 친분을 쌓을 수 있을 것 같았습니 다. 사실, 판사들과 대재판관은 예전에 제가 이 순회 재판에서 호명될 것이 라고 약속해 주었습니다. 그래서 저는 제가 바라던 일들이 이제야 비로소 효력을 보게 되는구나 하고 생각했습니다. 그러나 이 모든 기대들은 허사 로 끝나고 말았습니다. 순회 재판이 시작되었을 때, 그 소송 사건 목록에 제 이름이 기재되어 있었고, 또 판사들과 대재판관이 제가 그들 앞에 서게 될 것이라고 약속까지 했음에도 불구하고, 제게 이런 일이 일어났던 것입니다. 판사들과 치안 서기가 서로 작당을 하여, 그 소송 목록에 제 이름이 기재되 어 있음에도 호명을 연기하는 바람에, 저는 결국 순회 재판에 모습을 드러 낼 수 없었습니다.

제가 감히 말씀드리지만, 저에 대한 그들의 모든 꿍꿍이들을 제가 다 알 지는 못하지만, 그럼에도 불구하고 저는 다음과 같은 사실 하나는 분명히 알게 되었습니다. 즉, 이 치안 서기가 바로 나를 대적하는 가장 큰 반대자들 가운데 하나라는 것을 말입니다. 왜냐하면 알고 봤더니, 이 서기는 예전에 나의 간수에게 와서 내가 판사들 앞에 서서는 안 된다고 하며, 그 소송 목록에서 내 이름을 지우라고 말했기 때문입니다. 이런 치안 서기의 말에 나의 간수는 내 이름이 이미 그 목록에 기록되어 있다고 말하였습니다. 그러자 치안 서기는 간수에게 재차 나의 이름을 지울 것을 명하였고, 나의 간수는 그럴 수 없다고 하면서, 내 이름이 기재된 소송 목록을 이미 판사들과 대재판관에게까지 건넸기 때문이라고 대꾸했습니다. 이 말을 들은 서기는 아주 심한 유감을 표하면서, 간수의 손에 들린 그 목록을 보자고 했습니다. 간수가 그 목록을 보여주자 치안 서기는 "이 소송 목록은 허위 목록이오"라고 말하였습니다. 그러더니 치안 서기는 간수의 손에서 그 목록을 잡아채서는, 나의 간수가 써 놓은 나의 소송 건을 그 목록에서 깨끗이 지워 버렸습니다. 저는 저의 소송 건이 어떤 식으로 기재되어 있는지 알 수 없었습니다. 왜냐하면 그 내용들은 하나도 남김없이 싹 삭제되었기 때문입니다. 결국 그 치안 서기는 다음과 같은 취지의 발언으로 나의 소송 내용을 대체하였습니다. "존 번연은 불법적인 모임과 비밀 집회를 주선한 혐의로 기소되어, 법에 의하여 유죄 판결을 받아 감옥에 투옥되었다."

하지만 제 이름이 그 목록에 기재되지 못하도록 한 자신의 행동을 두려워한 그 치안 서기는 먼저 순회 법원의 서기에게 달려가기도 했고, 후에는 판사들에게 달려가기도 하였습니다. 왜냐하면 혹시라도 내 이름이 다시 그 목록에 기재될 수 있는 방법이 있는지, 그런 방법이 있다면 미연에 막아볼 생각으로 그렇게 이리저리 뛰어다녔던 것입니다. 그러더니 그는 다시 나의 간수를 찾아와서는, 만의 하나라도 내가 판사들 앞에 서서 석방 판결을 받게 된다면, 그 서기가 지불해야 할 나의 벌금을 제 간수에게 부과하겠다고 말했습니다. 또한 그 치안 서기는 다음번 순회 재판이 열리면 허위 소송 목록을 작성한 혐의로 저를 감시하던 간수를 고발할 것이라고 엄포까지 놓았습니다. 나중에 알게 된 사실이지만, 그로 인해 제 간수는 제 본래의 혐의보다 훨씬 더 치명적으로 저를 고발하였습니다. 그래서 저는 이러한 방해와 훼방으로 인해 그 당시에 판사들 앞에 모습을 드러낼 수 없었고 감옥에 투옥되었던 것입니다. 안녕히 계십시오.

존 번연

존 번연의 생애 속편

그의 참된 성품과 함께, 그가 체포된 곳에서 시작하여
그가 죽고 장사될 때까지 그가 보여준 모습을 중심으로

독자 여러분, 이 책을 쓰느라 수고를 아끼지 않은 근면한 우리의 저자는 이 땅에서 순례자로 살아온 자기 인생의 출발과 그 과정들을 신실하게 아주 감동적으로 여러분에게 이미 말해 주었습니다. 그럼에도 불구하고, 특히 그의 생애 가운데 말년에 일어났던 일들 중에는 주의해서 살펴볼 만한 귀중한 것들이 아직도 남아 있습니다. 그의 말년은 인생의 남은 시간이 부족하기도 하였지만, 거기에 극도로 트집 잡기를 좋아하는 어떤 사람들이 그에게 하는 비난, 즉 번연은 사람들로부터 칭송받기를 열정적으로 탐한다는 말을 듣게 될까 우려하여, 그는 자신의 저술 이외에는 그 어떤 것도 남기지 않았습니다. 하지만 번연의 참된 친구이자 그를 오랫동안 알아온 나는 그의 인생의 열악했던 출발뿐만 아니라 그의 선한 종말까지도 알려져야 할 필요가 있다는 생각에, 그에 대해 내가 알고 있는 것과 그를 알고 지내던 다른 친구들이 내린 평판들까지 선용하여, 이런 단편들을 한 올 한 올 실마리로 삼아서, 이내 끊어질 연약한 천이 되지 않도록 단단히 연결해, 그가 이 땅에서 영원으로 들어가기까지의 여러 일들을 길게 이어 보았습니다.

번연은 자신의 출생과 교육 과정에 대해 아주 상세하게 여러분에게 말하였습니다. 그가 청년 시절에 가졌던 악한 습관들과 타락한 모습들, 그가 씨름했던 유혹들과 너무나 빈번하게 생겼던 갈등들, 그가 경험했던 은혜와 위로와 구원들, 그가 복음 설교 사역을 하게 된 경위, 그를 따라다니던 비방과 중상모략과 투옥, 그리고 이 모든 상황들에도 불구하고 하나님의 도우시는 은혜로 진보를 이루어 많은 영혼들을 확실한 구원으로 인도할 수 있었다는 내용들을 자세하게 기록하였습니다. 그래서 저는 번연 자신과 관련된 이런 사실들을 다소 체계적으로 정리하여 아래와 같은 참된 말들로 제시하고자 합니다.

비국교도라는 이유로 12년이 넘는 수감생활에서 벗어난 번연은 이후 다양한 양서(良書)들을 세상에 내어놓을 수 있는 시간들을 갖게 되었습니다. 번연의 인내, 그 당시 링컨 주의 주교였던 바로우 박사(Dr. Barlow, 번연 석방을 위해 노력했던 인물로 알려져 있다—역주)와 다른 여러 성직자들의 감동, 번연이 겪었던 험악하고 부당한 고난들에 대한 동정, 그리고 그의 생명을 연장시키기 위한 그의 친구들의 열렬한 원조, 아마도 이런 것들이 없었더라면, 그는 그 감옥의 유해한 환경과 열악한 대우로 인해 저술은커녕 감옥 안에서 죽고 말았을 것입니다. 하지만 단언컨대 지금 그는 하나님의 은혜로 몸뿐만 아니라 영혼까지도 얽어매고 있던 차꼬에서 풀려나 다시 자유의 몸이 되었습니다. 그래서 그는 자기 마음을 가득 채우고 있던 그 넘치는 은혜(abounding grace)로 인해 그가 고난 받을 때 자신을 위로해 주었던 성도들을 방문하여, 그들이 보여준 호의와 큰 자선 행위들에 대해 그리스도인답게 답례를 하였습니다. 그는 자신이 겪은 사례들을 예로 들면서, 설령 자신들 앞에 놓인 예기치 않은 어떤 힘든 일들로 인해 고난과 고통을 겪게 된다 하더라도, 그 때에도 선한 양심을 위해, 그리고 예수 그리스도 안에서 그들의 영혼을 향해 보여주신 하나님의 사랑을 위해 인내할 것을 진심이 담긴 많은 확신의 말들로써 권면해 주었습니다. 그 뿐 아니라 세상 염려라는 위협에 직면하여 그 위험에 무서워 떨면서, 낙담하기 시작하는 영혼들에게도 그는 도움을 주었습니다. 그래서 하나님의 백성들은 그가 하는 말과 조언들에서 놀라운 위로를 받았습니다.

비록 현행법으로는 성도들의 모임이 강제로 금지되어 있었지만, 그럼에도 불구하고 기회가 허락되는 대로 자주 그는 성도들을 편한 장소에 함께 모아서, 하나님의 말씀이라는 신실한 우유로 그들을 먹였습니다. 그래서 그들은 그가 전하는 말씀에 힘을 얻어 은혜 가운데 성장하였습니다. 이런 설교행위로 인해 그는 언제 어디서든 당국에 체포되어 투옥될 위험에 있었지만, 그는 이런 체포와 투옥마저도 자신의 사랑을 더 넓게 펼칠 수 있는 또 다른 사역으로 생각하면서 이런 박해를 마치 원하는 것 같기도 하였으며, 실제로 이런 박해 속에서도 안도하는 것처럼 보이기도 하였습니다.

그는 또한 몸이 아픈 자들을 방문하여 세심하게 돌보아 주었고, 때로 유혹자인 마귀의 꼬임이 아주 극심할 때도 있었지만, 그 때에도 그런 시험 가운데 있는 성도들을 강하게 권면해 주었습니다. 그래서 그들은 하나님을 찬양할 제목을 항상 얻을 수 있었습니다. 번연의 마음에 이런 선한 마음을 주신 분은 하나님이셨습니다. 이 하나님은 마치 우는 사자처럼 삼킬 자를 두루 찾는 마귀의 권세 속에 있는 성도들을 구해낼 마음을 번연에게 주셨습니다. 또한 그는 어떤 성도가 자신의 도움을 필요로 한다는 것을 알거나 자신의 도움이 필요할 것이라고 예상된다면, 그 성도가 아무리 먼 거리에 있다 할지라도 그를 찾아갔습니다. 그는 이렇게 먼 곳까지 찾아가는 수고를 전혀 수고로 여기지 않았습니다. 그를 반대하는 사람들은 이런 다소 별난 것처럼 보이는 사역을 조롱하며 비난했지만, 그래도 그는 이런 먼 거리의 심방을 매년 두세 차례 다녔습니다. 그가 번연 주교(Bishop Bunyan)라는 별명을 얻은 것도 틀림없이 그의 이런 열정적인 사역 때문이었을 것입니다. 물론 다른 사람들은 그리스도의 포도원에서 행한 이런 그의 열정적인 수고를 시기하기도 하였지만, 어쨌든 번연은 자신이 행한 이 모든 일들로 말씀의 씨앗을 회중들의 마음에 심었을 뿐만 아니라, 하나님의 은혜라는 물까지도 그 씨앗에 뿌려 주었습니다. 그래서 그리스도의 교회에 제자들이라는 풍성한 열매가 맺히게 되었습니다.

그의 인생에서 시간을 들여 수고한 또 다른 부분은 서로 의견이 불화한 가운데 있는 자들을 화해로 이끌어내는 일이었습니다. 이 사역으로 인해 그는 많은 해악들을 방지할 수 있었으며, 멸망해가는 가정들을 구원하기도 하였습니다. 그런 불화한 일들이 일어나게 되면, 그는 화해시킬 수 있는 수단들을 찾느라 골몰하였고, 그 방법을 찾기 전까지는 결코 마음이 편하지 않았습니다. 그래서 그는 성경에 기록된 바와 같이 축복이 약속된 화평케 하는 자("화평하게 하는 자는 복이 있나니 그들이 하나님의 아들이라 일컬음을 받을 것임이요"[마 5:9]―역주)가 되었습니다. 진실로 그는 이런 선한 사역들을 감당하면서 자신의 인생을 마감하였다고 말할 수 있을 것 같습니다. 그가 인생에서 마지막으로 행한 화해의 사역은 이 글 끝부분에서 다루어질 것입니다.

번연이 살아 있을 당시 통치를 하던 왕이 그 통치 말년에 이르자 예상치 못했던 일이 벌어졌습니다. 즉, 비국교도의 모든 종파들에게 양심의 자유가 허락되어 성도들이 자유를 누릴 수 있게 되었던 것입니다. 하지만 이런 표면적인 조치의 배후를 꿰뚫어볼 수 있는 능력을 지닌 번연은 예리한 통찰력으로 다음과 같은 사실을 알게 되었습니다. 즉, 당국은 지금까지 오랫동안 비국교도를 억압하다가 이제 그런 박해로부터 갑작스럽게 벗어나게 해주었는데, 이런 조치는 어떤 측면에서 보면 비국교도들에게 영국 국교회와 대등한 지위를 부여해 주는 반가운 소식처럼 들리지만, 실상은 비국교도들에게 영적으로 도움이 되는, 다시 말해 비국교도들을 진정으로 위한 것이 아니라는 사실을 알게 되었던 것입니다. 이 조치로 교황파들의 입지가 손상을 입게 되었고 그들의 세력이 거의 쇠퇴하였기 때문입니다. 그러면서도 그는 이런 조치가 비국교도들에게 미칠 모든 유익들을 미리 내다보았습니다. 하지만 그것은 시칠리아의 괴물 거인인 폴리페모스(Polyphemus, 그리스 신화에 등장하는 외눈박이 식인종으로, 율리시즈와 그의 부하를 잡아먹으려다 도리어 자신의 한쪽 눈을 다친 신화적인 인물―역주)가 율리시즈(Ulysses)에게 허락한 일, 즉 율리시즈의 부하를 먼저 잡아먹고, 율리시즈는 맨 나중에 잡아먹겠다는 호의를 베푸는 것과 다를 바 없었습니다.

그래도 번연은 다른 사람들의 선례를 따라 이 양심의 자유를 받아들일 만한 것으로 수용하면서, 하나님만이 양심의 유일한 주인이시며, 선한 양심이 명하는 대로 행하는 것이 언제나 선하고, 설교자에게는 복음이 명하는 기쁜 소식들을 전하는 것이 아름다운 일인 것을 알고 있었습니다. 그는 이 모든 일들 중에서도 임박한 하나님의 심판을 피하기 위해 열정적으로 기도하면서, 이 심판을 경고하며 거룩한 두려움으로 움직였습니다. 그에게는 이 임박한 심판이 마치 우리 머리 위에 드리워져 있는 검은 폭풍우처럼 보였습니다. 왜냐하면 우리가 지은 죄들이 우리를 거의 부서뜨려 놓을 지경이었기에, 니느웨의 처방이 지금 당장 긴급하게 필요했기 때문입니다. 그리하여 그는 자신이 주로 살았던 곳이고, 지금도 살고 있는 곳이며, 자신의 생애 가운데 많은 시간을 보냈던 베드포드에서 회중들을 모았습니다. 번연에게 그 곳만큼 편한 곳은 없었습니다. 그가 성도들을 모으자, 그의 가르침을 듣고자 엄청난 무리들이 나아와 그를 반겼습니다. 그는 그들과 상의하여 교회(meeting house)를 세웠으며, 그 교회의 성도들은 온전한 기쁨과 자원하는 마음으로 헌신하였습니다. 그가 나타나 그들에게 비로소 교훈의 말씀을 전하게 되자, 교회가 아주 넓었음에도 불구하고 성도들이 교회 안으로 다 들어가지 못하고 밖에 서 있어야 할 정도로 많은 이들이 몰려들었습니다. 그의 확신에서 나온 번연의 가르침을 받기 위해 모든 성도들은 안간힘을 썼습니다. 그들 또한 교회 문이 열리자마자 교회에 들어와 앉아 있음으로써, 그를 향한 자신들의 선한 의지를 드러내 보였습니다. 베드포드에서 그는 하나님께서 주신 작은 것에 만족하면서, 일체의 모든 세속적인 일을 그만두고, 오로지 자신을 부르신 그 복음의 소명을 따라 큰 평안과 고요한 마음 상태로 인생을 살아갔습니다. 하나님께서 모세에게 하신 말씀과 같이, 입술을 만드셨을 뿐만 아니라 사람의 마음까지도 좌지우지하시는 하나님께서 대학교에서도 도저히 배울 수 없는 특별한 말과 지혜의 능력을 그에게 주셨던 것입니다.

이러한 일들이 일어나는 동안, 행정 감시 관리들이 모든 성과 자치 마을 등지에 파견되어, 어떤 사람은 마을에서 쫓아내고 또 어떤 사람은 마을에 들여보내는 등의 새로운 통치가 시작되었습니다. 이에 대해 번연은 이런 강제 이주 행태가 백성들에게 끼칠 악영향을 미리 내다보고, 그의 회중들이 이 정책에 동조하지 않도록 당부하였습니다. 그는 몸이 지칠 정도로 온 힘을 다해 이 정책을 열정적으로 반대하였습니다. 그러자 그 당시 한 대단한 사람이 어떤 용무로 베드포드에 와서는 그를 불렀습니다. 아마도 그에게 공신력 있는 지위를 주려고 했던 것 같습니다. 하지만 번연은 그를 만나려고도 하지 않았습니다. 단지 그 관리에게 양해의 말만 전했습니다.

번연은 이렇게 저술 활동과 가르치는 사역을 하면서도, 시간적 여유가 있으면 종종 런던으로 가서, 그곳에 있는 비국교도 회중들이 모인 장소들을 방문하여, 자신이 가진 아주 탁월한 재능, 즉 듣는 사람들의 귀에 솔깃하게 말씀을 전하는 그 재능을 사용하여 하나님의 말씀을 전하였습니다. 그래서 그의 학벌에 대한 선입견으로 그를 무식한 줄로 오해했던 자들도, 거룩한 것들에 대한 그의 지식과 그가 전하는 거룩한 것들의 가치를 납득하게 되었습니다. 그리고 그들은 번연에 대해서 분명하고 능력 있는 설명을 할 수 있는 건전한 판단력을 지닌 사람으로 인식하게 되었습니다. 그래서 그가 전하는 말씀을 통해 교훈을 얻고 개선되기를 바라는 마음으로 온 것이 아니라 그저 신기한 것을 구경하기 위해 온 많은 구경꾼들도, 그들이 듣고 놀란 그 가르침에 아주 만족해하며 집으로 돌아갔습니다. 이런 광경은 유대인들이 사도들을 보고 드러낸 반응과 같았습니다. 즉, 이 사람이 이런 일들을 행하는구나 하며 놀랐던 것입니다. 아마도 그들은 하나님의 포도원에서 기쁜 마음으로 근면하게 행하는 것을 자신의 일로 여기는 이들을 보면서, 이들에게 그런 마음을 주시고 이들을 직접적으로 돕는 분이 바로 하나님이라는 사실을 생각하지 못했을 것입니다.

이렇게 번연은 노년을 그의 위대한 주님이자 스승이며, 영원히 복되신 예수님을 닮는 일에 시간을 할애하였습니다. 그는 선한 일들을 행하면서 여러 곳을 두루 다녔습니다. 그래서 꼬치꼬치 캐기를 아주 좋아하는 비판가들과, 본래부터 그에 대한 악의를 가진 자들은 그가 행한 일들을 이 잡듯이 샅샅이 캐내어, 그가 받는 합당한 평판에 추하고 더러운 오점들을 덧붙이려고 하였습니다. 이런 일들은 그를 대수롭지 않게 여기는 사람들이나 그로부터 인정을 받으려는 자들이 시도하는 도전으로 우리는 보고 있습니다. 이런 행태들은 어떤 모습이든 그를 박해하던 자들 앞에서 드러나게 되었으며, 또 어떤 경우에는 그 비판자들의 마음이 바뀌는 일도 있었습니다. 이 모든 것이 하나님께서 그에게 주신 명령과 사명에 순종하였기 때문에 일어난 일이었습니다. 번연은 자주 기도를 드렸습니다. 어떤 때는 그를 비판하는 이 비판자들도 축복을 받게 해 달라고 번연은 눈물을 흘려가며 기도하였습니다. 그런 기도의 결과들은 뜻밖에도 많은 영역들에서 매우 크게 나타났습니다. 즉, 이들의 인간관계, 친구들, 친척들, 혹은 재산에도 변화가 일어났던 것입니다. 왜냐하면 하나님께서는 신실한 자들이 하는 기도를 들으시고 그 기도에 응답하는 분이시기 때문입니다. 심지어는 그가 기도를 하지 못하게 방해한 자들을 위해 기도했는데도 하나님께서는 거기에 응답해 주셨습니다. 이런 상황은 성경의 욥이 드린 기도의 경우와 같았습니다. 즉, 욥이 슬픔의 날들을 보내면서도 그는 자신을 대적하여 극도로 비판하는 세 친구를 위해 기도했던 것입니다.

이제 저는 이 책을 읽을 모든 독자들이 좀 더 흡족할 수 있도록, 또한 번연이 당한 고난과 고통을 기억하고 있는 자들의 기억을 좀 더 새롭게 하기 위해서, 이 기간 중에 벌어진 일들에 좀 더 가까이 다가가서 조금 더 구체적으로 살펴보고자 합니다.

번연은 자기 인생이 사악한 상태에 처해 있으며 자신이 죄인임을 자각하고서 회심을 하였습니다. 그러고 나서 그는 세례를 받고 회중 가운데 들어와 정식 교인이 되었습니다. 아마도 그 때가 1655년이었던 것 같습니다. 그 때부터 그는 빠른 속도로 아주 열정적인 신앙을 고백하는 신앙인이 되었습니다. 하지만 1660년 찰스 왕이 다시 왕위에 오르자, 그해 11월 12일에 번연은 선량한 몇몇 사람들을 불러 모아 가르치고, 하나님의 말씀을 그들에게 전했다는 혐의로 당국에 체포되어, 비국교도들에게 신앙의 자유를 허락하는 관용령(Act of Indulgence)이 발표되기까지 6년이라는 세월동안 베드포드 감옥에 수감되었습니다. 하지만 능력 있고 사회에서 신임을 받던 몇몇 사람들이 그의 고통에 동감하여 그 일에 개입했고, 결국 그는 자유를 얻게 되었습니다.

하지만 6년이라는 첫 번째 수감 생활을 하고난 후에, 그는 1666년에 또다시 붙잡혀 6년 동안 더 수감 생활을 하게 되었습니다. 그 때도 간수는 그의 잔혹한 고난에 자비를 베풀었습니다. 이것은 마치 요셉이 애굽 간수에게 은혜를 입어 그를 전적으로 신뢰하여 옥의 모든 일들을 그의 손에 맡긴 것과 같았습니다. 번연이 두 번째로 붙잡혔을 때는 그가 다음과 같은 제목으로 설교를 하고 있었습니다. "여러분은 하나님의 아들을 믿고 있습니까?" 이후에 수감 생활은 6년 동안 지속되었습니다. 수감 생활이 끝나자, 또 다른 짧은 시련이 그를 기다리고 있었습니다. 6개월이라는 짧은 기간이기는 하였지만, 그는 또 한 번의 수감 생활을 해야만 했습니다. 이런 수감 기간 동안 그는 다음과 같은 책들을 저술하였습니다.『성령으로 말미암는 기도에 관하여』,『거룩한 도성』,『부활』,『넘치는 은혜』,『천로역정』제1부.

예수 그리스도로 말미암는 의로움을 옹호함

12년 간의 수감생활 마지막 해에 베드포드 지역의 회중을 담당하던 목회자가 죽자, 번연은 그 지역 영혼들을 돌보는 사역자로 선택되었습니다. 그 때가 1671년 12월 12일이었습니다. 그가 설교자로 지명되자 사람들은 그를 비난하기 시작하였습니다. 한 마디로 그를 무식한 사람으로 여기고 그의 설교자 지명을 반대하는 학자들이 있었습니다. 이렇게 자신을 비난하는 사람들에 대해 번연은 미사여구나 논리적인 표현 없이, 그저 성경 말씀만으로 분명하게 그들과 논쟁하였습니다. 그의 회중 가운데 그를 반대하기 위해 왔던 어떤 사람은 우리가 과연 성경 원본을 가지고 있는지 그렇지 않은지를 묻는 번연의 물음에 크게 놀랐다고 합니다. 또 어떤 사람은 번연의 설교를 듣고 무자비한 설교라고 비난하기도 했습니다. 가령 대부분의 사람들이 구원받는다는 것은 어려운 일이라는 설교를 듣고서, 그가 회중 대부분을 구원에서 제외시키려고 한다고 비난했던 것입니다. 이런 비난에 대해 번연은, 우리 주님께서 배 위에서 하신 설교인 마태복음 13장의 말씀을 바탕으로 한 비유나 돌밭 비유 등을 들면서, 이들의 주장을 공박(攻駁)하고 그들의 입을 다물게 하였습니다. 이처럼 그의 모든 설교 방식은 성경에 좀 더 가까이 다가가는 것이었습니다. 성경에서 보증을 받지 못한 생각은 그 스스로 확신하지도 않았고, 결정적인 것으로 여기지도 않았습니다. 성경 말씀에 비추어 보아 분명한 경우가 아니라면, 의심하거나 판단을 유보하였습니다.

번연에 대한 이런 유의 비판에 대해서는 더 이상 자세히 말할 필요가 없을 것 같습니다. 하지만 그가 자신과 관계된 모든 비판들을 마치 연구하듯이 학문적인 자세로 진지하게 검토하였다는 내용은 이미 널리 알려진 사실입니다. 무엇보다도 그는 이런 비판에 대해 불쾌한 내색을 하지 않았으며, 오히려 이런 비판들을 피할 수도 있었으나, 이 비판으로 인해 생기는 많은 불편들을 참아냈습니다. 어떤 상처를 받더라도 상처를 준 사람을 그가 욕하거나 비난하는 소리를 저는 지금까지 한 번도 들어본 적이 없습니다. 그들이 그에게 한 것처럼 그는 그렇게 욕하지 않았습니다. 그의 대화 중에 보이는 이런 면모는 그가 세상에 출판한 여러 저서들에서도 분명히 드러납니다. 성경의 유다서에서 우리가 읽은 바와 같이, "천사장 미가엘이 모세의 시체에 관하여 마귀와 다투어 변론할 때에 감히 비방하는 판결을 내리지 못하고 다만 말하되 주께서 너를 꾸짖으시기를 원하노라"(유 9)라고 말하였던 것처럼, 비판자들에 대한 번연의 심정 또한 이 천사장과 같았습니다.

가정에서도 그는 기도와 권면에 있어서 아주 엄격한 훈육을 유지하였습니다. 이런 점은 성경의 여호수아와 비슷합니다. 그 선한 사람은 이를 다음과 같이 표현하였습니다. "다른 사람들은 어떻게 행하든 '오직 나와 내 집은 여호와를 섬기겠노라'(수 24:15)." 진실로 그가 행한 수고와 겪은 고난에 대해 축복이 그를 기다리고 있었습니다. 그의 아내와 자녀들 또한 시편 기자가 말한 것과 같았습니다. "네 아내는 결실한 포도나무 같으며 네 식탁에 둘러앉은 자식들은 어린 감람나무 같으리로다 여호와를 경외하는 자는 이같이 복을 얻으리로다"(시 128:3-4). 계속된 수감 생활로 인해 그는 많은 손해와 손실뿐 아니라, 몸에 질병까지 얻게 되었습니다. 그래서 이 땅에서 그가 가진 재물은 결코 늘어나지 않았습니다. 그럼에도 불구하고 그는 항상 우아하고 명예로운 삶을 흡족하게 살아갈 수 있었습니다. 그는 모든 보물들 가운데서 가장 귀한 것을 가졌기에 만족할 수 있었습니다. 성경의 지혜자가 말한 바대로 말입니다. "마음이 즐거운 자는 항상 잔치하느니라"(잠 15:15).

만족하며 지내는 곳이라면 어느 곳이나, 심지어 그곳이 가난한 오두막이라 해도 왕이 사는 왕궁이 될 수 있습니다. 이런 행복을 번연은 일생 동안 누렸습니다. 그는 이 세상을 염두에 두지 않았으며, 오히려 이 땅에서 순례자와 객으로 살아가면서 이 땅의 도성에 안주해서는 안 된다는 것을 알고 있었습니다. 그는 가장 높은 하늘에 있는 영원한 도성, 사람의 손으로 만들어지지 않은 도성을 바라보고 있었습니다. 마침내 고난과 노쇠와 가끔씩 행하던 가르치는 사역들마저 끝이 나고, 그의 육신이 풀어지는 날이 가까이 다가오면서, 더 큰 영광스러운 집으로 인도하기 위해 영혼의 감옥을 열어 주는 죽음이 힘을 얻어, 마땅히 죽어야 하는 이 장막에서 행하던 그의 모든 역할들은 중단되었습니다. 이 땅의 왕자들처럼 죽음은 전쟁으로 위협하기도 하지만, 천국은 헛된 소망의 대상이라고 매도(罵倒)받기 전에, 언제나 그러하듯 그 천국의 대사들을 아주 부드러운 음성으로 집으로 불러들입니다.

번연이 행한 마지막 일이자 마지막으로 기획한 사역은 사랑과 자비의 수고였습니다. 번연의 이웃에 한 젊은 신사가 살고 있었는데, 그는 아버지와의 관계가 틀어진 상태였습니다. 그 아버지는 아들에 대해 아주 불쾌한 마음을 가지고 있었습니다. 그래서 그 젊은이는 그 일로 인해 크게 근심하고 있었습니다. 그러던 차에 아버지가 자신의 상속권을 빼앗으려고 한다는 소식을 듣게 되었습니다. 다시 말해, 아버지가 아들에게 남겨 주어야 할 재산을 주지 않으려고 한다는 것이었습니다. 그래서 그 아들은 아버지의 뜻에 순복하겠다는 것과 뒤틀려진 아버지의 마음을 되돌려 자신을 받아들이도록 하는 이 일의 적임자로 번연만한 사람이 없겠다고 생각하였습니다. 그러지 않아도, 누군가가 어떤 일이든 요청한다면 마다하지 않고, 그 일을 선한 사역으로 알고 행하기로 작정하고 있었던 번연은 흔쾌히 이 일에 착수하였습니다. 그는 버크셔(Berkshire) 주에 있는 리딩(Reading)으로 마차를 타고 떠났습니다. 거기서 번연은 분노하고 격분하던 아버지를 간곡히 설득하여 부자간의 갈등에 대해 이치에 맞도록 설명해 주었습니다. 이런 사랑과 화해의 수고로 아버지의 분노는 누그러졌고, 그 아버지는 아들을 불쌍히 여기면서 아들이 되돌아오기를 진심으로 바라게 되었습니다.

번연은 이처럼 최선을 다해 화해의 일들을 모두 마치고 런던으로 돌아오는 길에 엄청난 폭우를 만나게 되었습니다. 비에 온 몸이 완전히 젖어 그는 인근에서 임시로 숙박을 하게 되었습니다. 하지만 그는 극심한 고열에 시달렸습니다. 그 고통 속에서도 그는 변함없이 인내하였습니다. 그는 이제는 죽어서 그리스도와 함께 하고픈 마음뿐이라는 소망을 말하면서 죽는 것도 유익한 것이며, 이 땅에서 더 살아가는 것은 자신이 지금까지 소망하던 지극한 복락의 기쁨을 지루하게 연기하는 것일 뿐이라고 말하였습니다. 자신의 생명력이 쇠약해져가는 것을 알고서 그는 마음과 생각들을 정리하였습니다. 물론 자신에게 남은 시간이 얼마 남지 않았다는 불안감과 극심한 통증이 지

폭우를 만난 존 번연

속되는 중에도 그는 늘 그랬던 것처럼 기독교인다운 인내심을 발휘하였습니다. 마침내 그는 지금까지 자신에게 가장 은혜로웠던 구세주에게 자신의 영혼을 맡기고, 이 절망의 도성에서 새 예루살렘을 향한 순례의 길을 고요히 떠났습니다. 거룩한 묵상을 하며, 숨을 헐떡이면서, 숨겨진 만나와 생명수를 갈망하는 마지막 숨을 내쉬며, 그는 더 좋은 분복(分福)을 위해 홀로 그 순례의 길을 떠났습니다. 감옥에 있는 사람들에게나 감옥 밖에 있는 사람들에게나 그가 보낸 거룩하고 겸손한 위로의 많은 편지들 가운데 상당수가 이 책에 첨부되어 있습니다.[1]

번연은 1688년 8월 12일, 열흘간의 병고 끝에 런던의 세인트 세펄커(St. Sepulchre) 지역의 스노우힐 스타(Star on Snowhill)란 곳에 있는 식료품 상인인 스트라독(Straddocks) 씨 집에서 60세의 나이로 죽어, 아틸러리 그라운드(Artillery Ground) 인근에 있는 새롭게 단장한 묘지에 묻혔습니다. 거기서 그는 기쁨과 행복 가운데 불후(不朽)의 죽지 않는 몸으로 다시 일어날 영광스러운 소망으로, 부활의 아침까지 잠을 잘 것입니다. 그 때는 그 어떤 고난과 슬픔도 그를 괴롭게 하지 못할 것이며, 모든 눈물들도 그 눈에서 닦여질 것입니다. 의인들은 그리스도를 그들의 머리로 한 지체들답게 썩지 않게 되어서, 그리스도와 함께 왕과 제사장이 되어 영원히 다스릴 것입니다.[2]

---

1. 그 모든 편지들과 그가 쓴 모든 자서전들은 사라져 버렸다. 그가 쓴 수많은 수고(手稿)들과 책들과 편지들도 단 한 줄도 남아 있지 않은 것으로 알려져 있다. 만약 이런 원고들이 발견된다면, 그것들의 가치는 헤아릴 수 없을 만큼 귀할 것이다―원주.

2. 번연이 이 땅을 떠나 천성을 향해 올라가는 모습은 우리에게 요한계시록 14장 13절을 강하게 연상시킨다. "또 내가 들으니 하늘에서 음성이 나서 이르되 기록하라 지금 이후로 주 안에서 죽는 자들은 복이 있도다 하시매 성령이 이르시되 그러하다 그들이 수고를 그치고 쉬리니 이는 그들의 행한 일이 따름이라 하시더라." 이 얼마나 엄청난 반전(反轉)인지 모른다! 끊임없는 걱정과 수고로부터, 한숨과 슬픔으로부터, 타락과 유혹으로부터, 거룩함과 순결과 안식과 평화가 있는 그 영원한 생명을 시작한다는 것은 정말 대단한 것이다. 그가 그토록 소망하던 주님과 함께 하며, 그 주님을 닮게 되다니! 지금까지 그의 작품들은 그와 함께 하였고, 앞으로도 이 땅에서 시간이 없어지지 않는 한, 영원히 그와 함께 할 것이다―원주.

간략하게 살펴본 변연의 성품

그는 엄격하고 강직한 인상을 풍기는 외모를 가졌습니다. 하지만 그와 대화를 나누다보면, 온화하고 붙임성 있는 이미지를 느낄 수 있었습니다. 교제를 나눌 때는 특별히 요구되는 상황을 제외하고는 절대로 말을 많이 하거나 길게 강연하듯이 말하지도 않았습니다. 그의 성품을 살펴보건대, 그는 자신이나 자신이 맡은 역할을 절대로 자랑하지 않았으며, 오히려 남이 보기에 겸손할 뿐만 아니라, 자신이 보기에도 겸손한 모습을 추구하였으며, 다른 사람들의 판단을 존중하였습니다. 거짓말과 욕설을 싫어하며, 그가 권위를 가지고 하는 모든 말은 합당했습니다. 그는 자신에게 해를 끼친 자에게 결코 복수하지 않았으며, 서로 다른 입장에 서 있는 사람들을 화해시키기를 좋아했고, 모든 사람들과 우애를 나누었습니다. 그는 예리하고 영민한 눈빛으로 사람을 분별할 수 있는 탁월한 능력을 가지고 있었으며, 선한 판단력과 기지(機智)를 구비하고 있었습니다. 그의 신체적인 외모를 보자면, 그는 키가 컸고 골격이 단단하였지만 뚱뚱하지는 않았습니다. 얼굴에는 다소 붉은 기가 돌았으나 생기 찬 눈빛을 지녔고, 머리 스타일은 옛 영국 스타일을 따라 윗입술까지 흘러내리는 긴 머리모양을 하고 있었습니다. 그의 모발도 붉은 기가 돌았지만, 세월이 흘러 나이가 들면서 잿빛으로 변하였습니다. 그의 코는 균형이 잘 잡혀 있어서 어느 한쪽으로 기울거나 굽어 있지 않았습니다. 그의 입은 적당한 크기였으며, 이마는 다소 튀어 나왔고, 항상 수수하고 점잖은 것이 그의 스타일이었습니다.

이 정도로 우리는 한 사람의 내적·외적 성품들을 객관적으로 살펴본 것 같습니다. 그의 죽음은 지금까지도 너무나 애석한 일입니다. 그는 세월의 풍상을 몸소 겪은 사람이었으며, 일이 잘 풀린다고 해서 우쭐해하지도 않았고, 역경을 만나도 흔들리지 않았습니다. 그는 항상 중용이라는 귀한 길을 걸어

갔던 사람이었습니다.

"그대에게는 세 개의 위대한 이름이 빛나고 있으니,
작가, 시인, 그리고 선택된 성직자,
의인들이 부활할 때까지
그 때까지 한 줌의 흙이 되어 평온히 안식하기를."

후기

순례의 일생 동안 하나님께서는 그에게 축복을 베푸셔서 그가 네 명의 자녀를 두도록 하셨습니다. 자녀들 가운데 한 명은 메리(Mary)라는 이름의 앞을 못 보는 아이였습니다. 그 아이는 태어난 지 몇 년 후에 죽었습니다. 다른 자녀들은 토머스(Thomas), 조셉(Joseph), 그리고 사라(Sarah)였습니다. 그의 아내는 엘리자베스(Elizabeth)였으며, 그녀는 번연과 더불어 수고와 슬픔을 함께 하였습니다. 번연이 쓴 저술들에 대한 상을 받기 위해 그녀도 남편이 죽고 난 후 오래 살지 못하고 1692년에 세상을 떠났습니다. 그녀도 이 세상을 떠나 천국에 이르기까지 이 땅에서 자신이 가야 할 순례의 길을 신실하게 걸어갔습니다. 번연은 그녀 앞서 먼저 이 땅을 떠났지만, 그가 쓴 60여권에 달하는 그의 저술들은 여전히 남아서 독자들에게는 교훈을 주고, 그 저자에게는 칭송을 돌리게 될 것입니다. 안녕히 계십시오.

"크리스천의 영적 성장을 돕는 고전"
세계기독교고전 목록